L'ALPHABET PHONÉTIQUE

▸ L'aphabet phonétique international pour le français

a patte	ɑ pâte	ɑ̃ banc	b bleu	ɔ mort
ɔ̃ bon	d date	e été	ə le	ɛ lait
ɛ̃ fin	f fois	g gare	h hop	i il
j ail	k kilo	l litre	m mer	n ne
ɲ agneau	ŋ bing	o beau	ø peu	œ peur
œ̃ brun	p père	R rue	s sol	ʃ chien
t terre	u sous	ɥ nuit	v vent	w oui
y rue	z zéro	ʒ je		

Mon année de Français CM2

Manuel

Lecture-compréhension • Étude de la langue • Expression écrite et orale

Françoise Picot
Inspectrice de l'Éducation nationale

Isabelle Dandrimont
Conseillère pédagogique

Marie-Louise Pignon
Professeure des écoles

Nathan

Pour te repérer dans ton manuel

Chaque semaine, tu trouveras :

Trois pages vertes avec des textes à lire

romans, albums, documentaires, BD...

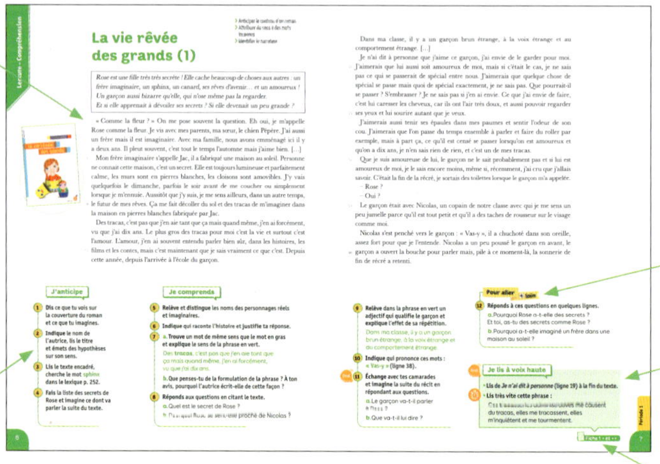

Un **texte à lire**, extrait d'un **roman**, d'un texte **documentaire**, d'une **BD**, d'un **album**, d'une **pièce de théâtre**...

Des **activités** pour travailler les **stratégies de lecture** et mieux comprendre le texte lu.

Des activités **pour aller plus loin** dans l'interprétation du texte.

Des entrainements pour **lire vite et bien à voix haute**.

Des activités complémentaires, classées en **deux niveaux de difficulté**, sur une fiche à photocopier.

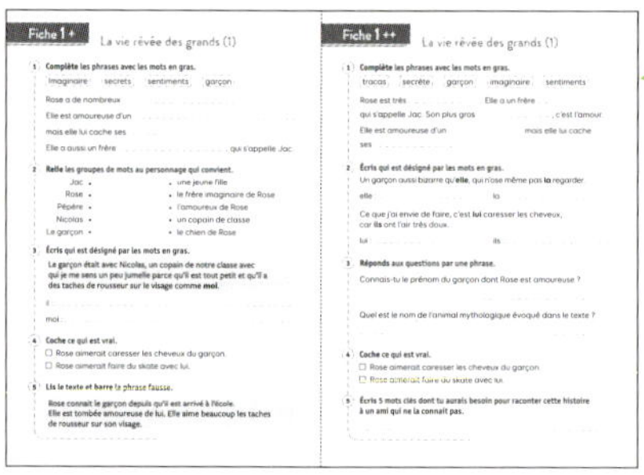

Une page rouge pour orthographier correctement les mots

10 mots à mémoriser contenant les graphèmes étudiés.

Des activités pour **s'entrainer** et **consolider** l'apprentissage.

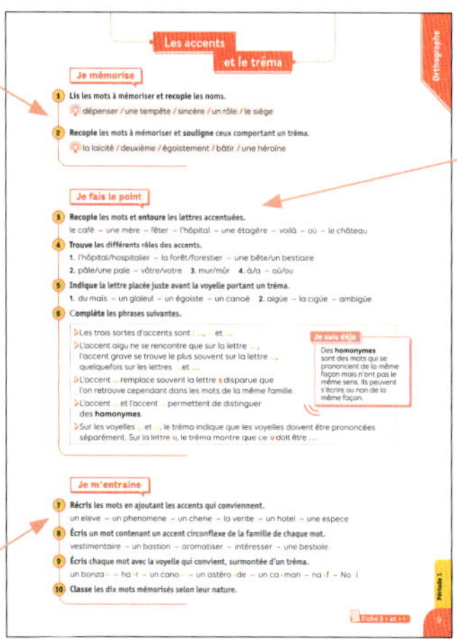

Des activités sur **l'écriture des graphèmes** ou des **mots** et des **principes orthographiques** à dégager, à retenir et repris dans le **mémo**.

Une double page bleue pour travailler la grammaire

Un texte à **transformer** pour découvrir et comprendre ce qui change à l'oral et à l'écrit.

Ce qu'il faut retenir de chaque leçon se trouve sur une fiche du **mémo** à télécharger.

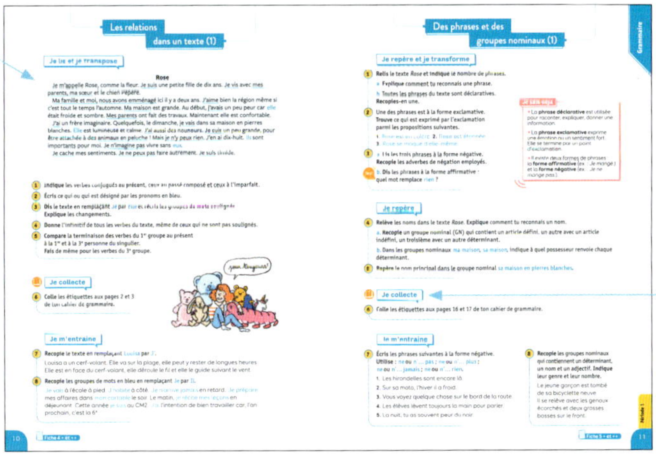

Un **corpus** à constituer avec des **phrases** ou des **groupes de mots** en les classant dans ton cahier de grammaire.

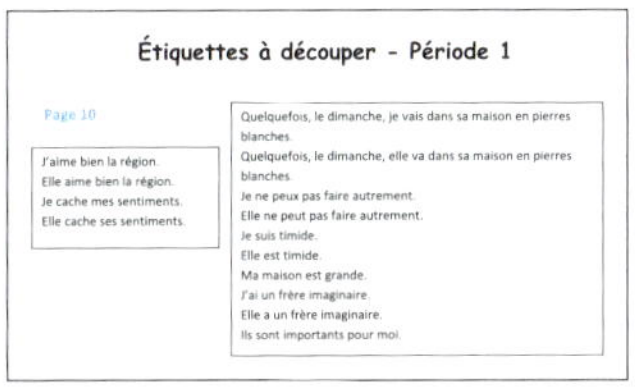

Étiquettes à découper – Période 1

Page 10

J'aime bien la région.
Elle aime bien la région.
Je cache mes sentiments.
Elle cache ses sentiments.

Quelquefois, le dimanche, je vais dans sa maison en pierres blanches.
Quelquefois, le dimanche, elle va dans sa maison en pierres blanches.
Je ne peux pas faire autrement.
Elle ne peut pas faire autrement.
Je suis timide.
Elle est timide.
Ma maison est grande.
J'ai un frère imaginaire.
Elle a un frère imaginaire.
Ils sont importants pour moi.

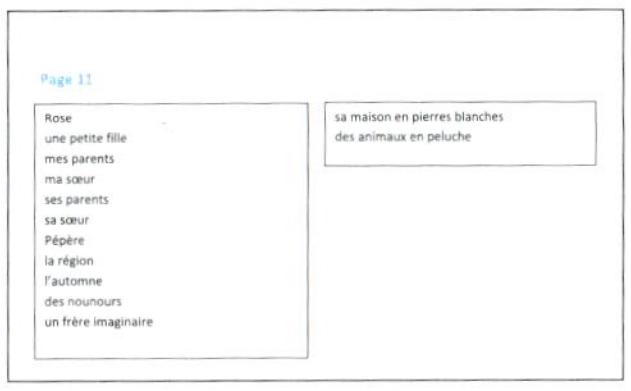

Page 11

Rose
une petite fille
mes parents
ma sœur
ses parents
sa sœur
Pépère
la région
l'automne
des nounours
un frère imaginaire

sa maison en pierres blanches
des animaux en peluche

Les **étiquettes à télécharger** sur le site de la collection pour les découper et les coller dans ton cahier.

Une page orange

pour apprendre de nouveaux mots, comprendre leur formation, utiliser le dictionnaire

Des activités de **réflexion** et de **manipulation**.

Des activités d'**entrainement** pour réinvestir ce que tu as travaillé.

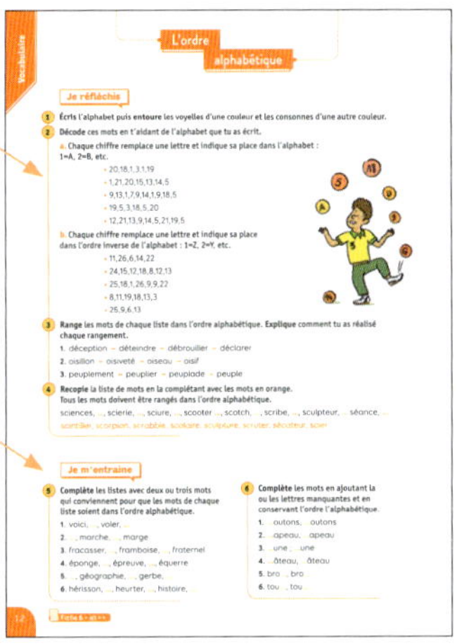

Une page violette

pour apprendre à écrire différents types de textes

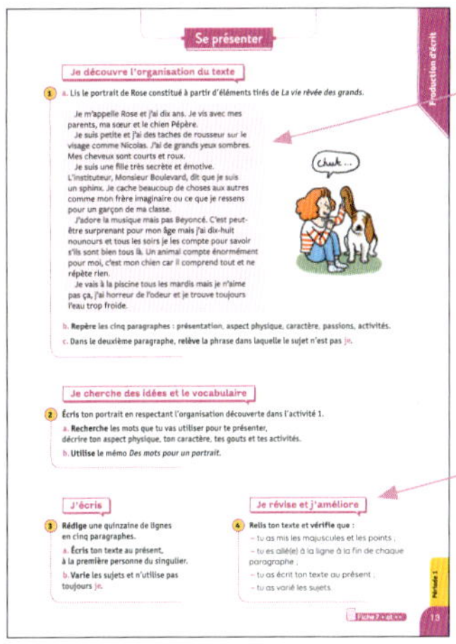

Des **situations d'écriture** avec un exemple et des activités pour chercher des idées, les organiser et rédiger un texte.

Des **aides** pour relire et corriger ton texte.

Des activités différenciées en orthographe, grammaire, vocabulaire et production d'écrit sont proposées dans le fichier à photocopier.

Sommaire

Période 1

Période 2

Période 3

Période 4

Période 5

› Anticiper le contenu d'un roman
› Attribuer du sens à des mots inconnus
› Identifier le narrateur

La vie rêvée des grands (1)

Rose est une fille très très secrète ! Elle cache beaucoup de choses aux autres : un frère imaginaire, un sphinx, un canard, ses rêves d'avenir… et un amoureux ! Un garçon aussi bizarre qu'elle, qui n'ose même pas la regarder.
Et si elle apprenait à dévoiler ses secrets ? Si elle devenait un peu grande ?

« Comme la fleur ? » On me pose souvent la question. Eh oui, je m'appelle Rose comme la fleur. Je vis avec mes parents, ma sœur, le chien Pépère. J'ai aussi un frère mais il est imaginaire. Avec ma famille, nous avons emménagé ici il y a deux ans. Il pleut souvent, c'est tout le temps l'automne mais j'aime bien. […]

Mon frère imaginaire s'appelle Jac, il a fabriqué une maison au soleil. Personne ne connait cette maison, c'est un secret. Elle est toujours lumineuse et parfaitement calme, les murs sont en pierres blanches, les cloisons sont amovibles. J'y vais quelquefois le dimanche, parfois le soir avant de me coucher ou simplement lorsque je m'ennuie. Aussitôt que j'y suis, je me sens ailleurs, dans un autre temps, le futur de mes rêves. Ça me fait décoller du sol et des tracas de m'imaginer dans la maison en pierres blanches fabriquée par Jac.

Des tracas, c'est pas que j'en aie tant que ça mais quand même, j'en ai forcément, vu que j'ai dix ans. Le plus gros des tracas pour moi c'est la vie et surtout c'est l'amour. L'amour, j'en ai souvent entendu parler bien sûr, dans les histoires, les films et les contes, mais c'est maintenant que je sais vraiment ce que c'est. Depuis cette année, depuis l'arrivée à l'école du garçon.

J'anticipe

1. **Dis** ce que tu vois sur la couverture du roman et ce que tu imagines.
2. **Indique** le nom de l'autrice, lis le titre et émets des hypothèses sur son sens.
3. **Lis** le texte encadré, cherche le mot sphinx dans le lexique p. 252.
4. **Fais** la liste des secrets de Rose et imagine ce dont va parler la suite du texte.

Je comprends

5. **Relève** et **distingue** les noms des personnages réels et imaginaires.
6. **Indique** qui raconte l'histoire et **justifie** ta réponse.
7. a. **Trouve** un mot de même sens que le mot en gras et **explique** le sens de la phrase en vert.
   Des **tracas**, c'est pas que j'en aie tant que ça mais quand même, j'en ai forcément, vu que j'ai dix ans.
   b. Que penses-tu de la formulation de la phrase ? À ton avis, pourquoi l'autrice écrit-elle de cette façon ?
8. **Réponds** aux questions en citant le texte.
   a. Quel est le secret de Rose ?
   b. Pourquoi Rose se sent-elle proche de Nicolas ?

Dans ma classe, il y a un garçon brun étrange, à la voix étrange et au comportement étrange. [...]

Je n'ai dit à personne que j'aime ce garçon, j'ai envie de le garder pour moi. J'aimerais que lui aussi soit amoureux de moi, mais si c'était le cas, je ne sais pas ce qui se passerait de spécial entre nous. J'aimerais que quelque chose de spécial se passe mais quoi de spécial exactement, je ne sais pas. Que pourrait-il se passer ? S'embrasser ? Je ne sais pas si j'en ai envie. Ce que j'ai envie de faire, c'est lui caresser les cheveux, car ils ont l'air très doux, et aussi pouvoir regarder ses yeux et lui sourire autant que je veux.

J'aimerais aussi tenir ses épaules dans mes paumes et sentir l'odeur de son cou. J'aimerais que l'on passe du temps ensemble à parler et faire du roller par exemple, mais à part ça, ce qu'il est censé se passer lorsqu'on est amoureux et qu'on a dix ans, je n'en sais rien de rien, et c'est un de mes tracas.

Que je suis amoureuse de lui, le garçon ne le sait probablement pas et si lui est amoureux de moi, je le sais encore moins, même si, récemment, j'ai cru que j'allais savoir. C'était la fin de la récré, je sortais des toilettes lorsque le garçon m'a appelée.

– Rose ?

– Oui ?

Le garçon était avec Nicolas, un copain de notre classe avec qui je me sens un peu jumelle parce qu'il est tout petit et qu'il a des taches de rousseur sur le visage comme moi.

Nicolas s'est penché vers le garçon : « Vas-y », il a chuchoté dans son oreille, assez fort pour que je l'entende. Nicolas a un peu poussé le garçon en avant, le garçon a ouvert la bouche pour parler mais, pile à ce moment-là, la sonnerie de fin de récré a retenti.

9 **Relève dans la phrase en vert un adjectif qui qualifie le garçon et explique l'effet de sa répétition.**

Dans ma classe, il y a un garçon brun étrange, à la voix étrange et au comportement étrange.

10 **Indique qui prononce ces mots : « Vas-y » (ligne 38).**

Oral **11** **Échange avec tes camarades et imagine la suite du récit en répondant aux questions.**

a. Le garçon va-t-il parler à Rose ?

b. Que va-t-il lui dire ?

Pour aller + loin

12 **Réponds à ces questions en quelques lignes.**

a. Pourquoi Rose a-t-elle des secrets ? Et toi, as-tu des secrets comme Rose ?

b. Pourquoi a-t-elle imaginé un frère dans une maison au soleil ?

Oral **Je lis à voix haute**

- **Lis de *Je n'ai dit à personne* (ligne 19) à la fin du texte.**
- **Lis très vite cette phrase :**

  Ces tracasseries administratives me causent du tracas, elles me tracassent, elles m'inquiètent et me tourmentent.

Fiche 1 + et ++

Le garçon s'est arrêté net puis finalement il a dit : « Non, rien. » Nous sommes restés une seconde à nous regarder sans bouger et puis nous sommes rentrés en classe comme si de rien n'était. Et c'est tout. Je n'ai jamais su ce qu'il voulait me dire. Inutile de dire que cette scène, je l'ai tournée et retournée un million de fois dans ma tête comme si je voulais voir apparaitre la suite, ce qu'il m'aurait dit si cette satanée sonnerie n'avait pas retenti au mauvais moment. [...]

Pratiquement chaque soir avant de m'endormir, et parfois à d'autres moments de la journée lorsque je suis seule, je pense au garçon. J'essaie d'imaginer le truc spécial qui pourrait se passer entre nous. En vérité, je le connais mal puisqu'on se parle très peu, pour ainsi dire jamais, pourtant j'ai l'impression de le connaitre, que nous sommes proches, que nous sommes un peu pareils, au fond. Je suis certaine qu'il a un chouette canard lui aussi, j'espère qu'il va bien le laisser grandir et tout. L'histoire du canard, je vous expliquerai plus tard. [...]

Quelque chose chez moi m'agace profondément, c'est que, avec le garçon, c'est plus fort que moi de tout faire pour ne pas montrer que je m'intéresse à lui. Je voudrais bien faire autrement mais je ne peux pas. Dans la classe, il est assis devant moi, alors je peux le regarder de temps en temps sans qu'il me voie mais jamais je n'ose lui adresser la parole ni même parler de lui l'air de rien avec les copines. Je fais exactement comme s'il n'existait pas. C'est bête, hein ?

Je sais mais je ne peux pas faire autrement, je cache mes sentiments.

C'est pas pour rien qu'un jour, l'instituteur a dit : « Rose, c'est un sphinx. » Je ne savais pas ce que c'était un sphinx, mais depuis je me suis renseignée. Le sphinx, c'est celui qui garde l'énigme et rien ne bouge sur son visage qui pourrait donner un indice. Il y en a qui appellent ça « timidité », mais je hais ce mot qui fait rougir, je préfère « sphinx », c'est plus mystérieux.

Oral

Je raconte

1 **Raconte** le début du roman en utilisant les mots suivants : Rose, le garçon, Nicolas, secrets, amoureux.

Je comprends

2 **Relève** les paroles du garçon et **réponds** à la question.
Que ressent Rose après cette scène ?

3 **Relève** l'adjectif qui qualifie la sonnerie.
Pourquoi Rose emploie-t-elle ce terme ?

4 **Réponds** à la question en citant le texte.
Rose pense-t-elle souvent au garçon ?

5 **Indique** les lignes du texte qui évoquent un secret que Rose expliquera plus tard.

6 **Relève** ce qui agace profondément Rose.

7 **Indique** qui a prononcé ces paroles et **explique** ce qu'elles signifient.
« Rose, c'est un sphinx. »

8 **Réponds** à la question par une phrase.
Rose approuve-t-elle les paroles de l'instituteur ?

Oral

Je lis à voix haute

- Lis l'ensemble du texte.

Fiche 2 + et ++

Les accents et le tréma

Je mémorise

1 **Lis** les mots à mémoriser et **recopie** les noms.

dépenser / une tempête / sincère / un rôle / le siège

2 **Recopie** les mots à mémoriser et **souligne** ceux comportant un tréma.

la laïcité / deuxième / égoïstement / bâtir / une héroïne

Je fais le point

3 **Recopie** les mots et **entoure** les lettres accentuées.

le café – une mère – fêter – l'hôpital – une étagère – voilà – où – le château

4 **Trouve** les différents rôles des accents.

1. l'hôpital/hospitalier – la forêt/forestier – une bête/un bestiaire
2. pâle/une pale – vôtre/votre 3. mur/mûr 4. à/a – où/ou

5 **Indique** la lettre placée juste avant la voyelle portant un tréma.

1. du maïs – un glaïeul – un égoïste – un canoë 2. aigüe – la cigüe – ambigüe

6 **Complète** les phrases suivantes.

- Les trois sortes d'accents sont : ..., ... et ....
- L'accent aigu ne se rencontre que sur la lettre ... , l'accent grave se trouve le plus souvent sur la lettre ..., quelquefois sur les lettres ... et ....
- L'accent ... remplace souvent la lettre **s** disparue que l'on retrouve cependant dans les mots de la même famille.
- L'accent ... et l'accent ... permettent de distinguer des **homonymes**.
- Sur les voyelles ... et ..., le tréma indique que les voyelles doivent être prononcées séparément. Sur la lettre **u**, le tréma montre que ce **u** doit être ....

Je sais déjà

Des **homonymes** sont des mots qui se prononcent de la même façon mais n'ont pas le même sens. Ils peuvent s'écrire ou non de la même façon.

Je m'entraine

7 **Récris** les mots en ajoutant les accents qui conviennent.

un eleve – un phenomene – un chene – la verite – un hotel – une espece

8 **Écris** un mot contenant un accent circonflexe de la famille de chaque mot.

vestimentaire – un bastion – aromatiser – intéresser – une bestiole.

9 **Écris** chaque mot avec la voyelle qui convient, surmontée d'un tréma.

un bonza• – ha•r – un cano• – un astéro•de – un ca•man – na•f – No•l

10 **Classe** les dix mots mémorisés selon leur nature.

Fiche 3 + et ++

Les relations dans un texte (1)

Je lis et je transpose

Rose

Je m'appelle Rose, comme la fleur. Je suis une petite fille de dix ans. Je vis avec mes parents, ma sœur et le chien Pépère.

Ma famille et moi, nous avons emménagé ici il y a deux ans. J'aime bien la région même si c'est tout le temps l'automne. Ma maison est grande. Au début, j'avais un peu peur car elle était froide et sombre. Mes parents ont fait des travaux. Maintenant elle est confortable.

J'ai un frère imaginaire. Quelquefois, le dimanche, je vais dans sa maison en pierres blanches. Elle est lumineuse et calme. J'ai aussi des nounours. Je suis un peu grande, pour être attachée à des animaux en peluche ! Mais je n'y peux rien. J'en ai dix-huit. Ils sont importants pour moi. Je n'imagine pas vivre sans eux.

Je cache mes sentiments. Je ne peux pas faire autrement. Je suis timide.

1. **Indique** les verbes conjugués au présent, ceux au passé composé et ceux à l'imparfait.
2. **Écris** ce qui ou qui est désigné par les pronoms en bleu.
3. **Dis** le texte en remplaçant Je par Elle et récris les groupes de mots soulignés. **Explique** les changements.
4. **Donne** l'infinitif de tous les verbes du texte, même de ceux qui ne sont pas soulignés.
5. **Compare** la terminaison des verbes du 1er groupe au présent à la 1re et à la 3e personne du singulier. **Fais de même** pour les verbes du 3e groupe.

Je collecte

6. **Colle** les étiquettes aux pages 2 et 3 de ton cahier de grammaire.

Je m'entraine

7. **Recopie** le texte en remplaçant Louisa par J'.

Louisa a un cerf-volant. Elle va sur la plage, elle peut y rester de longues heures. Elle est en face du cerf-volant, elle déroule le fil et elle le guide suivant le vent.

8. **Recopie** les groupes de mots en bleu en remplaçant Je par Il.

Je vais à l'école à pied. J'habite à côté. Je n'arrive jamais en retard. Je prépare mes affaires dans mon cartable le soir. Le matin, je récite mes leçons en déjeunant. Cette année je suis au CM2. J'ai l'intention de bien travailler car, l'an prochain, c'est la 6e.

Fiche 4 + et ++

Des phrases et des groupes nominaux (1)

Je repère et je transforme

1 **Relis** le texte *Rose* et **indique** le nombre de phrases.

a. **Explique** comment tu reconnais une phrase.

b. Toutes les phrases du texte sont déclaratives. **Recopies-**en une.

2 Une des phrases est à la forme exclamative. **Trouve** ce qui est exprimé par l'exclamation parmi les propositions suivantes.

1. Rose est en colère. 2. Rose est étonnée.
3. Rose se moque d'elle-même.

3 a. **Lis** les trois phrases à la forme négative. **Recopie** les adverbes de négation employés.

Oral b. **Dis** les phrases à la forme affirmative : quel mot remplace rien ?

Je sais déjà

- La **phrase déclarative** est utilisée pour raconter, expliquer, donner une information.
- La **phrase exclamative** exprime une émotion ou un sentiment fort. Elle se termine par un point d'exclamation.
- Il existe deux formes de phrases : la **forme affirmative** (ex. : *Je mange.*) et la **forme négative** (ex. : *Je ne mange pas.*).

Je repère

4 **Relève** les noms dans le texte *Rose*. **Explique** comment tu reconnais un nom.

a. **Recopie** un groupe nominal (GN) qui contient un article défini, un autre avec un article indéfini, un troisième avec un autre déterminant.

b. Dans les groupes nominaux ma maison, sa maison, indique à quel possesseur renvoie chaque déterminant.

5 **Repère** le nom principal dans le groupe nominal sa maison en pierres blanches.

Je collecte

6 **Colle** les étiquettes aux pages 16 et 17 de ton cahier de grammaire.

Je m'entraine

7 **Écris** les phrases suivantes à la forme négative.
Utilise : ne ou n'… pas ; ne ou n'… plus ; ne ou n'… jamais ; ne ou n'… rien.

1. Les hirondelles sont encore là.
2. Sur sa moto, l'hiver, Aline a froid.
3. Vous voyez quelque chose sur le bord de la route.
4. Les élèves lèvent toujours la main pour parler.
5. La nuit, tu as souvent peur du noir.

8 **Recopie** les groupes nominaux qui contiennent un déterminant, un nom et un adjectif. **Indique** leur genre et leur nombre.

Le jeune garçon est tombé de sa bicyclette neuve.
Il se relève avec les genoux écorchés et deux grosses bosses sur le front.

Fiche 5 + et ++

L'ordre alphabétique

Je réfléchis

1 **Écris** l'alphabet puis **entoure** les voyelles d'une couleur et les consonnes d'une autre couleur.

2 **Décode** ces mots en t'aidant de l'alphabet que tu as écrit.

a. Chaque chiffre remplace une lettre et indique sa place dans l'alphabet : 1=A, 2=B, etc.

- 20,18,1,3,1,19
- 1,21,20,15,13,14,5
- 9,13,1,7,9,14,1,9,18,5
- 19,5,3,18,5,20
- 12,21,13,9,14,5,21,19,5

b. Chaque chiffre remplace une lettre et indique sa place dans l'ordre inverse de l'alphabet : 1=Z, 2=Y, etc.

- 11,26,6,14,22
- 24,15,12,18,8,12,13
- 25,18,1,26,9,9,22
- 8,11,19,18,13,3
- 25,9,6,13

3 **Range** les mots de chaque liste dans l'ordre alphabétique. **Explique** comment tu as réalisé chaque rangement.

1. déception – déteindre – débrouiller – déclarer
2. oisillon – oisiveté – oiseau – oisif
3. peuplement – peuplier – peuplade – peuple

4 **Recopie** la liste de mots en la complétant avec les mots en orange. Tous les mots doivent être rangés dans l'ordre alphabétique.

sciences, ..., scierie, ..., sciure, ..., scooter ..., scotch, ..., scribe, ..., sculpteur, ... séance, ...

scintiller, scorpion, scrabble, scolaire, sculpture, scruter, sécateur, scier

Je m'entraine

5 **Complète** les listes avec deux ou trois mots qui conviennent pour que les mots de chaque liste soient dans l'ordre alphabétique.

1. voici, ..., voler, ...
2. ..., marche, ..., marge
3. fracasser, ..., framboise, ..., fraternel
4. éponge, ..., épreuve, ..., équerre
5. ..., géographie, ..., gerbe, ...
6. hérisson, ..., heurter, ..., histoire, ...

6 **Complète** les mots en ajoutant la ou les lettres manquantes et en conservant l'ordre l'alphabétique.

1. ...outons, ...outons
2. ...apeau, ...apeau
3. ...une ; ...une
4. ...âteau, ...âteau
5. bro..., bro...
6. tou..., tou...

Fiche 6 + et ++

Se présenter

Je découvre l'organisation du texte

1 a. Lis le portrait de Rose constitué à partir d'éléments tirés de *La vie rêvée des grands*.

Je m'appelle Rose et j'ai dix ans. Je vis avec mes parents, ma sœur et le chien Pépère.

Je suis petite et j'ai des taches de rousseur sur le visage comme Nicolas. J'ai de grands yeux sombres. Mes cheveux sont courts et roux.

Je suis une fille très secrète et émotive. L'instituteur, Monsieur Boulevard, dit que je suis un sphinx. Je cache beaucoup de choses aux autres comme mon frère imaginaire ou ce que je ressens pour un garçon de ma classe.

J'adore la musique mais pas Beyoncé. C'est peut-être surprenant pour mon âge mais j'ai dix-huit nounours et tous les soirs je les compte pour savoir s'ils sont bien tous là. Un animal compte énormément pour moi, c'est mon chien car il comprend tout et ne répète rien.

Je vais à la piscine tous les mardis mais je n'aime pas ça, j'ai horreur de l'odeur et je trouve toujours l'eau trop froide.

b. **Repère** les cinq paragraphes : présentation, aspect physique, caractère, passions, activités.

c. Dans le deuxième paragraphe, **relève** la phrase dans laquelle le sujet n'est pas je.

Je cherche des idées et le vocabulaire

2 **Écris** ton portrait en respectant l'organisation découverte dans l'activité 1.

a. **Recherche** les mots que tu vas utiliser pour te présenter, décrire ton aspect physique, ton caractère, tes gouts et tes activités.

b. **Utilise** le mémo *Des mots pour un portrait.*

J'écris

3 **Rédige** une quinzaine de lignes en cinq paragraphes.

a. **Écris** ton texte au présent, à la première personne du singulier.

b. **Varie** les sujets et n'utilise pas toujours je.

Je révise et j'améliore

4 **Relis** ton texte et **vérifie** que :
- tu as mis les majuscules et les points ;
- tu es allé(e) à la ligne à la fin de chaque paragraphe ;
- tu as écrit ton texte au présent ;
- tu as varié les sujets.

Fiche 7 + et ++

La vie rêvée des grands (2)

› Attribuer du sens à des mots inconnus
› Faire des inférences
› Partager ses impressions de lecture, formuler son avis

Bon alors, je vous explique l'histoire du canard.

Il y a quinze jours, j'ai vu un film d'animation génial et ça a été comme une révélation pour moi. C'était Le *Vilain petit Canard*. Je sais que cette histoire est très connue et je la connaissais déjà avant mais, en voyant le film, j'ai compris un truc énorme. J'ai compris que moi aussi, comme le vilain petit canard, j'ai un canard en moi, plus petit que moi mais qui va grandir donc en réalité plus grand, même s'il ne se montre pas encore. J'ai compris que ce deuxième canard presque invisible était mon moi de grande comme je l'imagine en rêves (celui qui va dans la maison de Jac) et que moi aussi, comme le vilain petit canard, j'allais réussir à rassembler les deux canards, le grand qui a l'air vrai et qui est moi maintenant et le petit qui a l'air faux et qui est le moi rêvé de quand je serai grande. En fait, j'ai compris que, quand je serai grande, on allait se rassembler moi maintenant et moi en rêves.

J'ai compris qu'il y a toujours en nous, quand on est enfant, un canard transparent ou alors en pointillé comme dans le film, mais qui en tout cas existe. Il faut s'endormir avec lui sous la neige de l'enfance pour qu'il grandisse et pousse comme un fruit et pour qu'il devienne nous-mêmes tel qu'on est dans son cœur. Ou que nous devenions lui. On devient le canard ou alors le canard devient nous, ça dépend je suppose. Je ne sais pas si c'est pour tout le monde pareil, le coup du canard transparent. J'en sais rien, je ne sais pas trop à qui en parler et comment poser la question, à savoir si tout le monde a un canard en lui ou pas. Je suppose que oui, tout le monde en a un, mais je suppose aussi que tout le monde ne s'en

Je raconte

1 Lis les textes et recopie le bon résumé.

1. Rose est une fille très secrète, elle cache des trésors dans sa chambre et en particulier un sphinx ramené d'Égypte. Elle est amoureuse de Nicolas mais elle lui cache ses sentiments.

2. Rose est une fille très mystérieuse qui a des secrets bien gardés. Elle est amoureuse d'un garçon mais elle lui cache ses sentiments.

Je comprends

2 Émets des hypothèses sur le sens des mots film d'animation, révélation en t'aidant du contexte.

3 Réponds aux questions par une phrase.

a. Quel est le titre du film vu par Rose ?

b. Pourquoi Rose a-t-elle retenu le nom du réalisateur ?

Oral **4 Échange avec tes camarades en répondant aux questions.**

a. Connais-tu le conte d'Andersen, *Le Vilain petit Canard* ?

b. Quels sont les moments importants de ce conte ?

5 Exprime avec tes propres mots le sens de la phrase en vert.

J'ai compris qu'il y a toujours en nous, quand on est enfant, un canard transparent ou alors en pointillé comme dans le film, mais qui en tout cas existe.

occupe pas et que de nombreux canards sont laissés transparents toute la vie. C'est dommage, mais je sais que ça ne m'arrivera pas, car je sais que grâce au *Vilain petit Canard* je vais faire très attention. Quand je serai grande, je rassemblerai les deux canards (celui que je suis aujourd'hui et le transparent de mes rêves). Si vous voyez le film de Garri Bardine (c'est le réalisateur, il est russe, j'ai retenu son nom car il est génial !), vous comprendrez. En tout cas, maintenant, chaque fois que je rencontre quelqu'un, je me demande s'il a un canard en lui et comment il est. Mon canard transparent, c'est lui qui me dit d'avoir confiance, que tout se passera bien pour moi dans la vie, si je prends soin de lui. Il n'a pas peur de l'amour, il saura se faire aimer même s'il reste un peu sphinx. C'est grâce à lui que, quelquefois, je peux regarder le garçon sans craindre d'être découverte et que, même, j'en ai un peu envie.

Peu de temps après, à la fête d'anniversaire de Maïté, une camarade de classe, le garçon s'adresse enfin à Rose.

Affiche du film *Le Vilain Petit Canard*, de Garri Bardine, 2011.

– Et toi, Rose t'aimes les mangas ?

– J'adore. […]

Et voilà le garçon parti à me parler du manga qu'il a choisi pour Maïté dans lequel le héros est une fille déguisée en garçon.

– Elle te ressemble un peu d'ailleurs.

– Ah oui ?

– J't'assure, elle a des grands yeux comme toi.

6 **Indique** les lignes du texte qui résument le mieux le rôle des deux canards.

7 **Trouve** dans le texte le mot japonais qui désigne une bande dessinée.

8 **Relève** les points communs entre l'héroïne de manga et Rose.

Pour aller + loin

9 **Observe** la couverture du roman (p. 6), le titre et dis ce que tu penses du lien entre l'illustration, le titre et le canard de Rose.

Oral

Je lis à voix haute

- **Lis** le passage de *J'ai compris* (ligne 14) à la fin du texte.
- **Lis très vite cette phrase :**

Dans cette œuvre exceptionnelle d'inventivité, le talentueux cinéaste réussit merveilleusement bien une adaptation très personnelle du conte.

Fiche 8 + et ++

Le garçon sourit, moi je rougis mais comme j'étais déjà rouge peut-être que je blanchis en fait et là, le garçon me sourit encore plus et il ajoute, je vous jure que c'est vrai :

– Tu sais, je trouve que t'as un super style en général et particulièrement aujourd'hui ! […]

Et après on papote comme ça de plein de choses, de monsieur Boulevard, de foot et contrebasse.

– Et toi, t'aimes la musique ?

– Oui j'adore mais pas tout, pas trop ce qu'on écoute en ce moment.

Il est bien d'accord avec moi, lui non plus, il aime pas Beyoncé et si je veux, samedi prochain il va à un concert avec son père, et…

– Tu pourrais venir toi aussi ?

Je ne rêve pas. Le garçon vient de me proposer quelque chose à moi, juste à moi ! Un concert samedi prochain, c'est énorme !

Je vais répondre un truc, ou alors je vais sauter au plafond de joie mais en fait non, la phrase résonne dans ma tête et, au moment où je suis prête à parler, mes jambes me lâchent et je tombe évanouie.

Épilogue

Je n'ai pas précisé que j'étais un peu trop émotive parfois. Le sphinx endormi et le canard en liberté, soudain les deux d'un seul coup ça a fait trop pour moi. Car je ne sais pas si c'est clair pour tout le monde mais je viens quand même de passer un moment extraordinaire et ça, non pas dans la maison de Jac, mais juste ici, maintenant, dans ma vraie vie d'enfant.

Géraldine Barbe, *La Vie rêvée des grands*, Éditions du Rouergue, 2015.

Oral – Je raconte

1 **Raconte** le début du roman en utilisant les mots suivants : secrets – sphinx – canard.

Je comprends

> **Je sais déjà**
> Deux mots de même sens sont des **synonymes**.

2 **Trouve** un mot du langage courant synonyme du mot familier papote (ligne 54).

3 **Réponds** à la question par une phrase.
Rose accepte-t-elle l'invitation ?

4 **Trouve** le sens du mot émotive en t'aidant du contexte. **Indique** les lignes des passages qui révèlent l'émotivité de Rose.

5 **Émets** des hypothèses sur le sens du mot épilogue et **vérifie** dans le lexique.

6 **Exprime** l'épilogue avec tes propres mots.

Pour aller + loin

7 **Écris** quelques lignes pour expliquer ce que tu penses des personnages, de l'histoire, de la manière dont l'histoire est écrite.

8 Oral – **Échange** avec tes camarades pour répondre à la question.
Est-ce facile d'exprimer ce qu'on ressent ?

Oral – Je lis à voix haute

- **Lis l'ensemble du texte.**

Fiche 9 + et ++

La lettre *h*

Je mémorise

1 **Lis les mots à mémoriser.**

un orchestre / un short / sympathique / un choix / un hôtel

• **Récris tous les mots au pluriel.**

2 **Recopie les mots à mémoriser.**

une affiche / enrhumé / un chœur / un hibou / le rythme

• **Entoure le nom féminin et l'adjectif.**

Je fais le point

3 **Recopie les mots et entoure la lettre placée juste avant la lettre h.**

un chiffre – l'écho – un phare – un flash – un rhume – le rythme – un ghetto

4 **Trouve le rôle de la lettre h dans chaque mot des séries suivantes.**

1. dehors – un bahut – un véhicule **2.** un chœur – le cœur

5 **Recopie les groupes de mots dans lesquels on fait la liaison.**

des herbes – des hauteurs – les hivers – des habits – nous habitons – vous hurlez

6 **Complète les phrases suivantes. Tu peux te reporter à l'alphabet phonétique situé en revers de couverture avant de ton manuel.**

▷ Avec la lettre ..., la lettre **h** se prononce [ʃ] ou [k], après ..., elle se prononce [f]. Avec ..., elle se prononce [ʃ] dans des mots d'origine étrangère. Après ... ou ..., elle signale l'origine grecque du mot. Après ..., **h** indique l'origine italienne du mot.

▷ La lettre **h** sépare deux ... qui ne se prononcent pas ensemble.

▷ La lettre **h** permet de distinguer deux ....

▷ La lettre **h** est ... quand on peut faire la liaison avec le mot qui précède. Elle est ... quand on ne peut pas faire la liaison avec le mot qui précède.

Je m'entraine

7 **Recopie les mots en deux colonnes :** *ch* se prononce [ʃ] / *ch* se prononce [k].

une tache – la chorale – une machine – un archéologue – un champ – le choléra – chez

8 **Complète les mots avec sh, rh, th ou gh.**

un •etto – du •ampoing – un •inocéros – l'or•ographe – des spa•etti – un •umaniste

9 **Recopie les mots en deux colonnes :** *h* est muet / *h* est aspiré.

une heure – un homard – un hanneton – une hypothèse – une harpe – un harmonica

10 **Classe les dix mots mémorisés selon leur nature.**

Fiche 10 + et ++

Les relations dans un texte (2)

Je lis et je transpose

Mon chien Pépère

J'ai un chien, il s'appelle Pépère et je l'aime énormément.

Mon chien est un chien remarquable. Il est gentil et fidèle. Cet animal comprend tout. Il ne répète rien. Il est très intelligent. Il a une voix forte, franche, claire et sympathique.

Chaque jour, Pépère vient avec moi dans ma chambre car il sait que j'ai des tas de choses à lui raconter. Je lui parle de M. Boulevard, l'instituteur, et du garçon. D'ailleurs, il connait le prénom du garçon. S'il voit que je suis triste, il me fait un câlin. Il lèche mes pieds ou mon visage. Quelquefois, quand je rentre, je le trouve en petite forme. Il gémit comme s'il avait faim mais il n'a pas faim, il veut un câlin. Je lui caresse le museau et le dessous du cou car il adore. Après ça, il va mieux.

1. **Écris** ce qui ou qui est désigné par les pronoms en bleu.
2. a. **Dis** le texte en remplaçant Mon chien Pépère par Mes deux chiens, Pépère et Papinet.
   b. **Récris** les groupes de mots soulignés.
   c. **Explique** ce qui change et ce qui ne change pas.
3. **Indique** la régularité de terminaison des verbes au présent à la 3e personne du pluriel.
4. **Indique** la terminaison des verbes du 1er groupe à la 3e personne du singulier, puis celle des autres verbes (sauf celle du verbe comprendre qui n'a pas de terminaison particulière).
5. **Explique** la terminaison des verbes dans les phrases suivantes.
   Je les aime. Je les trouve en petite forme.

Je collecte

6. **Colle** les étiquettes aux bonnes pages de ton cahier de grammaire.

Je m'entraine

7. **Recopie** le texte en remplaçant des bénévoles par un bénévole. **Fais toutes les transformations nécessaires.**

Dans ce centre, des bénévoles soignent des oiseaux. Ils les prennent dans leurs mains et ils font bouger leurs ailes.
Ils préparent à manger puis ils donnent la nourriture aux oiseaux recueillis.

8. **Modifie** les mots en bleu en remplaçant le chevalier par les chevaliers.

Le chevalier est au service d'un seigneur. Il possède un cheval, une armure et une épée. Il accompagne son seigneur à la guerre. Quand il ne fait pas la guerre, il demeure au château et il participe aux tournois.

Fiche 11 + et ++

Des phrases et des groupes nominaux (2)

Je repère et je transforme

1 **Relis** le texte *Mon chien Pépère* et **compte** le nombre de phrases.

a. **Indique** à quel type appartiennent les phrases du texte.

b. **Recopie** la phrase à la forme négative du 2e paragraphe en la mettant à la forme affirmative. **Indique** le mot qui remplace rien.

Je reconstitue une phrase

2 **Écris** une phrase à partir des groupes de mots suivants.

le chien Pépère - Rose - en rentrant de l'école - caresse - dans sa chambre

a. **Trouve** le sujet et le verbe de la phrase. **Explique** comment tu les trouves.

b. **Recopie** la phrase en déplaçant puis en supprimant les deux compléments qui peuvent l'être. Ils complètent la phrase, ce sont des **compléments circonstanciels**.

Je repère

3 a. Dans le texte *Le chien de Rose* **relève** les noms.

b. **Classe**-les suivant leur genre et leur nombre.

c. **Recopie** les groupes nominaux qui contiennent un ou plusieurs adjectifs.

4 **Repère** le nom principal dans les groupes nominaux le prénom du garçon et le chien de Rose.

Je collecte

5 **Colle** l'étiquette comportant une seule phrase à la page 12 de ton cahier de grammaire et les autres étiquettes aux bonnes pages.

Je m'entraine

6 **Recopie** chaque phrase en déplaçant puis en supprimant chaque complément qui peut l'être.

1. Tous les soirs, je raconte une histoire à mon jeune frère.
2. Tu places les produits frais dans le réfrigérateur.
3. À 18 ans, vous passerez votre permis de conduire.

7 **Recopie** les GN du texte.

Un énorme dragon terrorisait la région. Il avait des yeux rouges, un corps immense, une longue queue. Il déclenchait de violentes tempêtes, il soufflait le feu, il faisait venir des pluies dévastatrices pour les récoltes. Un jour, il a détruit le somptueux château du vieux roi et a enlevé la jeune princesse.

Fiche 12 + et ++

L'origine des mots (1)

Je réfléchis

1 Lis ces articles extraits du *Petit dictionnaire étymologique*, Le Robert, 2018.

rhinocéros ◆ Ce mot vient du grec *rhinokhêros* qui est formé de *rhis, rhinos* qui signifie « nez » et de *keras* qui veut dire « corne » ; le rhinocéros porte en effet une ou deux cornes sur le nez. Après avoir désigné un animal fabuleux proche de la licorne, il correspond au mammifère que nous connaissons. En 1513, des Portugais expédient un rhinocéros baptisé *Ulysse* de Goa, en Inde, à Lisbonne pour le roi Manuel et dès lors la distinction entre les deux animaux s'impose. Le peintre allemand Dürer réalisa une célèbre gravure de cet animal en 1515.

affamé ◆ Une personne affamée est torturée par la faim qui se dit *fames* en latin. Les mots *famine, famélique*, en relation avec la faim, ont la même origine.

doigt ◆ Ce mot à l'orthographe surprenante a pour origine le latin *digitus* qui signifie « doigt de la main » et « doigt du pied ». Les traces laissées par les doigts sont les empreintes *digitales*. Le *prestidigitateur* doit avoir les doigts prestes, rapides et habiles, pour exécuter ses tours.

étoile ◆ Ce mot vient du latin *stella* qui signifie « étoile » et qui entre dans la composition du mot *constellation* qui désigne un groupe d'étoiles. Ce qui est *constellé* est parsemé de points, comme le ciel l'est d'étoiles. Le prénom *Estelle* a également la même origine.

chêne ◆ Ce mot est très probablement d'origine gauloise. En latin, il y avait un mot, qui est *quercus*, pour désigner cet arbre. Mais ce mot latin n'a pas réussi à s'implanter en Gaule car le chêne était associé aux cérémonies religieuses des druides ; il avait une grande importance symbolique pour les Gaulois, peuple celte qui le vénérait comme un arbre sacré. Le mot *chêne* fait partie des rares mots d'origine celtique qui ont résisté au latin.

biologie ◆ Ce mot a été créé par un savant français au début du 19e siècle, à partir d'éléments tirés du grec : *bios* qui signifie « manière de vivre, mode de vie » et *logia* qui veut dire « théorie ». Le suffixe *-logie* sert à former des noms de sciences qui étudient des domaines précis *(minéralogie, zoologie...)*. La biologie est donc la science qui étudie les êtres vivants, les phénomènes vitaux.

2 **Recopie** les trois mots d'origine latine, les deux mots d'origine grecque et le mot d'origine celte.

3 **Recopie** les mots qui ont la même origine que doigt, affamé et étoile.

4 **Explique** la dernière phrase de l'article sur le mot chêne en te référant à ce que tu sais de l'histoire des Gaulois et des Romains.

5 **Indique** quel mot scientifique est formé à partir d'éléments tirés du grec.

Je m'entraine

6 a. **Recopie** les mots latins qui sont devenus des mots français sans subir de modification.

lavabo – terra – alibi – référendum – corpus – rébus – prospectus – virus – amicum

b. **Écris** le mot français correspondant à chaque mot latin que tu n'as pas recopié.

7 **Écris** deux mots à partir de ces éléments grecs et leur signification.

hippo : cheval ; **-thèque** : lieu de rangement ; **-drome** : course ; **biblion** : livre

1. lieu où l'on range des livres
2. champ de course de chevaux

Fiche 13 + et ++ Mémo L'origine des mots

Présenter un animal

Je découvre l'organisation du texte

1 **Relis** le texte *Mon chien Pépère* page 18.

a. **Repère** les trois paragraphes qui développent trois idées : présentation de l'animal, son caractère, les habitudes du chien et de Rose.

b. **Recopie** les différentes manières de désigner le chien et les adjectifs utilisés pour décrire son caractère.

c. **Relève** les verbes d'action du 3e paragraphe.

d. **Relis** les phrases qui montrent que Rose aime son chien.

Je cherche des idées et le vocabulaire

2 **Présente** ton animal de compagnie. Si tu n'en as pas, présente un animal de compagnie que tu connais. Tu peux également en imaginer un, comme Rose imagine qu'elle a un frère.

a. **Choisis** l'animal et donne-lui un nom.
b. **Recherche** les mots que tu vas utiliser pour le présenter :
– noms et adjectifs pour décrire son apparence physique, son caractère,
– verbes pour indiquer les habitudes de ton animal de compagnie et les tiennes avec lui.

c. **Utilise** le mémo *Des mots pour présenter son animal domestique.*

J'organise mon texte

3 **Classe** tes idées et le vocabulaire choisi en quatre parties.

1. La présentation de l'animal
2. Sa description physique
3. Son caractère
4. Ses habitudes

J'écris

4 **Rédige** une quinzaine de lignes en trois ou quatre paragraphes.

a. **Écris** ton texte au présent.

b. **Emploie** différentes façons de désigner l'animal de compagnie.

c. **Indique** les sentiments que tu éprouves pour cet animal.

Je révise et j'améliore

5 **Relis** ton texte et **vérifie** que :

– tu as mis les majuscules et les points ;
– tu es allé(e) à la ligne à la fin de chaque paragraphe ;
– tu as désigné ton animal de manières différentes ;
– tu as écrit ton texte au présent ;
– tu as écrit la bonne terminaison des verbes.

Fiche 14 + et ++

› Identifier le narrateur, les actions, pensées et émotions des personnages
› Repérer des informations implicites
› Reformuler et rappeler le récit

Histoire d'un escargot qui découvrit l'importance de la lenteur (1)

Les escargots qui habitent le Pays de la Dent-de-Lion mènent une vie paisible, lente et silencieuse ; ils sont à l'abri des animaux et, entre eux, s'appellent simplement « escargots ». L'un d'eux pourtant trouve injuste de n'avoir pas de nom et voudrait aussi connaître les raisons de la lenteur. Contre l'avis de tous, il entreprend un voyage qui lui fera rencontrer une tortue pleine de sagesse, des fourmis très organisées.

Lentement, très lentement, après le repas composé de pissenlits (les Dents de Lion) pris en commun sous les feuilles d'acanthe le soir, l'escargot disparait derrière les plus hautes herbes du pré. Il rencontre une tortue qui lui raconte sa vie passée auprès d'humains qui s'occupaient bien d'elle. Mais au fil des années, en grandissant, ces humains l'ont abandonnée et oubliée.

L'histoire de la tortue attrista l'escargot et il devint encore plus triste quand, cherchant lentement parmi les nombreux mots qu'elle connaissait, elle lui dit qu'elle traversait ce pré, parmi des êtres étranges, parfois aimables, parfois hostiles, toujours loin de ce qui avait été son foyer et en direction d'un lieu incertain qui avait pour nom le plus cruel des mots. Il s'appelait l'exil.

– Je peux t'accompagner ? murmura l'escargot.

– Dis-moi… d'abord… ce que tu cherches, répondit la tortue, et l'escargot lui raconta qu'il désirait connaitre les raisons de la lenteur, qu'il voulait aussi avoir

J'anticipe

1 **Indique** le nom de l'auteur, le titre et **émets** des hypothèses sur le sens de ce titre.

Je comprends

2 **Lis** le texte encadré et le texte en italique. **Relève** des informations sur les personnages.

3 **Réponds** à la question par une phrase.
Pourquoi le pays des escargots s'appelle-t-il « le Pays de la Dent-de-Lion » ?

4 **Trouve** le sens du mot acanthe dans le lexique.

5 **Indique** qui raconte l'histoire et **justifie** ta réponse.

> **Je sais déja**
> Un **champ lexical** est un ensemble de mots se rapportant à un même thème.

6 **Relève** les mots qui appartiennent au champ lexical de la lenteur.

7 **Relève** trois adjectifs qui qualifient les êtres rencontrés par la tortue et **émets** des hypothèses sur le sens du mot hostile. **Vérifie** dans le lexique.

8 **Réponds** aux questions par une phrase.
a. Qu'est-il arrivé à la tortue ?
b. Quel est le plus cruel des mots pour la tortue ? Pourquoi ?

un nom parce que l'eau qui tombe du ciel s'appelle pluie, les fruits de la ronce épineuse s'appellent mures et l'arôme qui coule des rayons de cire s'appelle miel. Et il lui raconta aussi que sa question et son désir mettaient en colère les autres escargots, qu'ils l'avaient menacé de l'expulser du pré et qu'il avait décidé de s'en aller et de ne pas revenir tant qu'il n'aurait pas une réponse et un nom.

La tortue chercha avec plus de calme que d'habitude les mots pour répondre et elle lui raconta que pendant son séjour chez les êtres humains elle avait appris beaucoup de choses. Elle lui raconta que quand un être humain posait des questions embarrassantes du genre « Est-il nécessaire d'aller si vite ? » ou « A-t-on vraiment besoin de tant de choses pour être heureux ?», ils l'appelaient rebelle.

– Rebelle, j'aime ce nom ! murmura l'escargot. Est-ce que les humains t'ont donné un nom ?

– Oui… comme je n'ai… jamais… oublié le chemin de l'aller… et du retour… ils m'ont… appelée… Mémoire… mais… ils m'ont oubliée.

– Alors, Mémoire, on reste ensemble ? demanda l'escargot.

– D'accord… Rebelle… répondit la tortue et, tournant lentement, très lentement son corps elle lui indiqua qu'ils allaient revenir sur leurs pas parce qu'elle allait lui montrer quelque chose d'important. Quelque chose qui lui ferait comprendre qu'ils suivaient le même chemin même avant de se connaitre.

Le soleil se trouvait au milieu du ciel lorsqu'ils arrivèrent à la limite du champ que les escargots les plus vieux appelaient la fin de la vie. C'était une surface sombre, lisse qui s'étendait comme un morceau de nuit resté collé au sol en recouvrant les herbes et les fleurs sauvages.

De l'autre côté de la bande obscure on voyait des êtres humains occupés à mettre ce qui pour l'escargot ressemblait à des pierres les unes sur les autres.

9 **Réponds** aux questions par une phrase.

Quel est le nom de la tortue ? de l'escargot ? Qui leur a donné ce nom ? Pourquoi ?

10 **Relève** les différentes façons de désigner la limite du champ.

Oral **11** **Échange** avec tes camarades pour répondre à la question.

Pourquoi les escargots appellent-ils la limite du champ la fin de vie ?

Pour aller + loin

12 **Imagine** la suite du récit et **écris**-la en quelques lignes.

Oral **Je lis à voix haute**

- **Lis de *La tortue chercha* (ligne 19) à la fin du texte.**
- **Lis très vite la phrase suivante.**

Des êtres humains rebelles se sont rebellés en plongeant dans l'embarras d'autres êtres humains avec des questions toujours très embarrassantes.

Fiche 15 + et ++

La tortue, en recherchant les mots au fond de sa mémoire, lui expliqua que ces humains étaient en train de construire les maisons dans lesquelles allaient vivre d'autres humains, grands et petits, qui viendraient porter leurs affaires sur de grands animaux avec des pattes circulaires fortes, rapides et poussées par des cœurs de métal. [...]

La tortue sentit le désarroi de l'escargot et avec son calme imperturbable lui expliqua que la bande sombre s'appelait route, ou chemin, que les grands animaux près des humains s'appelaient machines et que l'ombre épaisse et sombre qu'ils crachaient s'appelait asphalte. Les humains ne se déplaçaient pas avec leurs pieds, ils les trouvaient trop lents et préféraient le faire sur des animaux de métal, et plus ils étaient rapides, plus ils les admiraient. Ce qu'il voyait, c'étaient des hommes en train de recouvrir le pré d'asphalte pour que leurs animaux puissants puissent s'y reposer. [...]

Rebelle se demande ce qu'il doit faire.

La tortue lui dit en mâchant les derniers pétales de pissenlit que s'il n'avait pas été un escargot lent, très lent, et que si, au lieu de sa lenteur, il avait le vol rapide du milan, la rapidité de la sauterelle qui traverse d'énormes distances en sautant, ou l'agilité de la guêpe qui est et n'est plus là avant que le regard se pose sur elle, peut-être que cette rencontre entre deux êtres aussi lents que peuvent l'être un escargot et une tortue n'aurait jamais eu lieu.

– ... Tu comprends... Rebelle ? ... conclut la tortue en fermant les yeux.

– Je crois que oui. Ma lenteur m'a servi à te rencontrer, à ce que tu me donnes un nom, que tu me montres le danger, et maintenant je sais que je dois prévenir les miens.

Oral

Je raconte

1 **Raconte** le début du roman en utilisant les mots suivants : escargot – tortue – nom – voyage – rencontrer – humains.

Je comprends

2 **Lis** la première phrase du texte et **expliques-en** le sens.

3 **Relève** les différentes façons de nommer la bande sombre.

4 **Indique** ce qui est désigné par les animaux de métal, leurs animaux puissants.

5 **Émets** des hypothèses sur le sens des mots désarroi et asphalte et **vérifie** dans le lexique.

6 **Relève** l'adjectif qui qualifie le calme de la tortue et **émets** des hypothèses sur son sens à partir de sa formation.

7 **Réponds aux questions par une phrase.**
Que construisent les êtres humains ? Dans quel but ?

8 **Réponds à la question en citant le texte.**
Pourquoi la rencontre entre Rebelle et Mémoire est-elle importante ?

Pour aller + loin

9 **Imagine** ce que Rebelle va dire aux siens. **Écris-le** en quelques phrases.

Oral

Je lis à voix haute

- **Lis** l'ensemble du texte.

Fiche 16 + et ++

La lettre c

Je mémorise

1 **Lis** les mots à mémoriser.

reconnaitre / proche / un morceau / accomplir / une piscine

• Dans trois colonnes, **recopie** les noms, les verbes, puis l'adjectif.

2 **Recopie** les mots à mémoriser.

un ticket / ceci / exact / un accident / accueillir

• **Souligne** les noms et **entoure** l'adjectif.

Je fais le point

3 **Recopie** les mots et entoure de trois couleurs différentes les lettres ou groupes de lettres qui transcrivent [k], [s] ou [ks].

accrocher – facile – un vaccin – une glace – un cube – cueillir – ça – le succès

4 **Recopie** ces mots et **indique** le son transcrit par les groupes de lettres en gras.

1. un ti**ck**et **2.** la **sc**ience **3.** **ch**anter **4.** la **ch**orale

5 **Recopie** ces groupes de mots et entoure la lettre c dans chaque mot.

blanc /blanche – distinct /distinction – l'instinct /instinctif – le respect / respecter

6 **Complète** les phrases suivantes.

▷ La lettre **c** transcrit le son [s] devant ... et [k] devant ....
Pour qu'elle se prononce [s] devant ..., ... ; ..., on lui ajoute une ....
Pour qu'elle se prononce [k] devant **e**, on ajoute un .... Doublée, elle transcrit [k] ou [ks].

▷ Avec ...., la lettre **c** peut transcrire le son [ʃ] ou [k], avec **k**, elle transcrit [k], avec **s**, elle transcrit [s]

▷ La lettre **c** est parfois muette. Elle peut servir à former le .... Devant **t**, elle peut être muette mais elle se prononce dans un mot de la même ....

Je m'entraine

7 **Complète** les mots avec ck, sc ou ch.

tou•er – un jo•ey – une •ène – une man•e – un adole•ent – un te•el – une •ose

8 **Écris** un mot de la famille de chaque mot, qui contient aussi ck, sc ou ch.

cacher – stocker – consciencieux – un mouchoir – une descente – une marchandise

9 **Écris** le mot terminé par un c muet de la famille de chaque mot.

la franchise – accrocher – une porcherie – une tronçonneuse – la blancheur

10 **Classe** les dix mots mémorisés selon leur nature.

Les relations dans un texte (3)

Je lis et je transpose

L'escargot qui veut avoir un nom et connaitre la raison de sa lenteur

Cet escargot avance lentement vers de hautes herbes. Ses petits yeux voient une pierre qui lui semble un merveilleux refuge pour la nuit. Au sommet, il choisit l'endroit le plus lisse.

Il commence à s'endormir quand la pierre bouge. Une voix basse et fatiguée demande :

– Qui es-tu ?

– Tu parles ? Moi, je suis un escargot. Je veux passer la nuit ici. Tu veux bien ?

– Oui, je veux bien, tu me ressembles....

Le matin, l'escargot voit que la pierre est un être avec une carapace.

– Je suis une tortue, dit la voix fatiguée. Si tu veux, tu peux venir avec moi.

Un peu plus tard, l'escargot lui demande la permission de monter sur sa carapace.

– Je ne peux pas suivre ton rythme, tu es trop rapide.

– Moi ... rapide... c'est la première fois qu'on me dit ça.

1 **Écris** ce qui ou qui est désigné par les pronoms en bleu.

2 a. **Dis** le texte en remplaçant l'escargot par les deux escargots et **récris** les groupes de mots soulignés.

b. **Explique** ce qui change et ce qui ne change pas.

3 a. **Indique** l'infinitif des verbes conjugués.

b. **Trouve** les verbes à l'infinitif dans le texte.

4 **Indique** la terminaison des verbes conjugués au présent à la 2e personne du pluriel. Quelle est la particularité du verbe être ?

Je collecte

5 **Colle** les étiquettes à la bonne page de ton cahier de grammaire.

Je m'entraine

6 **Recopie** le texte en remplaçant les loups par le loup.

Les loups sont des mammifères carnivores. Ils ont besoin de chair fraiche. Ils chassent en groupe. Ils peuvent parcourir 50 kilomètres par jour.

7 **Récris** les groupes de mots en bleu en remplaçant le jardinier par les jardiniers.

Dans le parc, en été, le jardinier coupe les fleurs fanées. En automne, il choisit les arbres à tailler et il ramasse les feuilles mortes.

Fiche 18 + et ++

Des phrases et des groupes nominaux (3)

Je repère et je transforme

1 a. **Relis** le texte *L'escargot qui veut avoir un nom et connaitre la raison de sa lenteur.*

b. **Recopie** les trois phrases interrogatives.

c. **Récris** la deuxième phrase interrogative en plaçant le sujet derrière le verbe. N'oublie pas le trait d'union qui sépare le verbe du sujet.

Je sais déja

Une **phrase interrogative** sert à poser une question, à demander une information. Elle se termine par un point d'interrogation.

Je reconstitue une phrase

2 a. **Écris** une phrase à partir des groupes de mots suivants.

le plus lisse – sur le sommet de la pierre – choisit – l'endroit – avant la nuit – l'escargot

b. **Trouve** le sujet et le verbe de la phrase. **Explique** comment tu les trouves.

c. **Recopie** la phrase en déplaçant puis en supprimant les compléments circonstanciels.

Je repère

3 a. Dans le texte *L'escargot qui veut avoir un nom et connaitre la raison de sa lenteur*, **recopie** les groupes nominaux qui contiennent un ou plusieurs adjectifs.

b. Dans le groupe nominal cet escargot, **indique** à qui le déterminant permet de renvoyer.

c. Dans les groupes nominaux ses petits yeux, leurs petits yeux, **indique** à quel possesseur renvoie chaque déterminant.

4 **Repère** le nom principal dans le groupe nominal un être avec une carapace.

Je collecte

5 **Colle** les étiquettes aux bonnes pages de ton cahier de grammaire.

Je m'entraine

6 **Transforme** ces phrases interrogatives en employant est-ce que puis en plaçant le sujet après le verbe.

1. Tu veux de la glace pour ton dessert ?
2. Vous êtes à la bibliothèque ou au stade ?
3. Nous pouvons vous aider à porter ce lourd panier ?
4. Il vient aussi à ta fête d'anniversaire ?

7 a. **Écris** une phrase à partir des groupes nominaux suivants et **place** les compléments circonstanciels en début de phrase.

leur chien – chaque jour – sortent – nos voisins – à la nuit tombée

b. **Recopie** la phrase en supprimant les compléments circonstanciels.

Fiche 19 + et ++

Comment chercher dans le dictionnaire

Je réfléchis

1 Tu cherches dans le dictionnaire les mots en orange car tu as besoin de connaitre leur sens. En feuilletant le dictionnaire, tu découvres les mots repères indiqués ci-dessous à droite du mot recherché.

a. **Indique** si tu es à la bonne page, si tu dois retourner en arrière ou aller plus loin.

b. **Explique** pourquoi.

brochure	brimer/bronzer
gangue	gagner/galvaniser
coupole	courant/cours
intègre	intérêt/interpeler
papyrus	papille/paraitre
truculent	trolleybus/trou

D'où viennent les mots

Le mot **papyrus** est emprunté au latin : *papyrus*, qui désigne une plante et les produits fabriqués à partir de cette plante. Le nom *papier* vient de *papyrus*.

2 a. **Émets** des hypothèses de graphie pour savoir à quelle lettre chercher les mots ci-dessous dans le dictionnaire puis **cherche-les.**

[otonomi], [otœr], [om]

b. **Émets** des hypothèses de graphie pour savoir à quelle lettre chercher les mots suivants dans le dictionnaire puis **cherche-les.**

[sereal], [kalite], [ʒœn]

3 Tu veux trouver le sens des noms et des verbes ci-dessous que tu as rencontrés dans un texte. **Indique** quel nom ou quel verbe tu vas chercher.

1. Noms au pluriel : cieux – coraux
2. Verbes conjugués : (ils) surprennent – (vous) médites

Je m'entraine

4 **Reproduis** le tableau ci-dessous.
Pour chaque mot à trouver dans le dictionnaire, fais une croix dans la case qui convient.

Mots à trouver	Mots repères	Je suis à la bonne page	Je retourne en arrière	Je vais plus loin
défricher	défier/dégivrer			
sécant	schiste/script			
entailler	ensommeillé/entorse			
tronquer	troubadour/troupe			
casanier	cardiaque/carré			

Fiche 20 + et ++

Écrire un texte informatif

Je découvre l'organisation d'un texte informatif

1 a. **Lis** ce texte informatif sur la tortue terrestre qui vit en France : La tortue d'Hermman.

La tortue d'Hermann est un reptile terrestre qui se déplace lentement.

Sa tête et ses pattes courtes munies de cinq griffes sont recouvertes d'écailles. Son corps est protégé par une carapace ovale, bombée et ornée de motifs noirs aux contours assez réguliers.

La tortue est herbivore et son alimentation se compose essentiellement de végétaux comme la salade, dont elle raffole. Elle peut consommer à l'occasion des fruits et des invertébrés comme les cloportes et les vers de terre.

L'animal est sédentaire et fidèle à son lieu de vie. Elle aime le soleil mais elle apprécie aussi les lieux où elle peut s'en protéger. La température de son corps est la même que celle de l'extérieur. De ce fait, s'il fait chaud, elle se met à l'ombre et lorsqu'il fait froid, elle cherche à se réchauffer. Elle commence à être active au mois de mars, et prend ses quartiers d'hiver à partir du mois d'octobre.

Elle pond deux fois dans l'année. Elle dépose alors de deux à sept œufs dans un trou creusé dans le sol. Les bébés tortues naissent 90 jours plus tard.

b. **Repère** les paragraphes et **donne**-leur un titre.

c. **Relève** les mots synonymes du verbe aimer.

Je cherche et j'organise des informations

2 Tu vas écrire un texte informatif sur l'escargot.

a. **Recherche** des informations dans la définition du dictionnaire, dans une encyclopédie ou sur le web.

b. **Note-les** et **classe-les** dans les rubriques suivantes :

présentation de l'escargot – aspect physique – nourriture – lieu de vie et vie – reproduction.

J'écris

3 **Rédige** une quinzaine de lignes en cinq paragraphes correspondant aux rubriques de l'activité 2b.
Écris ton texte au présent à la 3e personne du singulier.

Je révise et j'améliore

4 **Relis** ton texte et **vérifie** que :
- tu as mis les majuscules et les points ;
- tu as respecté l'organisation du texte ;
- tu es allé(e) à la ligne à la fin de chaque paragraphe ;
- tu as écrit ton texte au présent.

Fiche 21 + et ++

› Attribuer du sens à des mots inconnus
› Identifier les actions, pensées et émotions des personnages
› Repérer des informations implicites

Histoire d'un escargot qui découvrit l'importance de la lenteur (2)

Pendant le trajet vers les bouquets d'acanthes, l'escargot rencontra soudain des fourmis en file ordonnée qui transportaient de petites gouttes de miel. Conformément aux règles respectées par tous les êtres de la prairie, il s'arrêta, car s'il croisait sans les avertir le sentier qu'elles avaient tracé, sa trace humide les désorienterait.

– Fourmis, je dois croiser votre sentier et avertir les miens d'un grand danger, murmura-t-il en inclinant la tête presque jusqu'au sol.

– Et quel est ce grand danger ? On peut savoir ? Gardez les rangs ! demanda une fourmi, un peu plus vieille que les autres, qui ne transportait rien et surveillait énergiquement celles qui travaillaient.

L'escargot leur parla alors des êtres humains et de la façon dont ils avaient commencé à recouvrir une extrémité du pré avec une couche de quelque chose d'épais et de plus sombre que la nuit sans étoiles.

– Ça a l'air très grave mais je ne peux pas décider quoi faire. Ma fonction, c'est de conduire les porteuses jusqu'à la fourmilière. J'ai dit : gardez les rangs ! Viens avec moi et parle avec la reine.

L'escargot se mit à avancer près de la fourmi, mais il ne put pas suivre le rythme frénétique de ses pattes, et il la vit le dépasser. Il avança lentement, très lentement, et quand il arriva à la fourmilière la reine l'attendait entourée de sa suite.

Je me souviens

1 **Raconte** le début de l'histoire en respectant l'ordre chronologique.

Je comprends

2 **Relève** les différentes façons de nommer l'asphalte.

3 **Nomme** les animaux rencontrés par Rebelle.

4 **Réponds** à la question par une phrase.
Que respecte Rebelle en avertissant les fourmis de son passage ?

5 a. **Relève** l'adjectif qui qualifie le rythme de la fourmi qui conduit Rebelle à la reine.
b. **Émets** des hypothèses sur le sens de ce mot et **vérifie** dans le lexique.

6 a. **Recopie** le mot prononcé par la reine et qui déclenche les préparatifs de départ.
b. **Émets** des hypothèses sur le sens de ce mot et **vérifie** dans le lexique.

7 **Indique** le sens des mots vivacité et avisés à l'aide des mots de leur famille : vif, un avis.

8 **Relève** deux phrases qui permettent de répondre à la question.
Quel est l'intérêt de la lenteur de Rebelle ?

– Tu en as mis du temps. On ne fait pas attendre une reine, le réprimanda la fourmi qui l'avait précédé, mais la reine lui ordonna de se taire et s'approcha de l'escargot.

– Tu es sûr de ce que tu dis ? C'est vrai que les hommes couvrent le pré d'une couche plus sombre que la terre profonde ?

– Pour le malheur de tous les êtres de la prairie, c'est vrai. Une tortue nommée Mémoire m'a emmené jusqu'aux limites de la prairie et je l'ai vu.

– Ce n'est pas la première fois que ça nous arrive. Exode ! ordonna la reine, et immédiatement les fourmis commencèrent à sortir de la fourmilière chargées de petits bouts de feuilles, de gouttes de miel, de graines, tous les aliments qu'elles entreposaient dans leurs galeries souterraines.

– Nous remercions ta lenteur, escargot, car si tu étais rapide comme le lapin, ou si tu glissais avec la vivacité de la couleuvre, tu ne nous aurais pas vues et prévenues. Tu as un nom ?

– Je m'appelle Rebelle, c'est le nom que m'a donné Mémoire.

– Mémoire, Rebelle, merci, dit la reine et aux cris de « Exode ! Exode ! » elle rejoignit la longue file des fourmis qui abandonnaient la fourmilière.

Avant que le soleil ne caresse le pré de ses derniers rayons, l'escargot prévint du danger les scarabées, qui, dès qu'ils furent avisés, le remercièrent aussi de sa lenteur, car s'il avait été rapide comme les lézards ou les criquets il ne les aurait ni vus ni avertis.

L'escargot vit comment les scarabées se pressaient d'abandonner leurs terriers et s'éloignaient en bon ordre en poussant devant eux leurs boulettes de nourriture.

Pour aller + loin

9 **Recopie** la phrase poétique qui évoque le coucher du soleil et **réponds** à la question.

Que penses-tu de la manière dont cet auteur écrit ?

Oral **10** **Échange** avec tes camarades et **imagine** la suite du récit en répondant aux questions.

a. Rebelle continue-t-il son chemin ? Va-t-il rencontrer d'autres animaux ?

b. A-t-il compris le message de la reine des fourmis et des scarabées sur la lenteur ?

c. Comment comprends-tu ce message ?

Oral **Je lis à voix haute**

- **Lis de *L'escargot se mit à avancer* (ligne 17) à la fin du texte.**
- **Lis très vite cette phrase :**

Avec frénésie, vivacité et énergie, les fourmis désorientées obéissent à la reine qui ordonne l'exode et la rejoignent en dehors des galeries souterraines en abandonnant la fourmilière.

Fiche 22 + et ++

C'est le soir, Rebelle l'escargot, épuisé, décide de se reposer un peu.

Avant de rentrer son corps à l'intérieur de sa coquille, il remarqua que beaucoup d'êtres nocturnes remuaient.

Les vers de terre craignant le soleil rampaient en laissant des traînées d'humidité sur l'herbe, les vers luisants eux aussi en fuite volaient à très basse altitude pour éclairer la marche des chenilles, et les petites grenouilles vertes des prés sautaient en coassant à la recherche d'une mare.

Rebelle [...] entendit une petite voix qui venait de très loin sous l'herbe.

– C'est toi l'escargot dont on parle tant ? dit la voix.

– Oui, et toi ? Qui es-tu ? murmura-t-il. [...]

– Je suis une taupe. Il y a des êtres qui volent au-dessus du pré, d'autres qui vivent au ras de l'herbe et d'autres encore qui vivent sous la terre. C'est vrai que les humains vont tout recouvrir avec une couche de glace noire ?

Il répondit que malheureusement oui, c'était vrai, et après l'avoir remercié la taupe disparut sous le monticule en annonçant à ses camarades qu'ils allaient devoir beaucoup creuser.

Rebelle l'escargot qui avait maintenant un nom et connaissait de mieux en mieux les raisons de sa lenteur, se prépara à nouveau à dormir, mais ne réussit pas à retrouver le sommeil car une série de questions s'étaient aussi installées dans sa coquille.

Et si ses compagnons ne le croyaient pas ? Et si sous les feuilles d'acanthe on prenait son annonce comme une bizarrerie gênante, comme ils l'avaient fait pour son désir d'avoir un nom et de connaître les raisons de la lenteur ? Et dans le cas où ils le croiraient et accepteraient la nécessaire perte de leur foyer, le Pays de la Dent-de-Lion, où iraient-ils ?

Oral

Je raconte

1 **Liste** les principales étapes du roman et **raconte** ces étapes en prenant le point de vue de Rebelle.

Je comprends

2 **a.** **Relève** les noms des êtres nocturnes rencontrés et **indique** leurs actions.

b. **Trouve** le sens du mot nocturne. **Vérifie** dans le dictionnaire.

3 **Trouve** la nouvelle façon de nommer l'asphalte.

4 **Trouve** le sens du mot en gras et **explique** tes stratégies.

La taupe disparut sous le **monticule**.

5 **Réponds** aux questions par une phrase.

a. Pourquoi les taupes vont-elles devoir creuser ?

b. Pourquoi Rebelle n'arrive-t-il pas à dormir ?

6 **Trouve** un mot qui pourrait remplacer le mot en gras.

[...] la nécessaire perte de leur **foyer**.

7 **Reformule** avec tes propres mots le dernier paragraphe du texte et **écris** un titre pour ce paragraphe.

Oral

Je lis à voix haute

- **Lis l'ensemble du texte.**

Fiche 23 + et ++

La lettre *g*

Je mémorise

1 **Lis** les mots à mémoriser.

un refuge / élégant / naviguer / le chauffage / un escargot

• **Recopie** les noms.

2 **Recopie** les mots à mémoriser.

une poignée / le sang / distinguer / un bourgeon / désagréable

• **Entoure** le verbe et l'adjectif.

Je fais le point

3 **Recopie** les mots et **entoure** la lettre placée après les lettres g, gg ou gu.

1. la gare – la figure – agglomérer – le tango – anglais

2. guider – la vague – une guêpe

4 **Recopie** les mots et **entoure** la lettre ou les lettres qui transcrivent le son [ʒ].

1. geler – un régime – un gymnase 2. la rougeole – en nageant – nous mangeons

5 **Recopie** les mots et **entoure** la lettre g et la lettre avec laquelle elle forme un son.

soigner – une ligne – mignon – la vigne – une araignée – ignorer

6 **Récris** les mots en les groupant deux à deux puis **entoure** les lettres g.

un doigt – un bourg – long / longue – un bourgeois – digital

7 **Complète** les phrases suivantes.

- La lettre **g** transcrit le son [g] devant .... Elle peut être doublée.
  Pour transcrire [g] devant **e** et **i**, la lettre **g** est suivie de la lettre ....
- La lettre **g** se prononce [g] devant .... Devant les voyelles **a** et **o** il faut ajouter un ....
- La lettre **g** accompagnée de la lettre ... transcrit le son [ɲ].
- En fin de mot, la lettre muette **g** peut servir à former le ... ou un mot de ....
  Elle peut aussi rappeler l'origine du mot.

Je m'entraine

8 **Récris** les mots en les complétant avec g ou ge.

un dan•er – un pi•on – un en•in – une ré•ion – une oran•ade – nous ran•ons

9 **Récris** les mots en les complétant avec g, gu ou gg.

une ba•ette – un san•lot – a•raver – une •enon – ai•u – se dé•iser – aveu•le

10 **Écris** un mot de la famille de chaque mot, qui contient aussi le son [ɲ].

une signature – peigner – un châtaignier – mignonne – un grognement – aligner

11 **Classe** les dix mots mémorisés selon leur nature.

Fiche 24 + et ++

Les relations dans un texte (4)

Je lis et je transpose

Les fourmis

Les fourmis ouvrières ou soldats font vivre la fourmilière. Elles bâtissent, nettoient, récoltent de la nourriture et prennent soin des œufs de la reine.

Les fourmis ont des moyens de communication sophistiqués. Grâce à leurs antennes, elles détectent des messages ayant une odeur typique pour elles…

Mais elles ont d'autres façons de communiquer : elles peuvent se dresser sur leurs pattes quand elles veulent exprimer l'agressivité. Elles frappent le sol avec leur tête quand elles préviennent d'un danger.

Les fourmis sont omnivores, elles se nourrissent de tout ce qu'elles trouvent : graines, pollens de fleurs, cadavres d'insectes. Elles s'attaquent aux chenilles qui mangent les arbres. Elles sont des « nettoyeuses » très utiles, elles participent à l'équilibre de la nature.

Oral

1. a. **Dis** le texte en remplaçant Les fourmis par Vous les fourmis jusqu'à *pour elles*.
   b. **Récris** les groupes de mots soulignés. **Explique** ce qui change.
2. **Procède** de la même façon en remplaçant Les fourmis par Nous de *Mais elles ont* jusqu'à *danger* puis en remplaçant Les fourmis par Toi la fourmi de *Les fourmis sont* jusqu'à la fin.
3. **Indique** l'infinitif des verbes conjugués. **Trouve** les verbes à l'infinitif dans le texte.
4. **Indique** la régularité des terminaisons au présent avec *vous, nous, tu,* et la particularité du verbe *faire* avec *vous.*

Je collecte

5. **Colle** les étiquettes aux bonnes pages de ton cahier de grammaire.

Je m'entraine

6. **Recopie** le texte ci-dessous en remplaçant La sauterelle par Les sauterelles puis par Vous les sauterelles, puis par Nous les sauterelles.

La sauterelle aime les hautes herbes. Elle est surtout carnivore, elle consomme des mouches, des chenilles… Elle mange quelques végétaux. Elle peut mordre si on la capture.

Fiche 25 + et ++

Le verbe et son sujet

Je lis et je réfléchis

1. Je vais dans sa maison. J'irai dans sa maison.
2. Rose bavarde avec un frère imaginaire. Le garçon et la fillette bavardent.
3. L'escargot et la tortue avancent lentement. Ils ont avancé lentement.
4. Vous faites des travaux. Mes parents ont fait des travaux.
5. Tu as un frère imaginaire. La fillette a un frère imaginaire.
6. Qui es-tu ? Qui êtes-vous ? Qui sont-ils ?
7. L'animal choisit l'endroit le plus lisse. Nous choisissons l'endroit le plus lisse.
8. Je suis omnivore. Elle est omnivore. Elles sont omnivores.
9. Lentement, arrive un escargot. Lentement, arrivent deux escargots.

1 a. **Repère** les verbes et **explique** comment tu les reconnais.
b. **Indique** à quelle personne et à quel temps chaque verbe est conjugué.
c. **Trouve** l'infinitif des verbes.
d. **Classe** ces verbes suivant les trois groupes et **trouve** les auxiliaires.
e. **Explique** comment tu reconnais un verbe du 1er groupe, un verbe du 2e groupe.

2 a. **Trouve** le sujet de chaque verbe et **explique** comment tu le trouves.
b. **Indique** les phrases dans lesquelles le sujet est placé derrière le verbe.

3 **Classe** les sujets en quatre colonnes suivant leur nature.

un nom propre	un groupe nominal	deux groupes nominaux reliés par la conjonction et	un pronom personnel

Je conclus

Oral **4** **Dis** ce qu'il faut retenir sur le verbe et son sujet et **lis** la page correspondante dans le mémo.

Je sais déja

Les **conjonctions de coordination** sont : *mais* - *ou* - *et* - *donc* - *or* - *ni* - *car*. Elles marquent un lien entre des mots ou des groupes de mots.

Je m'entraine

5 **Recopie** le verbe et son sujet et **indique** la nature du sujet.
1. Dans quelques jours, tes voisins préférés quittent l'immeuble.
2. Tous les mercredis, vous préparez des gâteaux secs.
3. Devant ma porte, miaulait un mignon petit chat noir.
4. Louis a refusé l'invitation pour mon anniversaire.
5. Plus tard, dans la clairière, arrivent trois étranges animaux.

Fiche 26 + et ++

Lire un article de dictionnaire

Je réfléchis

1 a. **Lis** l'article ci-contre et **recopie** le mot défini.

b. **Réponds** aux questions suivantes.
- Que signifie l'abréviation « v. » ?
- Comment le son [ã] est-il transcrit ?
- Sous quelle forme le verbe défini est-il écrit ?
- Que signifie (conjug 61) ?
- Comment est indiqué le synonyme (mot de sens proche) d'entreprendre ? Quelle est sa nature ?

c. **Distingue** la définition du verbe et la phrase exemple.

d. **Recopie** les contraires d'entreprendre et indique leur nature.

2 a. **Recopie** les mots de la famille d'entreprendre et **indique** leur nature et, pour certains, leur genre.

b. **Réponds** aux questions suivantes.
- Quels sont les contraires d'entreprenant ? Quelle est la nature de chacun ?
- Combien le mot entreprise a-t-il de sens ? Comment sont-ils indiqués ?
- À quelle famille appartient le verbe entreprendre ?

3 **Trouve** d'autres mots de la famille de prendre.

entreprendre v. (conjug. 61) Se mettre à faire une chose longue, difficile ou ennuyeuse. *Alex a entrepris de ranger sa chambre.* → **commencer.** ▮ contraires : **achever, finir, terminer.**
▸ **entreprenant, entreprenante** adj. Qui décide avec audace de faire quelque chose de long ou difficile. *Une femme d'affaires entreprenante.* ▮ contraires : **hésitant, timoré.**
▸ **entrepreneur** n. m., **entrepreneuse** n. f. Personne dont le métier est de réaliser les travaux qu'on lui a commandés. *Un entrepreneur de peinture.*
▸ **entreprise** n. f. **1.** Ce que l'on veut entreprendre ou que l'on a déjà entrepris. → **projet.** *C'est une entreprise délicate.* **2.** Société qui produit des choses à vendre ou qui offre des services. *Il a fait appel à une entreprise de plomberie pour réparer la fuite. Un chef d'entreprise,* un patron. → aussi **affaire, commerce, établissement, exploitation, industrie.**
▷ Mots de la famille de prendre.

Le Robert Junior 2020 © Le Robert.

Je m'entraine

4 **Lis** l'article ci-contre et **relève** dans la liste ci-dessous les informations qui sont données dans cet article.

1. orthographe du mot
2. nature du mot
3. synonymes
4. contraire
5. nombre de sens
6. appartenance à une famille de mots
7. renvoi à un tableau de conjugaison

désorienter v. (conjug. 3) Rendre hésitant. → **déconcerter.** *Sa question m'a désorienté.* → **désarçonner.** ▷ Mot de la famille de orienter.

Le Robert Junior 2020 © Le Robert.

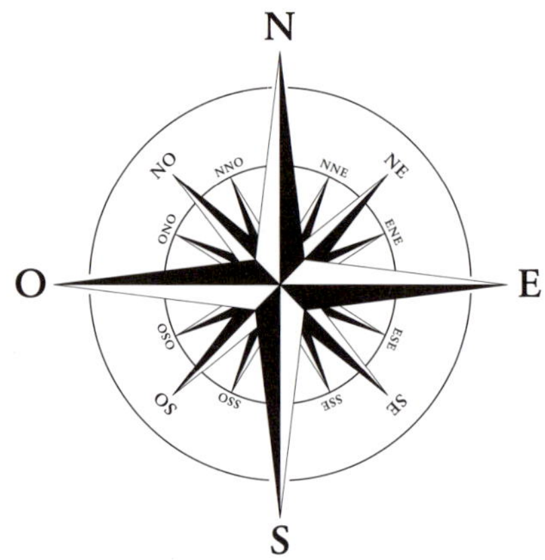

Fiche 27 + et ++

Raconter un épisode de l'histoire

J'observe des paroles transformées en récit

1 a. **Compare** le dialogue entre Rebelle et la fourmi (à gauche) et sa transformation en récit (à droite en violet).

b. **Indique** ce qui change et ce qui ne change pas entre le dialogue et le récit. **Explique** les changements

— Fourmis, je dois croiser votre sentier et avertir les miens d'un grand danger, murmura-t-il en inclinant la tête presque jusqu'au sol.

L'escargot incline la tête presque jusqu'au sol et murmure qu'il doit croiser le sentier des fourmis pour aller avertir les siens d'un grand danger.

— Et quel est ce grand danger ? On peut savoir ? Gardez les rangs ! demanda une fourmi, un peu plus vieille que les autres, qui ne transportait rien et surveillait énergiquement celles qui travaillaient.

Une fourmi un peu plus vieille que les autres, qui ne transporte rien et surveille énergiquement celles qui travaillent, veut savoir quel est ce danger.

L'escargot leur parle alors des êtres humains et de la façon dont ils avaient commencé à recouvrir une extrémité du pré avec une couche de quelque chose d'épais et de plus sombre que la nuit sans étoiles.

— Ça a l'air très grave mais je ne peux pas décider quoi faire. Ma fonction, c'est de conduire les porteuses jusqu'à la fourmilière. J'ai dit : gardez les rangs ! Viens avec moi et parle avec la reine.

La vieille fourmi trouve que ça a l'air grave et qu'il faut en parler à la reine. Elle ne peut rien décider car sa fonction est de conduire les porteuses jusqu'à la fourmilière. En même temps, elle ordonne aux autres fourmis de garder les rangs.

J'écris

2 **Continue** le texte en couleur ci-dessous en transformant en récit le passage de la conversation avec la reine (lignes 23 à 36 page 31). **Écris-le** au présent.

La fourmi qui l'a précédé le réprimande car elle trouve qu'il a mis du temps pour arriver et il ne faut pas faire attendre la reine. Mais la reine ordonne à la vieille fourmi...

Je révise et j'améliore

3 **Relis** les deux textes et **vérifie** que :
- tu as mis les majuscules et les points ;
- ton texte est cohérent ;
- tu as écrit ton texte au présent ;
- tu as écrit les bonnes terminaisons aux verbes.

Fiche 28 + et ++

- Rappeler le récit
- Attribuer du sens à des mots inconnus
- Identifier les actions, pensées et émotions des personnages

Histoire d'un escargot qui découvrit l'importance de la lenteur (3)

Arrivé sous les feuilles d'acanthe, Rebelle est accueilli par les autres escargots avec des regards méprisants et des paroles moqueuses.

Une fois de plus Rebelle ignora les commentaires blessants et leur raconta tout ce qu'il avait vu, comment les humains envahissaient le pré et le couvraient d'une étouffante couche noire qui ne provoquait que la tristesse. Cette fois ses paroles éveillèrent l'attention et l'inquiétude des escargots les plus jeunes, mais les plus vieux virent que cela mettait en danger leur autorité.

– Personne d'entre nous n'a jamais vu ce dont tu parles et on sait que les tortues ont tendance à inventer des choses qui n'existent pas, indiqua l'un d'eux.

– Et si c'était vrai, rien n'indique que les humains ont l'intention d'aller jusqu'aux acanthes, dit un autre des plus vieux escargots.

– Nous n'abandonnerons jamais notre endroit sous les acanthes. Nous ne quitterons jamais le Pays de la Dent-de-Lion, assura un autre des vieux escargots.

Alors Rebelle leur parla des autres êtres de la prairie. Il leur dit que les fourmis, les scarabées, les vers luisants et les taupes quittaient le pré et qu'à son avis il fallait faire de même.

– C'est intolérable. Tu es un rebelle et j'exige que tu prouves ce que tu dis. Dans le cas contraire, tais-toi et va-t'en pour toujours, ordonna le plus vieux de tous les escargots.

Je raconte

1 **Rappelle le récit en résumant l'essentiel des actions de Rebelle et Mémoire.**

Je comprends

2 **Relève** dans l'introduction deux adjectifs qui indiquent comment Rebelle est accueilli par les autres escargots.

3 **Explique** la phrase.
Rebelle ignora les commentaires blessants.

4 **Réponds** aux questions par une phrase.
a. Les escargots réagissent-ils tous de la même façon ?
b. Pourquoi les vieux escargots remettent-ils en cause les paroles de la tortue ?
c. Quel argument Rebelle utilise-t-il pour essayer de convaincre les vieux escargots ?
d. Quel conseil leur donne-t-il pour leur prouver qu'il ne ment pas ?

5 **Relève** les différentes façons de nommer la route.

6 **Émets** des hypothèses sur le sens des mots succombé, aride, torpeur, **vérifie** dans le lexique. **Explique** ce que ressentent les escargots en arrivant sur la route.

Alors Rebelle conseille aux escargots de monter sur les longues tiges de la fleur d'acanthe pour voir l'extrémité du pré et ce qu'ils voient les emplit d'angoisse. Ils regardent Rebelle avec respect et décident de partir pour trouver un nouveau Pays de la Dent-de-Lion.

Lentement, très lentement, les escargots arrivent à la bande dure et sombre que les hommes appellent route.

– Je sens une chaleur très agréable, murmura un escargot, et il s'arrêta.

– C'est vrai, c'est une tiédeur qui pénètre mon corps, dit un autre, et il s'arrêta.

– C'est très agréable, cette chaleur. Pourquoi on ne s'arrête pas jusqu'à ce que le soleil se lève ? demanda un troisième, et Rebelle se souvint que Mémoire lui avait raconté que, comme elle était sombre, cette couche ne reflétait pas les rayons de soleil et retenait la chaleur. Et c'était là le piège, lui avait expliqué Mémoire. Certains êtres du pré, comme les hérissons, avaient succombé à la chaleur de ce sol aride : ils s'étaient laissé vaincre par la torpeur et devenaient alors des proies faciles pour les énormes animaux dans lesquels se déplaçaient les humains.

– Non, il faut continuer sans s'arrêter, il faut faire un effort et arriver de l'autre côté, dit Rebelle quand brusquement un puissant rugissement les paralysa d'effroi. Depuis le bout du chemin s'approchait à toute vitesse un être aux yeux brillants qui les baigna d'une lumière aveuglante, passa rapide comme le vent des tempêtes et, quand il s'éloigna, ils virent que plusieurs d'entre eux n'étaient plus là.

Tremblant de panique comme tous ses compagnons, Rebelle donna l'ordre de continuer sans s'arrêter, avant que cet animal terrifiant ou un autre ne passe de nouveau.

Ce fut une marche pénible, personne ne susurrait autre chose que sa peur ou son remords de l'avoir suivi et, en arrivant sur l'autre rive de la route, ils cherchèrent refuge dans une caverne circulaire et froide d'où coulait un filet d'eau. Ils collèrent leurs corps aux parois de la caverne et s'endormirent recrus de fatigue, de douleur.

7 **Relève** les mots ou groupes de mots qui indiquent la peur des escargots.

8 **Exprime** avec tes propres mots le sens de la phrase lignes 35 à 37.

9 **Trouve** une autre façon de nommer la voiture dans le texte.

10 **Indique** le synonyme de chuchoter qui est dans le texte.

11 **Trouve** le sens du mot remords dans le lexique p. 252 et **explique** ce que ressentent les escargots en traversant la route.

Oral 12 **Imagine** la suite du récit à partir de cette phrase.
Ils cherchèrent refuge dans une caverne circulaire et froide d'où coulait un filet d'eau.

Oral **Je lis à voix haute**

- **Lis de *Lentement* (ligne 22) à la fin du texte.**
- **Lis très vite la phrase suivante.**
  Le puissant rugissement et la lumière aveuglante des êtres susceptibles de les écraser les paralysent et suscitent la panique, certains escargots susurrent leur remords d'avoir suivi Rebelle.

Fiche 29 + et ++

Rebelle a du mal à dormir et ressort de la caverne. Un hibou lui apprend qu'ils ne sont pas dans une caverne mais dans « une sorte de ver gros et long connecté à une bouche métallique qui, sur l'ordre des humains, laisse passer un puissant torrent d'eau ».

– J'ai échoué, je n'emmènerai jamais mes compagnons dans le nouveau Pays de la Dent-de-Lion. Si je savais autant de choses que toi… mais je ne suis qu'un escargot lent, très lent, se lamenta Rebelle.

– Ma nature, c'est d'observer et de savoir. Ne te plains pas d'être lent, escargot. Grâce à la lenteur, j'ai appris, d'une tortue qui tournait la tête à chaque pas pour voir si elle était suivie, l'existence d'un jeune escargot appelé Rebelle. Un courageux escargot qui, malgré le danger, a osé avertir ses compagnons et qui essaye de les sauver. Ne te rends pas, Rebelle. Je vais vous aider à sortir de là.

L'obscurité de la nuit commençait à se diluer quand, suivant les instructions du hibou, les escargots collés sur un morceau de bois le virent étendre ses ailes, marcher rapidement, battre des ailes, replier ses pattes et s'élever très haut.

Le hibou plana en faisant des cercles avec ses grandes ailes déployées jusqu'à trouver un courant d'air descendant qui le précipita sur le morceau de bois, il l'accrocha de ses griffes puissantes et battit des ailes avec force car le bois était lourd. […]

Le hibou les emporte jusqu'à un bois proche d'une clairière où poussent des feuilles appétissantes de dent-de-lion. Les escargots arrivent enfin au nouveau pays de la Dent-de-Lion.

Luis Sepúlveda, *Histoire d'un escargot qui découvrit l'importance de la lenteur*, coll. « Suites », © Éditions Métailié, 2017.

Je me souviens

1 **Retrace** les étapes du voyage de Rebelle.

Je comprends

2 **Lis** la partie de la phrase entre guillemets lignes 47 à 48 et **trouve** de quoi on parle.

3 **Réponds** aux questions par une phrase.

a. Où les escargots ont-ils trouvé refuge ? Y sont-ils en sécurité ?

b. Peuvent-ils retourner au Pays de la Dent-de-Lion ? Pourquoi ?

c. Pourquoi Rebelle se lamente-t-il ?

4 **Émets** des hypothèses sur le sens des verbes *échouer* et *se lamenter* avec le contexte et **vérifie** dans le lexique.

5 **Relève** les paroles du hibou qui évoquent le courage et la volonté de Rebelle.

6 **Indique** la technique de vol du hibou.

Fiche 30 + et ++

7 **Explique** comment le hibou a réussi à sauver les escargots.

Pour aller + loin

8 **Réponds** aux questions en quelques lignes.

Que penses-tu des personnages ?
À la place de Rebelle, aurais-tu agi comme lui ?

Oral **9** **Échange** avec tes camarades pour répondre aux questions.

Avec cette histoire, sur quoi l'auteur veut-il attirer notre attention ?
Recommanderais-tu la lecture de ce roman ? Pourquoi ?

Oral Je lis à voix haute

- **Lis** l'ensemble du texte.

La lettre y

Je mémorise

1 **Lis** les mots à mémoriser.

une pyramide / un rayon / un symbole / l'hygiène / envoyer

- **Recopie** les noms.

2 **Recopie** les mots à mémoriser.

une synthèse / payer / moyen / un mystère / un yaourt

- **Entoure** le verbe et l'adjectif.

Je fais le point

3 **Recopie** les mots et **entoure** la lettre placée juste avant y et celle juste après.

Indique comment se prononce y dans les mots de chaque ligne.

1. l'oxygène – un hypermarché – un homonyme – une lyre – un cygne – un mystère

2. aboyer – une noyade – nous balayons – vous appuyez – un foyer – la bruyère – un coyote – une papaye – la mayonnaise

3. les yeux – le yoga – un yoyo – un yack – une yourte

4 **Indique** comment se prononcent les groupes de lettres en gras. **Explique** la présence du m.

1. un **lyn**x – un **syn**dicat – une **syn**cope

2. **sym**patique – une **cym**bale – une **sym**phonie

5 **Complète** les phrases suivantes.

- Placée entre deux ..., la lettre y se prononce ....
- Placée entre deux ..., la lettre y a le plus souvent le rôle de deux ... ; dans quelques mots, elle se prononce [j].
- Au début d'un mot, le plus souvent dans des mots d'origine ..., elle se prononce [j].
- Associée à ... ou ..., la lettre y transcrit [ɛ̃].

Je m'entraine

6 **Récris** les mots en deux colonnes : y se prononce [i] / y a le rôle de deux i.

l'hydrogène – nettoyer – effrayer – un hymne – une mygale – broyer – un voyage

7 **Complète** les mots avec yn ou ym.

un s•dicat – un s•ptôme – une n•phe – la s•taxe – le t•pan – un s•thétiseur

8 **Écris** le verbe qui contient y de la famille de chaque nom.

un envoi – un balai – un emploi – un ennui – la foudre – un aboiement

9 **Classe** les dix mots mémorisés selon leur nature.

Fiche 31 + et ++

Le présent des verbes du 1er groupe

Je lis et je réfléchis

1 **Lis** la page 2 de ton cahier de grammaire.

a. **Souligne** le verbe et **entoure** son sujet dans chaque phrase.

b. **Indique** à quel temps sont conjugués les verbes.

c. **Indique** l'infinitif des verbes et leur groupe.

2 a. **Recopie** le pronom sujet et le radical des verbes suivants

J'aim...	Tu trouv...	Elle cach...
Nous frapp...	Vous récolt...	Ils ador...

b. **Écris** leur terminaison en t'aidant de ton cahier.

Oral c. **Compare** le radical des verbes conjugués au radical de leur infinitif et **dis** ce que tu constates.

3 a. **Écris** les verbes suivants à la 1re personne du pluriel au présent.

b. **Indique** ce qu'il ne faut pas oublier à la fin du radical de ces verbes.

emménager	manger
avancer	lancer

Je conclus

4 **Écris** le titre de la page 2 de ton cahier de grammaire : *Le présent des verbes du 1er groupe.*

Oral **5** **Conjugue** le verbe crier à toutes les personnes en énonçant les terminaisons.

6 **Lis** la page de la conjugaison au présent des verbes du premier groupe page 248.

Je m'entraine

7 **Recopie** les phrases en ajoutant les terminaisons du présent aux verbes.

1. Chaque soir, tu révis... tes leçons et tu vérifi... le contenu de ton cartable.
2. Les touristes afflu... sur cette plage en juillet, vous les regard... de votre fenêtre.
3. Nous recopi... un exercice et le professeur surveill... notre travail.
4. Je referm... la porte et, avec mon frère, nous quitt... la maison.

8 **Complète** les phrases en conjuguant les verbes au présent.

voltiger / tomber	→ Les feuilles ... et ... sur le sol.
déplacer / passer	→ Nous ... le lit et vous ... l'aspirateur.
changer / bercer	→ Nous ... le béb et nous le ... pour l'endormir.
monter / prononcer	→ Le maire ... sur l'estrade et ... un discours.

Fiche 32 + et ++

Des phrases et des groupes nominaux (4)

Je repère

1 **Lis** le texte ci-dessous.

Rebelle raconte ce qu'il a vu.
– Les humains recouvrent le pré d'une étouffante couche noire et dure. Cette épaisse couche sombre, les humains l'appellent route. Les fourmis abandonnent leurs galeries souterraines. Les petites grenouilles vertes recherchent une mare en coassant. Les scarabées, les vers luisants et les taupes quittent leur pré.
Ses paroles éveillent l'attention et l'inquiétude de plusieurs jeunes escargots.

a. **Recopie** les groupes nominaux qui contiennent un ou plusieurs adjectifs.

b. Dans le groupe nominal cette couche sombre, **indique** à quoi le déterminant permet de renvoyer.

c. Dans les groupes nominaux leurs galeries souterraines, ses paroles, **indique** à quel possesseur renvoie chaque déterminant.

2 a. **Recopie** chaque phrase, **souligne** le verbe, **entoure** le sujet et le complément circonstanciel s'il y en a.

1. Les petites grenouilles vertes recherchent une mare en coassant.
2. Les scarabées, les vers luisants et les taupes quittent le pré.
3. Depuis le bout du chemin, à toute vitesse, approche un être aux yeux brillants.
4. À cause des humains, les taupes et les vers de terre abandonnent le pré.
5. Grâce à Rebelle, les jeunes escargots quittent le pré avant l'arrivée des machines.

b. **Indique** la nature de chaque sujet.

Je collecte

3 **Colle** les étiquettes aux bonnes pages de ton cahier de grammaire.

Je m'entraine

4 **Recopie** chaque phrase, **souligne** le verbe, **entoure** le sujet et le complément circonstanciel de couleurs différentes.

1. Le jour de mon anniversaire, j'invite des copains.
2. Dans le lointain, apparait un clocher.
3. Des oiseaux construisent un nid sous le toit.
4. Dans le parc animalier, les nombreux touristes photographient les lions.

Fiche 33 + et ++

Des mots de l'histoire

Je réfléchis

1 **a. Remplace** chaque verbe en gras par le synonyme proposé.

expulse / succombe à / susurre / avisé / abandonne / réprimandé

1. Les autorités municipales ont **prévenu** les habitants du danger d'inondation.
2. Le professeur a **grondé** les élèves qui ont désobéi.
3. Le blessé **meurt de** ses blessures.
4. Juliette **murmure** un secret à l'oreille de Jules.
5. Le renard **chasse** le blaireau de son terrier.
6. Le blaireau **quitte** le terrier.

b. Choisis un des verbes proposés et écris une phrase le contenant.

2 **Associe** chaque adjectif à son synonyme.

1. Un escargot **épuisé**.
2. La rencontre avec un être **hostile**.
3. La chaleur du sol **aride.**
4. Une caverne **circulaire.**
5. Une vie **paisible.**
6. Le rythme **frénétique** de ses pattes.
7. Les ailes **déployées.**

a. méchant
b. dépliées
c. ronde
d. agité
e. sec
f. calme
g. fatigué

D'où viennent les mots

L'adjectif **aride** vient du mot latin *aridus*, formé partir du verbe *arere*, qui signifie *brûler*, *assécher*.

3 **Complète** chaque phrase avec un nom que tu as rencontré dans le roman.

1. L'escargot se révolte, il s'oppose aux vieux escargots, c'est un ....
2. L'escargot manque de rapidité, de vivacité, il veut connaitre les raisons de cette ....
3. La tortue a du bon sens, elle est calme, prudente, elle est pleine de ....

Je m'entraine

4 Les mots en gras ont plusieurs sens, **recopie** celui qu'ils ont dans le roman.

La tortue traversait le pré loin de son **foyer**.

1. Partie où brule le feu.
2. Endroit en feu d'où se propage un incendie.
3. Lieu où habite une famille.

Un être aux yeux brillants les **baigna** d'une lumière aveuglante.

1. Donner un bain.
2. Tremper dans un liquide.
3. Envelopper complètement.

Résumer la fin de l'histoire

Je trouve les idées essentielles

1 **Relis** le texte *L'escargot qui découvrit l'importance de la lenteur (3)* pages 38 à 40.

Pour résumer la fin de l'histoire, il faut en retenir l'essentiel. Pour cela, **réponds** aux questions ci-dessous par une phrase, en reprenant les mots de la question et en ajoutant des éléments pris dans le texte.

1. À son arrivée sous les feuilles d'acanthe, que raconte Rebelle ?

2. Que pensent les vieux escargots qui ont peur pour leur autorité ?

3. Que leur conseille Rebelle et que découvrent-ils avec angoisse ?

4. Que décident-ils alors en regardant Rebelle avec respect ?

5. Que se passe-t-il quand ils traversent la route à l'extrémité de leur pré ?

6. Quel ordre donne alors Rebelle, tremblant de panique ?

7. Où les escargots, très fatigués, trouvent-ils refuge pour la nuit ?

8. Qu'est-ce que Rebelle, qui ne dort pas, apprend d'un hibou ?

9. Comment, le matin, les escargots sont-ils emportés vers leur nouveau pays de la Dent-de-Lion ?

J'écris le résumé

2 Rédige une quinzaine de lignes pour résumer la fin de l'histoire.

a. Pour cela, **recopie** les réponses aux questions ci-dessus.

b. Pour assurer le lien entre les phrases, **place** certains compléments en début de phrase et **désigne** les personnages de manière différente.

c. **Écris** ton texte au présent à la troisième personne du singulier.

Je révise et j'améliore

3 **Relis** ton texte et **vérifie** que :

– tu as mis les majuscules et les points ;
– tu as écrit ton texte au présent ;
– tu as placé des compléments en début de phrase ;
– tu as désigné les personnages de manières différentes.

Fiche 35 + et ++

› Se repérer sur une page de leçon de sciences
› Repérer des informations
› Mettre les informations en relation

Énergie et développe

ÉNERGIE ET DÉVELOPPEMENT DURABLE

22. Les voitures changent-elles le climat ?

● Je m'interroge

Depuis l'apparition de la vie sur Terre, le climat a beaucoup changé. Ces changements semblent s'accélérer depuis ces 150 dernières années. À cause de quoi ?

1 En 1960, une voiture moyenne consommait 20 L au 100 km. Aujourd'hui, elle en consomme moins de la moitié. Comment peut-on expliquer que la pollution continue d'augmenter ?

1967

2006

2 Y a-t-il des liens entre la pollution, l'effet de serre et les changements climatiques ?

Sécheresse, Chili, 2007.

Inondation, Chine, 2006.

106 Énergie et développement durable

Je fais appel à mes connaissances

1 Cite des sources d'énergie.

2 Que sais-tu de l'effet de serre ? Pourquoi en parle-t-on beaucoup ?

Je repère l'organisation de la double page

3 À qui s'adresse cette leçon de sciences ?

4 **Repère** le domaine des sciences concerné et le titre du chapitre. Sous quelle forme est formulé ce titre ?

5 **Indique** le titre des deux grandes parties de la leçon. Combien chaque partie a-t-elle de sous-parties ?

Je comprends

6 **Lis** le texte en gras de la partie Je m'interroge.

a. **Explique** le problème sur lequel l'élève doit s'interroger.

b. **Donne** des éléments de réponse aux questions posées en 1 et en 2.

7 **Lis** la première partie de Je cherche **et réponds** aux questions.

a. Que proposent de fabriquer les auteurs du manuel ?

b. Où est placé chaque thermomètre ?

c. À ton avis, quel thermomètre va indiquer la température la plus haute à la fin de l'expérience ?

d. Quel effet a la serre constituée par le saladier ?

8 **Dans la deuxième partie de** Je cherche**, indique le verbe de l'activité** a. **qui a le même sens que « *fait* » dans** Qui « fait » le climat ?

ment durable

● Je cherche

1 Fabrique ta serre

Matériel :
- un plat à tarte rempli de terre ou de terreau ;
- 3 thermomètres ;
- 2 bouchons ;
- de l'eau ;
- un saladier transparent, assez grand pour se placer au-dessus du thermomètre ;
- un endroit fermé où tu peux faire ton expérience derrière une vitre bien ensoleillée ;
- ... du soleil !

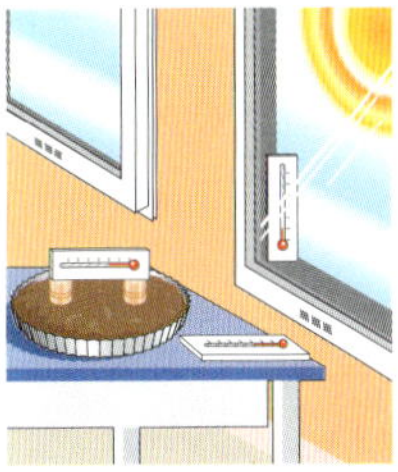

a Mets un thermomètre à l'extérieur de la pièce (par exemple sur le rebord de la fenêtre).
Mets un thermomètre à l'intérieur de la pièce, toujours au soleil.
Mouille bien la terre et enfonce deux bouchons pour poser le troisième thermomètre en équilibre.
Attends pendant environ 20 minutes que toutes les températures des thermomètres se soient stabilisées.
- Qu'observes-tu ?

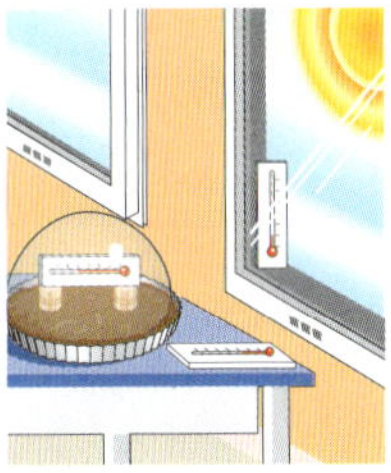

b Place ensuite le saladier au-dessus du thermomètre posé sur les bouchons et attends à nouveau entre 20 et 30 minutes.
- Qu'observes-tu ?

2 Qui « fait » le climat ?

a Sur ton cahier d'expériences, dresse la liste des éléments qui, d'après toi, déterminent le climat :
- la situation géographique (latitude – longitude) ;
- la topographie (montagne, plaine, bord de mer, etc.) ;
- la composition de l'atmosphère ;
- la distance au Soleil ;
- les phases de la Lune ;
- les vents ;
- les courants marins.

b Comment les voitures pourraient-elles changer le climat ?
- Écris tes hypothèses sur ton cahier.

c Y a-t-il d'autres « choses » qui pourraient le changer ?
- Écris tes hypothèses sur ton cahier.

Énergie et développement durable 107

Toutes les sciences, cycle 3, © Nathan, 2016.

Oral **Je lis à voix haute**

- **Lis la partie Je cherche.**
- **Lis très vite la phrase suivante.**

Il faut que tu réfléchisses à des hypothèses sur le rôle de la situation géographique et de la topographie sur le climat, puis rédige des phrases à propos des phases de la Lune sur ton cahier d'expérience.

9 Recopie ce qui est vrai.

a. L'élève note des éléments sur son cahier d'expériences.

b. L'élève cherche ce qui détermine le climat.

c. L'élève observe le climat en montagne.

d. L'élève fabrique une serre.

Oral **10 Échange avec tes camarades pour répondre aux questions b. et c. de la partie : 2. Qui « fait » le climat ?**

Pour aller + loin

11 Écris quelques lignes pour décrire ce que pourrait être la ville du futur.

Fiche 36 + et ++

Oral

Je me souviens

1 a. Quel était le titre de chaque partie de la leçon 22, pages 46-47 ?

b. Quel est le titre de cette partie, suite de la leçon 22 ?

Je repère l'organisation de la page

2 **Indique** le titre des trois sous-parties et la nature des deux documents.

Je comprends

3 **Lis** la définition du mot atmosphère dans le lexique.

4 **Recopie** le sens dans lequel le mot atout est employé dans le texte.

Aux cartes, couleur qui vaut plus que les autres. / Moyen, possibilité dont on dispose pour réussir.

• Je comprends

1 L'effet de serre : un atout pour la Terre

• En raison de sa distance au Soleil et de son **atmosphère***, la Terre est une planète sur laquelle règne une température qui permet l'existence d'eau liquide.

• L'atmosphère qui entoure la Terre a le même effet que la vitre derrière laquelle tu as réalisé ton expérience. Grâce à certains gaz « à effet de serre (GES) », elle retient la chaleur rayonnée par la Terre. Ces GES sont principalement le dioxyde de carbone (CO_2), le méthane (CH_4), l'ozone et la vapeur d'eau.

• Si l'effet de serre n'existait pas, la Terre aurait une température moyenne de –18 °C. La vie ne serait donc pas possible. Cet effet de serre naturel est indispensable.

2 L'augmentation de l'effet de serre : une menace pour la Terre

• L'augmentation de la quantité de gaz à effet de serre dans l'atmosphère (effet du saladier dans l'expérience) a pour conséquence une augmentation artificielle de la température. Les conséquences de cette augmentation sont importantes : fonte des glaces et élévation du niveau des océans, changement de la quantité de nuages formés, répartition différente des pluies et accentuation des précipitations.

• La circulation automobile est responsable de dégagement de dioxyde de carbone et participe au changement climatique.

3 Les voitures sont loin d'être les seules coupables

• Sur ce graphique, on peut voir que toutes les activités humaines produisent des GES et donc participent aux changements climatiques.

– Les activités industrielles (exploitations de matières premières, transformations, productions) ;

– Les activités liées à notre vie professionnelle ou privée (transports, chauffage, utilisation d'énergies) ;

– Les activités agricoles (défrichement, élevage, cultures).

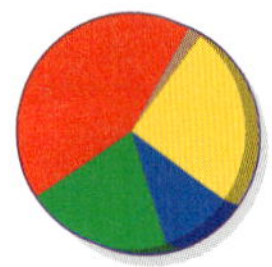

mon petit dico

L'**atmosphère** de la Terre est composée de gaz. Parmi ceux-ci on trouve, sans compter la vapeur d'eau, environ 78 % d'azote, 21 % d'oxygène, 1 % d'argon. Le dioxyde de carbone ne s'y trouve qu'à raison de 0,03 %.

Un **pot catalytique** est une « chambre » que traversent les gaz d'échappement avant de sortir par le tuyau d'échappement. Cette chambre est faite en céramique et tapissée de divers métaux précieux qui vont, par un procédé chimique (catalyse), transformer les gaz les plus toxiques en éléments moins toxiques.

108 Énergie et développement durable

Toutes les sciences, cycle 3, © Nathan, 2016.

5 **Réponds** à chaque question par une phrase.

a. Pourquoi l'effet de serre naturel est-il indispensable pour la vie sur la Terre ?

b. Pourquoi l'augmentation artificielle de l'effet de serre est-elle une menace pour la Terre ?

c. Que signifie le sigle GES ?

d. Quelle activité humaine produit le plus de GES ?

Oral

Je formule ce que j'ai appris

6 Qu'as-tu appris sur l'effet de serre ?

Oral

Je lis à voix haute

• Lis la sous-partie 1.

Fiche 37 + et ++

La lettre *m*

Je mémorise

1 **Lis** les mots à mémoriser.

la compagnie / commun / climatique / diminuer / affamé

• **Recopie** le verbe puis les adjectifs.

2 **Recopie** les mots à mémoriser.

une flamme / enjamber / un parfum / condamner / immobile

• **Entoure** les noms et l'adjectif.

Je fais le point

3 **Reproduis** le tableau et **recopie** les mots dans la colonne qui convient.

m transcrit [m]	mm transcrivent [m]	m sert à transcrire un autre son	m est muet

jamais – comme – la grammaire – simple – l'automne – un moment – un album – une commande – complet – imiter – une jambe – immense – condamner – imbattable – un film – immangeable – impossible.

a. **Indique** la place dans le mot de la lettre m qui transcrit [m] et la place des mm.

b. **Explique** la présence du m au lieu du n pour transcrire [ɛ̃], [ɔ̃], [ɑ̃].

4 **Explique** la présence du m dans les mots en gras.

la **faim**, affamé – du **parfum**, parfumer – un **essaim**, essaimer

5 **Complète** les phrases suivantes.

▷ La lettre **m** seule transcrit [m] en début, en milieu et en fin de mot.

▷ Quand la lettre **m** est doublée, c'est en ... de mot.

▷ Dans les mots automne et condamner la lettre **m** est ....

▷ Pour transcrire [ɛ̃], [ɔ̃], [ɑ̃], la lettre **m** remplace la lettre ... devant **m**, **b**, **p**.

▷ Dans faim, essaim et parfum, la lettre **m** rappelle ....

Je m'entraine

6 **Complète** les mots avec n ou m.

i•quiet – une épo•ge – re•placer – un ha•gar – un cha•p – i•battable – une po•pe.

7 **Écris** le contraire de chaque mot en ajoutant le préfixe in ou im.

possible – capable – buvable – défini – pur – moral – conscient – digeste.

8 **Écris** un mot de la famille de chaque mot comportant mm comme **flamme**, **enflammer**.

une pomme, un ... – immense, l'... – la gomme, ... – commencer, le ....

9 **Classe** les dix mots mémorisés selon leur nature.

Fiche 38 + et ++

Les relations dans un texte (5)

Je lis et je transpose

Matériel
- un plat à tarte
- de la terre
- un thermomètre
- deux bouchons
- de l'eau
- un saladier transparent

Fabriquer une serre

a. Verser de la terre dans un plat à tarte et mouiller la terre.
b. Enfoncer deux bouchons dans la terre puis poser un thermomètre dessus.
c. Ne toucher à rien pendant 20 minutes, puis regarder la température.
d. Placer ensuite un saladier au-dessus du thermomètre posé sur les bouchons.
e. Laisser le dispositif sans y toucher pendant encore 20 minutes.
f. Constater le phénomène naturel de l'effet de serre.

Oral **1** **Dis** le texte en conjuguant les verbes soulignés au présent aux différentes personnes.

2 Sur un cahier, **conjugue** les verbes soulignés avec un sujet de ton choix.

Je m'entraine

3 **Conjugue** les verbes à l'infinitif à la 1ère personne du singulier puis du pluriel.

Fabriquer une boussole
- Frotter dans le même sens une aiguille à coudre sur un aimant.
- Fixer l'aiguille sur une rondelle de liège et placer le tout dans une cuvette d'eau.

4 **Conjugue** les verbes à l'infinitif à la 2e personne du singulier puis du pluriel.

À quelle température l'eau gèle-t-elle ?
- Verser de l'eau dans un pot et y plonger un thermomètre. Placer le tout au congélateur.
- Observer le pot régulièrement et noter à quelle température l'eau gèle.

5 **Conjugue** les verbes à l'infinitif à la 3e personne du singulier puis du pluriel.

Fabriquer un moulinet
- Découper un disque de 10 cm de diamètre dans du Canson.
- Plier 3 fois ce disque en deux puis découper huit fentes.
- Incliner les pales dans le même sens.
- Percer un petit trou au centre du disque et insérer un capuchon de stylo.
- Placer ce moulinet sur une pique plantée dans un support.

Fiche 39 + et ++

Les constituants du groupe nominal

Je réfléchis

1 **Lis** la page 16 de ton cahier de grammaire.

a. Dans chaque groupe nominal, **souligne** le nom, **entoure** le déterminant.

b. **Relève** deux noms communs avec leur déterminant et deux noms propres.

2 a. **Entoure** l'adjectif qualificatif d'une autre couleur.

b. **Indique** sur quel nom chaque adjectif qualificatif apporte une précision.

c. **Précise** où l'adjectif peut être placé par rapport au nom.

d. **Recopie** les groupes nominaux avec des adjectifs reliés par la conjonction et.

3 a. **Classe** les groupes nominaux suivant leur genre et leur nombre.

b. **Indique** comment tu reconnais le genre du nom précédé de l'.

c. **Explique** les marques d'accord des noms et des adjectifs.

4 a. **Observe** les groupes nominaux suivants.

des enfants jeunes — de jeunes enfants

des arbres énormes — d'énormes arbres

b. Quand emploie-t-on de ou d' à la place de des dans un groupe nominal au pluriel ?

À savoir

Un adjectif directement placé à côté du nom qu'il qualifie est **épithète** de ce nom.

Je conclus

5 **Écris** le titre de la page 16 sur ton cahier de grammaire :
Groupes nominaux : déterminant, nom, adjectif qualificatif épithète.

Oral 6 a. **Dis** ce qu'il faut retenir sur le nom, le déterminant, l'adjectif et le groupe nominal.

b. **Lis** la page correspondante dans le mémo.

Je m'entraine

7 **Classe** les noms en deux colonnes : noms propres / noms communs.

la rivière – Paris – une ville – son prénom – Julie – la Seine – l'Italie – un pays

8 **Classe** les groupes nominaux selon leur genre et leur nombre. **Souligne** les adjectifs épithètes.

plusieurs ordinateurs puissants – une chaleur sèche et étouffante – un charmant jardin – d'épais nuages noirs – de majestueuses montagnes enneigées

9 **Écris** au pluriel les groupes nominaux suivants.

un affreux petit chien – une splendide automobile – un fruit juteux – un grand voyage – un pont solide – un petit arbre exotique

Fiche 40 + et ++

Du verbe au nom

Je réfléchis

1 a. **Recherche** dans le texte *Les voitures changent-elles le climat ?* (pages 46 et 47) les noms formés à partir des verbes en orange ci-dessous.

b. **Recopie** chaque verbe et **écris** à côté le nom correspondant.

apparaitre – changer – polluer – développer – circuler

c. Dans chaque nom, **souligne** le radical et entoure le suffixe utilisé.

2 a. **Complète** chaque phrase avec un nom formé à partir du verbe en orange.

1. Ces changements semblent s'accélérer depuis ces 150 dernières années.
L'... de ces changements est sensible depuis ces 150 dernières années.
2. Une voiture moyenne consommait 20 l. au 100 km.
La ... d'une voiture moyenne était de 20 l. au 100 km.
3. Comment peut-on expliquer que la pollution continue d'augmenter ?
Quelle peut être l'... de l'... de cette pollution ?

b. Dans chaque nom, **souligne** le radical et **entoure** le suffixe utilisé.

3 a. **Explique** le sens de chaque nom formé à partir du verbe en orange.

b. **Indique** la signification de chaque suffixe.

1. connaitre : la connaissance, un connaisseur
2. coiffer : la coiffure, le coiffeur
3. équiper : un équipement, un équipage
4. monter : le montage, une montée
5. enseigner : l'enseignement, un enseignant

D'où viennent les mots

Le verbe **connaitre** vient du latin *nosco*, lui-même issu du grec *guignosko*, qui veut dire *connaitre*, *reconnaitre*.

Je m'entraine

4 **Remplace** chaque phrase par un groupe de mots contenant un nom formé à partir du verbe en orange comme dans l'exemple.

La foule acclame le vainqueur.
→ Acclamation du vainqueur par la foule.

1. Il faut changer de train à Paris.
2. Le père Noël distribue des jouets à l'école maternelle.
3. Le footballeur s'est blessé au genou.
4. Le téléphone est inventé au XIXe siècle.

Écrire une fiche de fabrication

Je repère l'organisation d'une fiche de fabrication

1 **Relis** la fiche de fabrication de la serre page 50.

a. **Distingue** le matériel et les étapes de fabrication.

b. **Indique** le nombre d'étapes nécessaires, la façon dont elles sont présentées et sous quelle forme sont les verbes qui indiquent les actions à réaliser.

Je cherche les étapes de fabrication et le vocabulaire

Oral **2** **Échange** avec tes camarades pour trouver le matériel nécessaire à la fabrication d'un pantin articulé.
Choisis dans la liste proposée ci-dessous.

- du carton épais
- des ciseaux
- un crayon
- six attaches parisiennes
- un anneau
- de la colle
- des trombones
- une grosse aiguille
- de la ficelle
- des agrafes

3 **Observe** et **nomme** les articulations qui vont bouger.

Oral **4** **Échange** avec tes camarades pour trouver les étapes de fabrication.

Emploie les verbes suivants : fixer, découper, percer, dessiner, relier, actionner, faire, attacher, mettre, suspendre.

J'écris

5 a. **Écris** la liste du matériel. Puis **rédige** les étapes de la fabrication dans l'ordre chronologique en mettant les verbes à l'infinitif.

b. **Ajoute** une phrase à la fin de ton texte pour indiquer comment faire bouger le pantin.

Je révise et j'améliore

6 **Relis** ton texte et **vérifie** que :

– tu as mis les majuscules et les points ;
– tu as séparé le matériel des étapes de fabrication ;
– tu es allé(e) à la ligne pour écrire chaque étape ;
– tu as écrit les verbes à l'infinitif.

Fiche 42 + et ++

› Anticiper le contenu d'un album
› Identifier les actions des personnages
› Repérer des informations implicites

Zappe la guerre (1)

Quatre-vingts ans après la Première Guerre mondiale, des soldats sortent du monument aux morts pour faire le point. Ils rencontrent le monde moderne, la télévision, un enfant…

On ne le regardait presque jamais.

Sur la place de Rezé, le monument aux morts était sans vie.

Ce soir-là, on ne le voyait carrément plus lorsque dans le brouillard, ils sont un à un apparus, se détachant lentement de sa masse de pierre.

Ni gens ni fantômes. Juste des apparences en manteaux bleu horizon dans leurs pantalons rouge sang d'aout 1914.

À l'heure où toute la ville essaie de ne penser qu'à bien dormir, des dizaines de soldats quittaient leur monument pour un effrayant carnaval militaire.

De l'un était partie la moitié du visage. À l'autre, manquait une main ou un œil. Des jambes presque emportées. Et cette boue séchée en plaques et toute cette poussière autour des molletières. Des pieds nus rétrécis par la terreur, orphelins de leurs godillots. Et tous ces fusils, certains tordus, d'autres fondus dans des mains qui s'agrippaient encore. Il y avait là deux cent quatre-vingt-huit soldats, debout comme ils étaient morts, regroupés en rangs brouillons. Ils s'étaient mis en marche sur ordre d'un officier en gants blancs : le lieutenant Marc de Monti de Rezé.

J'anticipe

1. **Observe** la couverture de l'album. **Lis** le titre, le nom de l'auteur et le texte de la 4e de couverture (encadré en italique).
2. **Émets** des hypothèses sur le contenu de cet album et le sens du titre.

Je comprends

3. **Indique** ce que désigne le pronom le dans la première phrase du texte.
4. **Indique** les lignes qui décrivent les soldats. **Émets** des hypothèses sur le mot molletières en t'aidant de sa formation, sur le mot godillots à l'aide du contexte. **Vérifie** dans le lexique et dans la rubrique « D'où viennent les mots ? » p. 60.
5. **Explique** le sens des trois adjectifs dans les groupes de mots en vert.
   un effrayant carnaval militaire ;
   le cortège brinquebalant
6. **Trouve**, ligne 8, le mot qui désigne la troupe de soldats.
7. **Lis** et **exprime** avec tes propres mots le sens de la phrase suivante.
   Il y avait là deux cent quatre-vingt-huit soldats, debout comme ils étaient morts, regroupés en rangs brouillons.

– Mission spéciale de grande vérification ! avait-il annoncé.

Le cortège brinquebalant arriva près de l'église Saint-Paul où le lieutenant fit s'immobiliser la compagnie. Il sortit de sa poche la liste des deux cent quatre-vingt-huit hommes de Rezé tombés un peu partout sur et pour la France, et exigea d'eux un garde-à-vous qu'aucun ne pouvait tenir.

– Sergent Sorin, faites l'appel ! ordonna-t-il agacé. Sorin rejeta vers l'arrière ce qu'il lui restait de casque ; on aurait pu y égoutter des nouilles par les trous d'éclats d'un shrapnell allemand.

– Ch'ais plus bien lire, mon lieutenant. La mémoire ! Faut pas m'en vouloir, j'ai plus toute ma tête !

Les monuments aux morts

- Pendant la Première Guerre mondiale, 1,3 millions de soldats sont tombés sur les champs de bataille. Au lendemain de la guerre, à Rezé, commune de Loire-Atlantique, comme dans de nombreuses communes de France, un monument aux morts a été érigé.
- Les familles, les municipalités, la nation tout entière voulaient rendre hommage aux « héros tombés pour la France ». Tous les ans, le 11 novembre, une cérémonie a lieu devant les monuments aux morts de chaque commune pour commémorer l'armistice qui a mis fin à la Première Guerre mondiale.

Le monument aux morts de la ville de Rezé (44).

8 **Recopie** la phrase qui montre que, dans cette histoire, on passe du réel à l'imaginaire.

Oral **9** **Échange** avec tes camarades :
Que sais-tu de la Première Guerre mondiale ?

Pour aller + loin

10 **Écris** la suite du récit en répondant à la question.
Que vont faire ces soldats dans le monde moderne ?

Oral **Je lis à voix haute**

- **Lis de *De l'un* (ligne 9) à la fin du texte.**
- **Lis très vite cette phrase :**
  Clopin-clopant, cahin-caha, deux cent quatre-vingt-huit soldats orphelins de leurs godillots, en cortège brinquebalant, traversent Rezé avec molletières et godillots, en rangs brouillons.

Fiche 43 + et ++

Voilà quatre-vingts ans qu'ils étaient tous morts. Le temps d'une vie d'homme s'était écoulé et aujourd'hui, ils voulaient enfin savoir. Vérifier qu'ils avaient fait la guerre pour que cela en vaille leur peine.

– Qu'on n'est pas morts pour rien, quoi ! lança Soulas : en dressant vers l'obscurité du ciel sa main ouverte, celle qu'il n'avait pas perdue dans la première neige des Vosges.

Du fond d'une sacoche percée, Monti de Rezé fit remonter une vieille carte entre les ailes blanches de ses gants. En grimaçant, il perça le brouillard du regard pour tenter de reconnaitre les lieux et de répartir ses troupes.

À Sorin, Monnier et Blourde revint le carré de rues autour de l'ancienne école. Monnier, le tranquille instituteur dont l'écriture si régulière faisait envie, aurait bien fait savoir deux ou trois choses importantes aux enfants. [...]

Les trois hommes dévisageaient la ville lorsque Blourde rompit brusquement le silence : Attention ! Une automobile qui fonce comme une balle ! lança-t-il en pointant son doigt sur une voiture qui filait au loin. Du carrefour suivant, les soldats découvrirent, effarés, de grandes boites vitrées où des gens semblaient vivre les uns au-dessus des autres. Et rue Vigier, une petite maison les intrigua sérieusement ; la seule dont les volets n'étaient pas fermés. Sur son toit, une sorte de fourche-râteau était amarrée à la cheminée et un feu bleu éclairait sa fenêtre.

Oral

Je raconte

1 **Raconte** le début du roman en utilisant les mots suivants : soldats – monument – guerre.

Je comprends

2 **Réponds** aux questions par une phrase.

a. Comment se nomment les différents soldats ? Pourquoi sont-ils là ?

b. Pourquoi le lieutenant sort-il une vieille carte de sa sacoche ?

3 **Indique** les lignes du texte qui permettent de situer et de dater l'action.

4 **Liste** les blessures de Soulas et de Monnier en citant le texte.

5 **Indique** qui parle dans la phrase ci-dessous et **explique** ce que ces paroles signifient.

Attention ! Une automobile qui fonce comme une balle !

6 **Relève**, ligne 42, l'adjectif qui indique que les soldats sont effrayés. Puis **réponds** aux questions par une phrase.

a. Que sont les grandes boites vitrées, la fourche-râteau, le feu bleu ?

b. Pourquoi les soldats sont-ils effrayés ?

Pour aller + loin

7 **Imagine** et **écris** les choses importantes que Monnier aurait envie de dire aux enfants de l'école.

Oral

Je lis à voix haute

- **Lis** l'ensemble du texte.

Fiche 44 + et ++

Le féminin des noms et des adjectifs

Je mémorise

1 **Lis** les mots à mémoriser et **recopie** les noms.

un ouvrier / éternel / affreux / un lecteur / muet

2 **Recopie** les mots à mémoriser et **entoure** les adjectifs.

un prince / entier / le gardien / un auteur / roux

Je fais le point

3 **Compare** chaque mot masculin avec son féminin. **Indique** ce qui change au féminin.

1. un invité → une invitée – un arbitre → une arbitre – gris → grise
2. le boucher → la bouchère – un sorcier → une sorcière – gaucher → gauchère
3. un nageur → une nageuse – un animateur → une animatrice – curieux → curieuse
4. le gardien → la gardienne – le lion → la lionne – annuel → annuelle
5. un sportif → une sportive – vif → vive – le maitre → la maitresse

4 **Écris** les noms et adjectifs suivants au féminin.

absent – un Irlandais – un marchand – froid – un gagnant – précis – ouvert

5 **Complète** les phrases suivantes.

- Pour former le féminin d'un nom d'être animé ou d'un adjectif, on ajoute généralement un ... au mot masculin. Certains noms ou adjectifs ne changent pas du masculin au féminin.
- La fin de certains noms d'êtres animés ou de certains adjectifs se transforment au féminin : -(i)er devient ... ; -eur ou -eux devient ... ; -teur devient ... ou ... ; -ien, -an, -on deviennent ..., ..., ...; -el, -if et -e deviennent ..., ... et ....
- Les consonnes finales muettes de certains noms ou adjectifs servent à former leur ....

Je m'entraine

6 **Récris** les mots suivants en les passant au féminin.

un espion – un blogueur – un organisateur – ancien – un tigre – naïf – un acheteur

7 **Récris** les noms suivants en les passant au masculin.

une ânesse – la productrice – une parfumeuse – une inconnue – une Alsacienne

8 **Récris** les groupes nominaux suivants en les passant au féminin.

un écolier émotif – un employé sérieux – un technicien dévoué – un juge matinal

9 **Classe** les dix mots mémorisés selon leur nature.

Le présent des autres verbes

Je lis et je réfléchis

1 **Lis** la page 3 de ton cahier de grammaire.

a. **Souligne** le verbe et **entoure** son sujet dans chaque phrase.

b. **Indique** à quel temps sont conjugués les verbes.

c. **Indique** l'infinitif des verbes. **Distingue** les verbes du 2e groupe de ceux du 3e groupe.

2 En t'aidant de ton cahier, **écris** la conjugaison au présent des verbes :
aller – être – avoir

3 a. **Souligne** le radical des verbes du 2e et 3e groupe. **Recopie** les terminaisons :

b. des verbes pouvoir et vouloir et celles des autres verbes avec je et tu ;

c. de tous les verbes sauf prendre, qui n'a pas de terminaison, avec il ou elle ;

d. de tous les verbes avec nous ;

e. des verbes faire et dire, puis celles des autres verbes du 2e et 3e groupe avec vous ;

f. des verbes faire et venir et celle des autres verbes avec ils ou elles.

g. **Indique** les régularités et les particularités que tu observes.

Je conclus

4 **Écris** le titre de la page 3 de ton cahier de grammaire :
Le présent des verbes être, avoir, aller, *des verbes du 2e et du 3e groupe.*

5 **Énonce** les régularités des terminaisons et les particularités de certains verbes.

6 **Lis** la page de la conjugaison de ces verbes au présent page 248.

Je m'entraine

7 **Conjugue** les verbes en bleu au présent et à la personne demandée.

1. Quand les jardiniers [vouloir] arroser, ils [remplir] les arrosoirs d'eau de pluie.
2. Les spectateurs [venir] pour le spectacle, ils [avoir] de la chance, il [avoir] lieu malgré l'orage.
3. Je [être] en colère car mes cousins [être] toujours en retard.
4. Nous [franchir] un pont et nous [voir] le château entre les arbres.
5. Notre voiture [être] encore en panne, [dire] le jumeau au mécanicien.

8 **Conjugue** les verbes ci-dessous à la 2e personne du singulier puis du pluriel.
être – dire – pouvoir – faire – voir – vouloir – prendre – réussir

Fiche 46 + et ++

Des phrases et des groupes nominaux (5)

Je repère

1 **Lis** le texte ci-dessous.

Un officier en gants blancs commande la compagnie de soldats pour une mission spéciale de grande vérification. Il répartit ses troupes à travers la ville de Rezé. Dans la rue de l'ancienne école communale, Monnier caresse les murs d'un bâtiment d'un doigt tremblant. Au carrefour suivant, les soldats découvrent de grandes boites vitrées, une petite maison avec les volets ouverts. Sur le toit de cette maison, ils voient une fourche-râteau. Un feu bleu éclaire la fenêtre.

a. **Recopie** les groupes nominaux soulignés. **Souligne** les noms et **entoure** les adjectifs. Quand le groupe nominal contient deux noms, **indique** le nom principal.

b. Dans le groupe nominal cette maison, **indique** quelle maison le déterminant permet de désigner.

c. Dans le groupe nominal ses troupes, **indique** à quel possesseur renvoie le déterminant.

2 **a.** **Recopie** les phrases suivantes, **souligne** le verbe et **entoure** le sujet et le ou les compléments circonstanciels s'il y en a.

1. Dans la rue de l'ancienne école communale, Monnier caresse les murs d'un bâtiment d'un doigt tremblant.
2. Au carrefour suivant, les soldats découvrent de grandes boites vitrées.
3. Un feu bleu éclaire la fenêtre de la maison.
4. Blourde crie parce qu'une voiture fonce sur eux.

b. **Explique** comment tu reconnais un complément circonstanciel.

c. Près de certains verbes, il y a un complément qui ne peut être ni déplacé ni supprimé. C'est un **complément d'objet**. **Entoure-le.**

d. **Indique** la nature de chaque sujet.

Je sais déja

Le **complément d'objet** est un complément proche du verbe, qui ne peut être ni supprimé, ni déplacé.

Je collecte

3 **Colle** la première étiquette à la page 12 de ton cahier de grammaire et la deuxième à la page 13.

4 **Colle** l'autre étiquette à la bonne page.

Je m'entraine

5 **Recopie** les phrases suivantes, **souligne** le verbe et **entoure** le sujet, le complément circonstanciel et le complément d'objet de couleurs différentes.

1. En attendant le départ, les touristes photographient les bateaux dans le port.
2. À cause d'une crevaison, le coureur cycliste perd du temps.
3. Toutes les nuits, j'entends des craquements dans le grenier.

Fiche 47 + et ++

L'origine des mots (2)

Je réfléchis

1 Chaque phrase explique l'origine d'un mot. Trouve ce mot.

1. Ce nom qui désigne un vêtement est emprunté à l'anglais shorts qui veut dire court.

2. L'écrivain tchèque Karel Tchapek a inventé une créature artificielle chargée d'accomplir des travaux à la place des hommes qu'il a appelée robota, qui veut dire travail.

3. Ce nom est formé à partir de l'italien cantina, qui signifie cave, cellier.

4. En portugais, caramelo veut dire glace. Quand on chauffe du sucre, des fils se forment qui ressemblent à des stalactites de glace.

5. Jean Charcot a rapporté du pôle Nord le nom inuit d'un vêtement imperméable et chaud formé à partir d'anoré qui signifie vent.

2 a. Lis la rubrique *D'où viennent les mots* ? et explique l'origine des mots godillot et shrapnell.

b. Écris le nom commun qui correspond aux noms propres en gras.

1. Un cuisinier anglais a inventé un casse-croute pour son maitre John Montaigu comte de Sandwich, tellement passionné par le jeu qu'il ne voulait pas s'arrêter pour manger.

2. Au Moyen Âge, la ville de Bougie (aujourd'hui Bejaïa) fournissait de grandes quantités de cire fine pour fabriquer un objet réservé aux nobles et au roi.

3. Dans la mythologie grecque, le dieu Éole était le dieu qui commandait aux vents.

c. Cherche l'origine du mot poubelle.

> **D'où viennent les mots**
>
> • **Alexis Godillot**, fabricant de souliers militaires, a donné son nom à la grosse chaussure de cuir qu'il a créée.
>
> • Le lieutenant britannique **Henry Shrapnell** a donné son nom à l'obus à balles qu'il a inventé.

Je m'entraine

3 Trouve et écris :

1. le nom du bateau formé à partir de l'anglais packet-boat, bateau autrefois chargé de transporter du courrier, puis plus tard des passagers ;

2. le nom de l'objet venant de l'italien maschera qui veut dire faux visage ;

3. le nom du fromage fabriqué pour la première fois par Marie Fontaine de la commune de Camembert en Normandie ;

4. le nom de l'animal venant de l'anglais pony, signifiant petit cheval jeune.

Fiche 48 + et ++ Mémo L'origine des mots

Écrire des définitions

J'observe des définitions

1 a. **Recopie** les définitions des noms suivants.

1. **Immeuble :** grand bâtiment à plusieurs étages.
2. **Maison :** bâtiment qui sert d'habitation.
3. **Usine :** grand bâtiment où l'on fabrique des produits avec des machines.
4. **Mairie :** bâtiment dans lequel se trouve l'administration de la commune.

b. **Entoure** le nom général utilisé pour définir chaque mot.

c. **Souligne** les précisions qui sont données sur ce nom dans chaque définition.

d. **Indique** les mots qui ne sont pas des adjectifs, employés pour introduire ces précisions.

Je complète des définitions

2 a. **Trouve un** mot général pour compléter chaque définition.

1. **Dentiste** : ... dont le métier est de soigner les dents.
2. **Collier :** ... que l'on porte autour du cou.
3. **Rosier :** ... épineux qui donne des roses.
4. **Rouge-gorge :** petit ... au plumage rouge vif sur la gorge.

b. **Vérifie** ensuite dans le dictionnaire.

c. **Indique** les adjectifs et les groupes de mots introduisant des précisions.

3 **Ajoute** des précisions pour définir les mots suivants.

1. **Cantine :** endroit ....
2. **Escargot :** ... mollusque ....
3. **Armoire :** meuble ....
4. **Chasse-neige :** ... véhicule ....
5. **Collier :** bijou ....
6. **Marteau :** outil ....

J'écris des définitions

4 a. **Choisis** cinq mots, **écris** leur définition.

b. **Fais deviner** les mots définis à tes camarades.

Je révise et j'améliore

5 **Relis** tes définitions et **vérifie** que :

– tu as mis les majuscules et les points ;
– tu as employé un nom général ;
– tu as apporté des précisions à ce nom.

Fiche 49 + et ++

Zappe la guerre (2)

› Attribuer du sens à des mots inconnus
› Faire des inférences
› Partager ses impressions de lecture

Les trois soldats prirent position en embuscade derrière des buissons. Le sergent Sorin déplia son périscope et l'ajusta au-dessus du parapet du jardinet, en direction de l'étrange lueur.

– C'est une sorte d'orage domestique qui jaillit d'une caisse sombre. S'éclaireraient-ils avec des éclairs ?

– J'étais sûr que la société ferait des progrès et le progrès des avancées, commenta Monnier ébloui. Raconte, Sorin !

– C'est un cinématographe qui garde les images collées sur sa vitre. Et coloriées comme les belles cartes postales, ces visions ! Et qui parlent en plus ! [...]

Monnier qui voulait comprendre interpella Sorin :

– Passe-moi ton esgourdomètre. Ça fonctionne entre les sacs et les boisages des tranchées, ça va pas se laisser impressionner par une vitre ! L'appareil plaqué au carreau, il entendit la guerre qui, elle, n'était pas morte.

– Mais raconte, Monnier !

– Une voix dit qu'il y a deux morts à Sarajevo !

Monnier glissa et s'assit dos au mur, à même la pluie. C'est ainsi qu'il avait été tué. Il boucha rageusement sa blessure coquelicot de toute sa main :

– Pas possible qu'on soit morts depuis si longtemps et qu'on n'ait pas avancé !

Les conclusions de la mission de vérification allaient être douloureuses pour les deux cent quatre-vingt-huit victimes : leur terrible guerre n'avait pas suffi à décourager toutes les autres.

Oral

Je me souviens et je raconte

1 **Indique** les étapes du début de l'histoire.

Je comprends

2 **Relève** le groupe de mots qui indique que les soldats sont cachés.

3 **Trouve** le sens de parapet et baïonnettes en t'aidant du contexte.

4 **a.** **Aide-toi** de la rubrique « D'où viennent les mots ? » page 68 pour trouver le sens des mots périscope et cinématographe.
b. À quoi le périscope sert-il aux soldats ?

5 **Recopie** les différentes façons de nommer la télévision et **indique** les paroles du grand-père qui prouvent qu'il s'agit bien de cet objet.

6 **a.** **Indique** qui parle. **Fais** des hypothèses sur le sens du mot en vert et **vérifie** dans le lexique.

- Passe-moi ton esgourdomètre.

b. À quoi cet objet sert-il aux soldats ?

7 **Réponds** aux questions par une phrase.

a. Que voient et entendent les soldats à la télévision avant l'intervention du grand-père ?

b. Que regarde ensuite le grand-père à la télévision ?

c. Que veut regarder l'enfant ? À ton avis, pourquoi ?

Blourde avait repris l'observation.

– Ils disent quelque chose comme Rouanda. Et c'est pas de la joie. Ne bougez plus ! À côté de la boite noire, je vois un civil. Sur un fauteuil, une petite grenade plate à la main. Attention ! Il appuie dessus !

Les trois hommes plongèrent au sol puis se redressèrent lentement, baïonnettes sur le qui-vive.

– Ah ben ça ! s'exclama Blourde. En pressant dessus, le grand-père a remplacé la vision par une autre ! C'est maintenant la carte de la Patrie avec des nuages qui se baladent. […]

– Et voilà un gamin qui s'en mêle, chuchota Sorin. Un enfant s'emparait en effet de la télécommande en faisant de grands gestes de désapprobation. D'autres images de guerres modernes apparurent instantanément. Avec des civières. Des sirènes. Des chars blancs comme neige.

Monnier arracha les écouteurs des mains de Sorin et entendit le vieil homme réprimander l'enfant :

– Zappe la guerre à la fin ! Y'a bien mieux à voir ou alors éteins-la !

Le feu bleu ferma doucement ses yeux. L'obscurité se fit dans la pièce. Le jeune garçon se retourna et sur l'écran de la fenêtre rayé par la pluie brillante, il découvrit les trois visages livides des soldats.

– Grand-père ! Une armée de morts ! hurla-t-il.

– Tu vois, nigaud, ça te tourne la tête, leur télé !

Il n'y avait plus personne contre le carreau.

8 **Exprime** avec tes propres mots le sens de la phrase suivante.

Les conclusions de la mission de vérification allaient être douloureuses pour les deux cent quatre-vingt-huit victimes : leur terrible guerre n'avait pas suffi à décourager toutes les autres.

Oral **9** **Échange avec tes camarades pour répondre à la question.**

Quel est le lien entre l'histoire et son titre ?

Pour aller + loin

10 **Relève** les paroles du garçon qui montrent que les soldats sont découverts et **imagine** la suite du texte.

Oral **Je lis à voix haute**

- **Lis du début du texte à *toutes les autres* (ligne 21).**
- **Lis très vite cette phrase :**

Avec leur périscope et leur esgourdomètre, les soldats, en embuscade, avec obstination, découvrent, impressionnés, les images successives et les bruits qui jaillissent d'une caisse sombre et se succèdent.

Fiche 50 + et ++

Les trois soldats s'enfuient pour ne pas être repérés par l'enfant.

Monnier se soutenait le front en courant.

– Mais… faut peut-être qu'il la sache notre horreur, le gamin, pour pas qu'elle dure encore. Pour avancer, quoi… […]

Soudain, à l'angle de la rue Prévert, un faisceau de lumière coupa le chemin de Monnier, Sorin et Blourde qui sautèrent aussitôt dans une tranchée ouverte pour des travaux en cours.

Sa lampe de poche à la main, le garçon les avait facilement repérés. Il s'approcha prudemment du trou qui défigurait la chaussée et en braquant sa torche sur le fond de la tranchée, il découvrit un soldat de 1914 qui se protégeait les yeux d'une main tremblante et se cramponnait à son vieux fusil de l'autre. Monnier. Les deux autres avaient disparu. Tous les autres avaient définitivement disparu des rues de la ville.

Monnier dégagea progressivement sa vue. Puis il se ressaisit bouchant à nouveau sa blessure frontale pour éviter d'effrayer l'enfant. Il osa :

– Rien de grave ! Enfin si, approche. Faut que je t'explique, que je te raconte…

Sans un mot, le garçon éteignit sa lampe et prit le risque de s'assoir sur le rebord de la tranchée.

Pef (texte et images), *Zappe la guerre*, éditions Rue du monde, 1998.

Oral

Je me souviens et je raconte

1 **Visualise** les étapes de l'histoire en fermant les yeux et **raconte** celles qui te sont apparues.

Je comprends

2 **Réponds** aux questions par une phrase.

a. Pourquoi les soldats fuient-ils ?

b. Pourquoi Monnier veut-il parler à l'enfant ?

3 a. **Exprime** avec tes propres mots le sens de la phrase en vert et **donne** le sens du mot tranchée dans ce contexte.

Les soldats sautèrent aussitôt dans une **tranchée** ouverte pour des travaux en cours.

b. Qu'évoque le mot tranchée pour les soldats de la Première Guerre mondiale ?

Oral **4** **Échange** avec tes camarades et **réponds** à la question.

Pourquoi l'auteur a-t-il mélangé des éléments réels et des éléments imaginaires pour nous parler de la guerre ? Qu'en penses-tu ?

Pour aller + loin

5 **Écris** quelques lignes pour raconter ce que le soldat explique au garçon.

Oral

Je lis à voix haute

- Lis l'intégralité du texte.

Fiche 51 + et ++

Le pluriel des noms et des adjectifs

Je mémorise

1 **Lis** les mots à mémoriser et **écris-les** au pluriel.

un drapeau / curieux / un éventail / un clou / le préau

2 **Recopie** les mots à mémoriser et **entoure** les noms.

un chou / un gaz / un aveu / national / un poteau

Je fais le point

3 **Recopie** les noms et les adjectifs. **Entoure** la marque du pluriel.

1. des trous – des régions – des objets légers

2. de beaux châteaux – de nouveaux tuyaux – des lieux – des hiboux – des bijoux

3. un journal → des journaux – amical → amicaux – un régal → des régals

4. un rail → des rails – un détail → des détails – un vitrail → des vitraux

4 **Écris** les groupes nominaux et les adjectifs suivants en les mettant au pluriel.

un tapis – une noix – du riz – une brebis – épais – gras – brumeux – nerveux

5 **Complète** les phrases suivantes.

- On forme le plus souvent le pluriel d'un nom ou d'un adjectif, en ajoutant un ... au mot singulier.
- ... noms terminés par -ou prennent un x au pluriel : un chou, un hibou, un genou, un caillou, un bijou, un joujou, un pou.
- Les noms et les adjectifs terminés par -eau, -au, -eu au singulier prennent un ... au pluriel. **Mais** on écrit : des bleus, des pneus, des landaus.
- Les noms et adjectifs terminés par -al ont un pluriel en ... **Mais** on écrit : des bals, des festivals, des carnavals, des chacals, des régals, des récitals. / natals, fatals, bancals, navals, banals.
- Les noms terminés par -ail prennent un ... au pluriel. **Mais** on écrit : des coraux, des émaux, des soupiraux, des travaux, des vitraux.

Je m'entraine

6 **Récris** ces mots au pluriel.

un gouvernail – un noyau – musical – une perdrix – fatal – un pou – un écrou

7 **Récris** les groupes nominaux suivants au pluriel.

un tapis mural – le nouveau jeu – une noix fraiche – un chandail bleu

8 **Récris** les groupes nominaux au singulier.

des vitraux somptueux – de jeunes animaux – des aveux curieux – des nombres décimaux

9 **Classe** les dix mots mémorisés selon leur nature.

Période 2

Fiche 52 + et ++

Les relations dans un texte (6)

Je lis et je transpose

Des soldats dans la ville

Quatre-vingts ans après leur mort à la guerre, des soldats quittent le monument aux morts de la petite ville de Rezé. Ils veulent savoir s'ils ne sont pas morts pour rien.

Le lieutenant Monti de Rezé perce le brouillard du regard pour reconnaitre les lieux puis il répartit ses troupes dans la ville.

Monnier, Blourde et Sorin vont dans le quartier de l'ancienne école. Ils approchent d'une petite maison. Ils voient, effarés, des images de guerre à la télévision. Ils pensent : « La guerre n'est donc pas morte ! Notre guerre n'a pas découragé les autres ! »

Un garçon est à la fenêtre, il les voit et les suit dans la rue. Les soldats se cachent dans une tranchée. Le garçon prend le risque de s'assoir sur le rebord de la tranchée, il n'a pas peur, il écoute ce que Monnier lui raconte.

1. **Indique** à quel temps est racontée l'histoire. **Trouve** la phrase au passé composé.
2. **Dis** le texte au futur et **récris** les groupes de mots soulignés. **Explique** les changements. Tu remarques que le temps des verbes ne change pas dans les paroles des personnages.
3. **Donne** l'infinitif de tous les verbes, même de ceux qui ne sont pas soulignés. **Trouve** les verbes qui sont à l'infinitif dans le texte.
4. **Indique** la terminaison des verbes conjugués au futur à la 3e personne du singulier et du pluriel.

Je collecte

5. **Colle** l'étiquette à la page 4 de ton cahier de grammaire.

Je m'entraine

6. **Recopie** le texte en conjuguant au futur les verbes soulignés. **Commence** par L'année prochaine, ...

Toute la famille va en vacances à la campagne.
La maison est au pied d'une colline. Les deux fillettes prennent leur vélo pour de longues promenades.
Le garçon aime observer les insectes dans le jardin.

7. **Recopie** le texte en le mettant au futur.

Au collège, Adèle a beaucoup de travail. Elle prépare un exposé. Elle recherche des documents au CDI.
Ses deux frères l'aident.

Fiche 53 + et ++

Les déterminants

Je réfléchis

1 **Lis** les groupes nominaux des pages 16 et 17 de ton cahier de grammaire.
Recopie-les en les classant dans un tableau à trois colonnes.

articles	déterminants possessifs	déterminants démonstratifs

2 **Explique** l'emploi des articles indéfinis puis des articles définis dans les groupes nominaux en bleu.

Un garçon voit des soldats. Il les suit jusqu'à une tranchée. Le garçon s'assoit au bord de la tranchée. Les soldats sauf Monnier ont disparu. Monnier parle de la guerre au jeune garçon.

3 a. **Recopie** la phrase en remplaçant Louise par Louis et Louise, puis par je, tu, nous, vous.

Louise a perdu son sac. Elle n'a plus ses livres, ses feuilles de classeur, ni sa trousse.

b. **Liste** les déterminants possessifs. **Indique** leur genre et leur nombre dans chaque groupe nominal.

c. Lesquels sont en relation avec un possesseur singulier ? avec un possesseur pluriel ?

4 a. **Recopie** la phrase en remplaçant un ours par des ours, puis une ourse, des ourses, un renard.

Un ours blanc marche lourdement sur la glace. Cet ours polaire a faim.

b. **Liste** les déterminants démonstratifs. **Trouve** leur genre et leur nombre dans le groupe nominal.

c. **Indique** quel animal, ou animaux, le déterminant démonstratif permet de désigner dans chaque phrase.

Je conclus

5 a. **Cite** les articles définis et indéfinis. **Indique** quand on emploie les uns plutôt que les autres dans un texte.

b. **Cite** les déterminants démonstratifs et des déterminants possessifs. **Explique** leur emploi.

Je m'entraine

6 **Recopie et complète** les groupes nominaux suivants avec un article qui convient.

... accident a eu lieu près de chez moi. ... accident a été provoqué par ... camion trop chargé. ... camion a percuté ... voiture.

7 **Recopie et complète** les groupes nominaux avec le déterminant possessif qui convient.

Un meunier laissa à ... trois enfants tous ... biens : ... moulin, ... âne et ... chat.
Le plus jeune se lamentait :
– Quand j'aurai mangé ... chat et fait un vêtement avec ... peau, il ne me restera rien !

8 **Recopie** le texte et **complète** les groupes nominaux avec le déterminant démonstratif qui convient.

Nathan a lu des BD. ... garçon aime beaucoup lire. Il avait emprunté ... livres à une amie. ... amie possède beaucoup de livres.

Fiche 54 + et ++

Des mots de l'album

Je réfléchis

1 **Constitue** une corole lexicale à partir du mot douleur. Dans les pétales, **écris** les différents sens du mot, ses synonymes, son contraire, les mots de sa famille, son origine. Aide-toi de ces articles du dictionnaire.

douleur n. f. (→ ÉTYM.) **1.** Sensation d'avoir mal. → **souffrance.** *Louise a ressenti une grande douleur au ventre,* elle a eu très mal au ventre. **2.** Grand chagrin. *Il a eu la douleur de perdre sa mère.* → ② **peine.** ▮ contraire : **bonheur.** – *Les grandes douleurs sont muettes,* on ne peut pas en parler.
▸ **douloureux, douloureuse** adj. Qui fait mal. *Cette brûlure est douloureuse.* ▮ contraire : **indolore.**

douleur ◆ La douleur, qu'elle soit physique ou morale, fait souffrir. Le mot *douleur* est lié au verbe latin *dolere* qui veut dire « souffrir ». Les mots de même origine partagent l'idée de douleur : *deuil* évoque le chagrin, tristesse à laquelle on s'associe en présentant ses *condoléances* ; *doléances* rappelle la plainte provoquée par la souffrance.

2 **Recopie** les mots de la liste ci-dessous formés avec le préfixe péri-. Aide-toi du sens de péri- pour trouver leur signification.

périscolaire – périurbain – périmètre

3 **Explique** la formation des adverbes suivants, relevés dans l'album.

Progressivement – définitivement – facilement - rageusement – lentement – instantanément – carrément

4 Le nom cinématographe est maintenant abrégé en cinéma. Écris les noms abrégés correspondant aux noms suivants.

- une automobile
- un omnibus
- une motocyclette
- un vélocipède
- le métropolitain
- la télévision
- un kinésithérapeute
- le football
- un beefsteak
- la photographie

Je m'entraine

5 Écris les mots ci-dessous au bon endroit dans une corole lexicale à trois pétales (synonymes, mots de la même famille, contraires) à partir du mot victoire.

triomphe, victorieux, défaite, victorieusement, échec, succès

6 Écris des mots formés avec le préfixe télé- qui signifie : *de loin, à distance*. Aide-toi du dictionnaire.

D'où viennent les mots

- Le mot **périscope** vient du grec *péri* (autour) et *skopein* (regarder).
- Le mot **cinématographe** vient du grec *kinema* (mouvement) et *graphein* (écrire).

Fiche 55 + et ++ Mémo Des préfixes - La formation des mots

Ajouter un épisode à l'album

L'album se termine au moment où Monnier parle de la guerre à l'enfant. Tu vas écrire la suite l'histoire : Blourde et Sorin continuent à avancer dans Rezé pour rejoindre le monument aux morts.

Je me souviens de l'histoire

1 Dans *Zappe la guerre*, Sorin, Monnier et Blourde découvrent la télévision.

a. **Relis** le dernier paragraphe page 56 (de « *Les trois hommes* », ligne 39 à la fin) et le début du texte page 62 (de « *Les trois soldats* », ligne 1 à « *en plus !* », ligne 9). Pourquoi sont-ils étonnés de voir un cinématographe avec des images coloriées qui, en plus, parlent ?

b. **Relis** les façons de nommer la télévision que tu as recopiées lors de la séquence de lecture page 62. Tu remarques que les soldats décrivent la télévision en se référant à ce qu'ils connaissent : le cinématographe muet en noir et blanc.

Je cherche des idées

Oral **2** **Imagine** ce que les soldats pourraient découvrir qu'ils ne connaissent pas :

moyens de transport sur terre, dans le ciel – appareils ménagers – outils de jardinage – éclairage – téléphone – robot, etc.

Fais des recherches dans ton livre d'histoire et **indique** ce qui était connu au moment de la Première Guerre mondiale dans ces domaines.

J'écris un épisode racontant ces découvertes

3 **Choisis** un ou plusieurs objets que pourraient découvrir Blourde et Sorin.

a. **Indique** où et dans quelles circonstances ces découvertes ont lieu.

b. **Décris** les objets en les comparant à ceux connus à l'époque.

c. Si tu écris ton texte sous forme de dialogue comme dans *Zappe la Guerre*, **respecte** la ponctuation et la mise en page du dialogue.

Je révise et j'améliore

4 **Relis** ton texte et **vérifie** que :

- tu as mis les majuscules et les points ;
- tu as écrit une ou deux phrases au début de ton texte pour introduire la découverte ;
- tu as décrit l'objet avec les yeux d'une personne vivant à l'époque de la Première Guerre mondiale ;
- tu as respecté la ponctuation et la mise en page du dialogue.

Fiche 56 + et ++

› Identifier le narrateur, les actions, pensées et émotions des personnages
› Repérer des informations implicites
› Reformuler et rappeler le récit

Le lion blanc (1)

Une vieille dame anglaise raconte l'histoire du lion et de Bertie à un jeune garçon. Bertie Andrews est né en Afrique du Sud. C'est un jeune garçon livré à lui-même car son père, éleveur, est souvent absent et sa mère est souvent malade. Il aime regarder les animaux qui viennent boire au point d'eau près de la ferme.
Un soir, alors qu'il a six ans, Bertie aperçoit une lionne solitaire suivie d'un lionceau blanc. Très excité, Bertie raconte ce qu'il a vu à ses parents qui s'exclament en chœur qu'un lion blanc, ça n'existe pas ! La semaine suivante, le père de Bertie annonce qu'il a tué une lionne énorme qui lui volait du bétail. Bertie comprend que c'est sa lionne que son père a tué et que le lionceau blanc est orphelin.

Un matin, une semaine plus tard, Bertie fut réveillé par des hennissements affolés. Il bondit hors de son lit et se précipita à la fenêtre. Une bande de zèbres fuyait le point d'eau, poursuivie par un couple de hyènes. Puis il aperçut d'autres hyènes. Trois d'entre elles, le nez au vent et figées à l'arrêt, regardaient fixement le point d'eau. Ce fut seulement à cet instant que Bertie découvrit le lionceau. Mais il n'était nullement blanc. Recouvert de boue, le dos tourné au point d'eau, il était acculé et menaçait d'une petite patte pathétique les hyènes qui commençaient à l'encercler. Le lionceau n'avait aucune possibilité de fuite, et les hyènes se rapprochaient de plus en plus.

J'anticipe

1. **Observe** la couverture, **indique** le titre, le nom de l'auteur et **imagine** l'histoire.

Je comprends

2. **Indique** les différents lieux de l'histoire.
3. **Identifie** la narratrice et **relève** les noms des personnages.
4. **Liste** les noms d'animaux qui apparaissent dans le texte et **attribue** à chaque animal un adjectif pour le qualifier.
5. **Explique** tes stratégies pour trouver le sens des mots en gras et **exprime** avec tes propres mots le sens de ces phrases. **Aide-toi** de la rubrique « D'où viennent les mots ? » page 76 pour trouver le sens de pathétique.

   Il était **acculé** et menaçait d'une petite patte **pathétique** les hyènes qui commençaient à l'**encercler**.

   Troublées par cette **intrusion** imprévue, les hyènes firent demi-tour et s'enfuirent.
6. **Relève** des expressions qui montrent l'empressement de Bertie à rejoindre le lionceau.
7. **Recopie** la phrase qui montre que les hyènes ne sont pas effrayées par Bertie et **explique** le sens de la ponctuation finale de cette phrase.

Bertie descendit l'escalier quatre à quatre, traversa la véranda en trombe et fonça dans l'enclos pieds nus, en poussant des cris stridents. Il ouvrit la barrière toute grande et dévala la pente en direction du point d'eau, hurlant et agitant les bras comme un forcené. Troublées par cette intrusion imprévue, les hyènes firent demi-tour et s'enfuirent, mais elles n'allèrent pas bien loin. Une fois à leur portée, Bertie leur lança une poignée de cailloux et elles reculèrent à nouveau, mais à peine plus loin. En arrivant au point d'eau, il s'interposa entre le lionceau et les hyènes, auxquelles il cria de s'en aller. Elles ne s'en allèrent pas. Elles restèrent sur place et observèrent la scène. Après un instant d'hésitation, elles reprirent leur encerclement, plus proches, toujours plus proches…

C'est à ce moment-là que retentit le coup de feu. Les hyènes déguerpirent dans les hautes herbes et disparurent. Lorsque Bertie se retourna, il vit sa mère dévaler la colline en chemise de nuit, une carabine au poing. C'était la première fois de sa vie qu'il la voyait courir. Ensemble, ils ramassèrent le lionceau couvert de boue et le ramenèrent à la ferme. Il était trop faible pour se défendre, mais il essayait quand même. Après lui avoir fait boire un peu de lait chaud, ils le plongèrent dans la baignoire pour le nettoyer. Comme les premières plaques de boue commençaient à se détacher, Bertie vit apparaître le pelage blanc.

– Tu vois ! s'écria-t-il triomphalement. Il est blanc ! Tout blanc ! Je te l'avais bien dit, pas vrai ? C'est mon lion blanc !

8 **Réponds** aux questions en indiquant les lignes du texte qui t'ont permis de répondre.
Qui vient au secours de Bertie et du lionceau ? Comment ?

9 **Relève** les paroles de Bertie et **réponds** à la question par une phrase.
Pourquoi s'exprime-t-il de manière triomphale ?

Oral **10** **Échange** avec tes camarades pour répondre à la question.
Est-ce que les lionceaux blancs existent réellement ?

Pour aller + loin

11 **Imagine** et **écris** quelle va être la réaction du père de Bertie et ce que va devenir le lionceau blanc.

Oral **Je lis à voix haute**

- **Lis de *Recouvert de boue* (ligne 6) à la fin du texte.**
- **Lis très vite cette phrase :**
Un vacarme épouvantable et inimaginable règne autour du point d'eau avec le hennissement de zèbres affolés, le ricanement d'une horde de hyènes et le hurlement d'un garçon intrépide.

Fiche 57 + et ++

Le père de Bertie, sous la pression de sa femme, accepte que le lion vive avec eux à la ferme.

Il dormait au pied du lit de Bertie. Où que Bertie aille, le lionceau le suivait, même dans la salle de bains où il regardait Bertie se laver et lui séchait ensuite les jambes à grands coups de langue. Jamais ils ne se séparaient. C'était Bertie qui s'occupait de sa nourriture : du lait quatre fois par jour, dans une cannette de bière de son père jusqu'à ce que le lionceau apprenne à le laper tout seul dans une écuelle. Il avait de la viande d'impala chaque fois qu'il en voulait et, en grandissant – et il grandissait vite – il en voulut de plus en plus souvent.

Pour la première fois de sa vie, Bertie était pleinement heureux. Le lionceau remplaçait tous les frères et toutes les sœurs qu'il aurait pu désirer, tous les amis dont il aurait pu avoir besoin. Ils s'asseyaient côte à côte sur le sofa de la véranda, pendant que le gros soleil rouge se couchait sur l'Afrique, et Bertie lui lisait *Pierre et le Loup* en lui promettant toujours, à la fin, que jamais il ne le laisserait partir dans un zoo pour y vivre derrière des barreaux comme le loup de l'histoire. Et le lionceau regardait Bertie avec de grands yeux jaunes pleins de confiance. [...]

Ce fut la plus belle année de la jeune vie de Bertie, mais quand elle prit fin, ce fut plus douloureux qu'il n'aurait jamais pu l'imaginer.

Oral – Je raconte

1. **Rappelle** le récit en situant le lieu, les personnages et les principales actions.

Je comprends

2. **Trouve** le sens de l'expression sous la pression de. **Reformule** le sens de la phrase en italique ligne 30.
3. **Émets** des hypothèses sur le sens des mots sofa, impala et **vérifie** dans le lexique.
4. **Cite** des moments de complicité entre Bertie et le lionceau.
5. **Réponds** aux questions par une phrase.
   Bertie et le lionceau sont-ils heureux ? Pourquoi ?

Oral

6. **Échange** avec tes camarades pour répondre aux questions.
   a. Pourquoi le lionceau regarde-t-il Bertie avec de grands yeux jaunes pleins de confiance ?
   b. Comment se termine l'histoire de *Pierre et le Loup* ?
   c. Quel est le sens de la dernière phrase du texte ?

Pour aller + loin

7. **Imagine** et **écris** ce qu'il peut arriver de douloureux à Bertie, après cette belle année.

Oral – Je lis à voix haute

- Lis l'ensemble du texte.

Fiche 58 + et ++

Écrire des déterminants possessifs

Je mémorise

1 **Lis** les mots à mémoriser et **recopie** les noms masculins.

la nourriture / un domicile / une aiguille / un casque / un souvenir

2 **Recopie** les mots à mémoriser et **souligne** les noms féminins.

un discours / une échelle / un portrait / une paupière / la confiance

Je fais le point

3 **a. Indique** le genre et le nombre des déterminants dans les groupes nominaux suivants.

1. ma règle – ta sœur – sa montre – notre moto – votre gomme
2. mon chat – ton lit – son crayon – notre sac – votre lit
3. mes jeux – mes mains – tes joues – tes pieds – ses clés – ses billes
4. nos trousses – vos cahiers – nos gants – vos jambes

b. Que remarques-tu à la fin des déterminants possessifs au pluriel ?

4 **Explique** la présence de **son** devant des noms féminins singulier.

son armoire noire – son œuvre cachée – son excuse inventée – son adresse connue

5 **Lis** les phrases et **explique** l'orthographe de **leur** et **leurs**.

Dans **leur** sac, les enfants mettent **leurs** cahier**s**, **leurs** feutre**s** et **leur** gouter.

6 **Complète** les phrases suivantes.

- On emploie les déterminants possessifs ... devant un nom au singulier.
  On emploie les déterminants possessifs ... devant un nom au pluriel.
- Le déterminant possessif son est aussi utilisé devant les noms ... qui commencent par une ....
- On emploie le déterminant possessif leur devant un nom au ... et leurs devant un nom au ....

Je m'entraine

7 **Recopie** chaque nom avec le déterminant **son**, **sa** ou **ses**.

frères – chienne – travail – invitation – clés – fête – école – ville – affaires

8 **Récris** les groupes nominaux en changeant leur nombre.

nos livres – ses outils – votre chaise – sa sœur – ses robes – notre chat – vos gâteaux

9 **Récris** chaque nom en l'accompagnant du déterminant **leur** ou **leurs**.

voyage – photos – bureau – clients – cheveux – magasin – amis – maison

10 **Classe** les dix mots mémorisés selon leur nature.

Fiche 59 + et ++

Les relations dans un texte (7)

Je lis et je transpose

Au point d'eau

Quand j'aurai six ans, je pourrai grimper sur une haute branche d'un arbre pour regarder les lions se désaltérer au point d'eau. Un jour, je verrai arriver une lionne solitaire. Elle avancera jusqu'à l'eau. Je regarderai, surpris, un jeune lionceau blanc tituber derrière elle puis lui mordiller le bout de la queue.

Je rentrerai à la maison et je gravirai les marches de l'escalier comme un fou. Je dirai à mon père :

– J'ai regardé les animaux au point d'eau. Et j'ai vu un lionceau blanc !

Mais mon père refusera de m'écouter :

– Arrête de dire n'importe quoi ! Les lions blancs n'existent pas.

Tous les soirs, je retournerai au point d'eau guetter la lionne. Je verrai quelques zèbres et quelques gnous mais pas la lionne. Elle ne reviendra plus !

1. **Indique** à quel temps est racontée l'histoire. Quelle partie de phrase la situe dans l'avenir ? **Trouve** les deux phrases au passé composé.
2. **Dis** le texte en remplaçant **j'** par **nous** (Bertie et Billy) et **mon père** par **nos parents**. **Récris** les groupes de mots soulignés. **Explique** les changements.
3. **Recopie**, avec leur sujet, les deux verbes au futur qui n'ont pas changé.
4. **Indique** la terminaison des verbes au futur à la 1re personne du singulier et du pluriel.
5. a. **Donne** l'infinitif de tous les verbes, même de ceux qui ne sont pas soulignés.
   b. **Trouve** les verbes qui sont déjà à l'infinitif dans le texte.
6. **Lis** une phrase qui contient plusieurs verbes conjugués.

À savoir

- Une phrase qui contient **un seul verbe conjugué** est **une phrase simple**.
- Une phrase qui contient **plusieurs verbes conjugués** est une **phrase complexe**.
- On nomme **proposition** chaque partie de phrase comprenant un verbe conjugué.

Je collecte

7. **Colle** l'étiquette à la bonne page de ton cahier de grammaire.

Je m'entraine

8. **Recopie** les phrases suivantes en remplaçant **nous** par **je**.

Bientôt, nous habiterons dans une grande ville. Nous pourrons aller à pied à l'école. Nous aurons un parc de jeux au pied de l'immeuble.

9. **Recopie** le texte en remplaçant **Un berger** par **Des bergers**.

Un berger raconte :
— Pendant l'été, je garderai les troupeaux dans les alpages. J'aurai beaucoup de travail. Je ferai du fromage, je veillerai sur les agneaux et je les soignerai.

Fiche 60 + et ++

Des phrases et des groupes nominaux (6)

Je repère

1 **a. Relis** le texte *Au point d'eau* et **recopie** la phrase déclarative à la forme exclamative et la phrase impérative à la forme exclamative. **Indique** ce que l'exclamation exprime.

b. Récris les phrases déclaratives à la forme négative en les passant à la forme affirmative.

2 **a. Recopie** les groupes nominaux ci-dessous en les classant suivant leur genre et leur nombre. **Souligne** les noms et **entoure** les adjectifs qualificatifs épithètes.

- une lionne solitaire
- un jeune lionceau blanc
- quelques gnous
- mon père
- quelques zèbres
- les lions

b. Indique le groupe nominal qui contient un déterminant possessif.

3 **a.** Dans les groupes nominaux suivants, **indique** le nom principal.

une haute branche d'un arbre – les marches de l'escalier – le bout de la queue

b. Quand le groupe nominal contient deux noms, **indique** le nom principal.

4 **a. Recopie** les phrases suivantes. **Souligne** le verbe, **entoure** le sujet et le ou les compléments circonstanciels, ainsi que le ou les compléments d'objet s'il y en a.

1. Je gravirai les marches de l'escalier comme un fou.
2. Aussitôt, je parlerai de ce lionceau blanc à mon père.
3. Quand il observera le point d'eau, Bertie verra les gnous et les zèbres.

b. Explique comment tu reconnais les compléments circonstanciels et les compléments d'objet.

Je collecte

5 **Colle** l'étiquette comportant une seule phrase à la page 14 de ton cahier de grammaire. **Colle** les autres aux bonnes pages.

Je m'entraine

6 **Recopie** les groupes nominaux suivants en les classant suivant leur genre et leur nombre.

- un grand domaine
- un enclos poussiéreux
- leurs histoires
- ses livres
- cette bête
- des rugissements plaintifs
- un lionceau blanc orphelin
- une promesse solennelle
- les dernières semaines

7 **Recopie** une phrase complexe de l'activité 4.

Fiche 61 + et ++

Des mots du roman (1)

Je réfléchis

1 **Associe** chaque adjectif à son sens.

a. pathétique — 1. qui vit seul, évite le contact avec les autres
b. strident — 2. qui n'a plus ses parents
c. orphelin — 3. très aigu, très fort
d. solitaire — 4. très émouvant

D'où viennent les mots
L'adjectif **pathétique** vient du grec *pathétikos* : qui est très émouvant.

2 a. Dans chaque liste, **indique** le préfixe utilisé.

1. encercler, encadrer, encaisser, enterrer, envelopper
2. imprévu, immobile, impossible, imperméable, impatient
3. s'interposer, un interligne, intercaler, interplanétaire

b. **Trouve** le sens de chaque préfixe.

3 a. **Lis** ces deux articles de dictionnaire.

① **chœur** n. m. **1.** Groupe de chanteurs qui chantent ensemble. ➜ aussi **chorale.** *Les chœurs de l'Opéra de Paris.* **2.** *En chœur,* ensemble. *Les élèves ont répondu en chœur à la question du professeur.* ▮ homonyme : cœur.

② **chœur** n. m. Partie de l'église où se trouve l'autel. *Le chœur d'une cathédrale.* ➜ planche **Cathédrale.** *Les enfants de chœur assistent le prêtre pendant la messe.*

Le Robert Junior 2020 © Le Robert.

b. **Recopie** les deux mots définis. Que remarques-tu quand tu les prononces ? Et quand tu les écris ? Lequel de ces mots est utilisé dans le texte *Le lion blanc (1)* page 70 ligne 1 ?

c. **Recopie** l'homonyme de ces mots qui n'a pas la même orthographe. **Indique** son sens.

Je m'entraine

4 **Trouve** dans le texte page 71, ligne 20, le verbe qui signifie : **se sauver à toute allure.**

a. **Recopie** la phrase dans laquelle ce mot est employé dans le texte.
b. **Cherche** dans le dictionnaire les synonymes de ce mot.
c. **Écris** une phrase contenant l'un de ces synonymes.

5 a. **Cherche** dans le dictionnaire le mot **pore**.
b. **Recopie** ses deux homonymes et écris une phrase avec chacun d'eux.

Changer de narrateur

Tu vas raconter l'histoire du lion blanc comme si c'était lui qui la racontait.

Je recherche des informations

1 **Écris** sous forme de notes des éléments du texte *Le lion blanc (1)* pages 70 à 72 dans chacune des parties ci-dessous. **Imagine** ce qui n'est pas raconté dans le texte.

– Présentation du lionceau : où il vit, avec qui, ce qu'il fait dans la journée, ce qui arrive un jour puis sa solitude pendant huit jours dans la campagne sud-africaine.

– La scène au point d'eau et sa rencontre avec Bertie : la peur face aux hyènes, l'arrivée de Bertie puis de sa mère, le bain

– Sa vie auprès de Bertie pendant un an : ce qu'il fait, ce qu'il mange, ce que Bertie lui promet.

Je recherche des mots

2 **Trouve** et **écris** des mots pour indiquer :

– ce que le lionceau ressent à la mort de la lionne ;
– sa peur au point d'eau ;
– ce qu'il éprouve auprès de Bertie pendant un an.

Tu peux t'aider du dictionnaire en cherchant des synonymes de **peur**, **inquiet**, **désespéré**, **bonheur** et en consultant la page du mémo : *Des mots pour exprimer des émotions et des sentiments.*

3 a. **Relève** dans le texte *Le lion blanc (1)* les indicateurs de temps qui se trouvent en début de phrase et qui ordonnent chronologiquement les actions.

b. **Relève** les verbes d'action employés.

J'écris le texte

4 **Écris** ton texte en trois parties à partir des informations relevées dans l'activité 1.

a. **Emploie** les mots trouvés dans l'activité 2.

b. **Relie** tes phrases en utilisant des indicateurs de temps relevés et d'autres que tu peux trouver dans le mémo à la page *Des indicateurs de temps.* **Place**-les en début de phrase.

c. **Utilise** le présent à la première personne du singulier puisque c'est le lion qui raconte sa vie. Commence ainsi : « *Je suis un lionceau tout blanc. C'est rare ! Je vis ...* ».

Je révise et j'améliore

5 **Relis** tes définitions et **vérifie** que :

– tu as mis les majuscules et les points ;
– tu as écrit trois paragraphes ;
– tu as placé les indicateurs de temps en début de phrase.

Fiche 63 + et ++

› Attribuer du sens à des mots inconnus
› Identifier les actions, pensées et émotions des personnages
› Repérer des informations implicites

Le lion blanc (2)

Alors que Bertie a 8 ans, son père lui annonce qu'il va être envoyé en pension dans une bonne école en Angleterre. Il lui annonce aussi qu'il a vendu le lion blanc à un Français, propriétaire d'un cirque. Bertie est désespéré.

Le soir même, il décida de ce qu'il fallait faire. Il attendit de percevoir la respiration profonde de son père dans la chambre voisine, puis, son lion blanc sur les talons il descendit l'escalier en pyjama, décrocha la carabine de son père du râtelier et sortit dans la nuit. Lorsqu'il ouvrit la barrière de l'enclos, elle grinça bruyamment, mais qu'importe, ils étaient dehors et ils étaient libres. Bertie ne songeait absolument pas aux dangers qui l'entouraient, obsédé par la pensée qu'il devait s'éloigner le plus possible de la maison pour faire ce qu'il avait à faire.

Le lion trottinait silencieusement à ses côtés, s'arrêtant régulièrement pour humer l'air. Dans l'aube naissante, un bouquet d'arbres se transforma en un troupeau d'éléphants se dirigeant vers eux. Bertie détala. Il savait que les éléphants détestent les lions. Il courut, courut à perdre haleine jusqu'à ce que ses jambes n'en puissent plus. Lorsque le soleil se leva sur le veld, il grimpa au sommet d'une de ces collines qu'on appelle, là-bas, des kopjes et il s'assit, un bras autour du cou du lion. Le grand moment était venu.

– Maintenant, sauve-toi, chuchota-t-il. Tu dois vivre en liberté. Ne reviens pas à la maison. Ne reviens jamais, ils t'enfermeraient derrière des barreaux. Tu

Je me souviens

Oral **1 Dis les phrases dans l'ordre chronologique pour raconter le début de l'histoire.**

a. Bertie vit ainsi la plus belle année de sa vie en compagnie du lionceau.

b. Il sauve, avec l'aide de sa mère, un lionceau blanc et l'élève chez lui.

c. Bertie est un jeune garçon qui vit dans une ferme en Afrique du Sud.

Je comprends

2 Réponds à la question par une phrase.
Qu'apprend Bertie lorsqu'il a 8 ans ?

3 Relève l'adjectif qui montre ce que ressent Bertie à l'annonce de ces deux nouvelles.

4 Émets des hypothèses sur le sens des mots pension et râtelier en t'aidant du contexte et **vérifie** dans le lexique.

5 Trouve le synonyme du verbe sentir dans le texte.

6 Relève deux mots d'origine étrangère employés pour désigner le paysage africain et **trouve** leur sens dans le lexique.

7 Relève les paroles chuchotées par Bertie qui montrent qu'il veut tenir la promesse faite au lionceau quand il lui lisait *Pierre et le loup*.

8 Liste les différentes actions de Bertie pour éloigner le lionceau.

entends ce que je te dis ? Toute ma vie, je penserai à toi, je te le promets. Jamais je ne t'oublierai.

Il enfouit son visage dans le cou du lion et écouta le ronronnement profond et affectueux de l'animal.

– Maintenant, je m'en vais, dit-il. Ne me suis pas. S'il te plait, ne me suis pas.

Et Bertie descendit du kopje et s'éloigna. Lorsqu'il se retourna, le lion n'avait pas bougé. Il l'observait, assis sur son derrière. Puis il se leva, bâilla, s'étira, se lécha les babines et se lança à sa poursuite. Bertie lui cria de ne pas venir, mais le lion continua d'avancer. Bertie lui lança des bouts de bois. Il lui lança des cailloux. Rien n'y fit. Le lion s'immobilisait mais, dès que Bertie se remettait en marche, il lui emboitait le pas tout en restant à bonne distance.

– Va-t'en, imbécile ! lui cria Bertie. Stupide animal ! Je te déteste ! Je te déteste ! Fiche le camp !

Mais il eut beau dire et beau faire, le lion continua à le suivre.

Il n'existait qu'un seul moyen. Bertie répugnait à l'employer, mais il y était contraint. Les yeux et la bouche pleins de larmes, il épaula la carabine et tira au-dessus de la tête du lion. Aussitôt, celui-ci fit volte-face et s'enfuit dans le veld. Bertie tira une deuxième balle. Il attendit que le lion ait disparu pour faire demi-tour et reprendre le chemin de la ferme. [...]

Son lion aurait la possibilité de mener une vie libre, peut-être pas une vie très facile, mais tout était préférable aux barreaux et aux fouets d'un cirque.

9 **Recopie** la phrase qui montre ce que ressent Bertie en repoussant définitivement le lionceau.

10 **Écris** un titre à ce texte.

Oral **11** **Lis** la dernière phrase du texte et **échange** avec tes camarades pour répondre aux questions.

a. Pourquoi la vie du jeune lion en liberté dans le veld ne sera-t-elle pas facile ?

b. Une vie libre pour un animal ayant vécu en captivité est-elle possible ? À quelles conditions ?

Pour aller + loin

12 **Réfléchis** et **écris** quelques lignes pour expliquer si tu penses que Bertie a fait le bon choix et pourquoi.

Oral **Je lis à voix haute**

- Lis de *Le grand moment* (ligne 14) à la fin du texte.
- Lis très vite cette phrase :

Sur les talons d'un Bertie désespéré, dans l'aube naissante, le lion trottine silencieusement, hume l'air, s'immobilise, ronronne bruyamment, fait volte-face, court à perdre haleine.

Fiche 64 + et ++

Le jour où le Français se présenta à la ferme, il pleuvait. Les premières pluies depuis des mois. Bertie observa le Français, tout dégoulinant sous la véranda, son pouce accroché à la poche de son gilet. Il écoutait son père lui expliquer qu'il n'y avait plus de lion à acheter, que le leur s'était sauvé. Ce fut le moment que la mère de Bertie choisit pour porter une main à son cœur, pousser un grand cri et montrer quelque chose du doigt. Gémissant pitoyablement, le lion blanc était en train de franchir la porte de l'enclos restée ouverte. Bertie se précipita vers lui, tomba à genoux et l'étreignit. Le lion était trempé jusqu'aux os et tremblait de tout son corps. Visiblement affamé, il était tellement maigre qu'on pouvait compter ses côtes. Tous participèrent à son décrassage, puis le regardèrent dévorer gloutonnement.

– Incroyable ! Magnifique ! s'exclama le Français. Et blanc, exactement comme vous me l'aviez dit, blanc comme neige, et apprivoisé, en plus. Il sera la vedette de mon cirque. Je l'appellerai « Le Prince blanc ». [...] J'adore mes bêtes, tu sais. Elles sont ma famille, et ton lion sera mon fils préféré. [...]

Bertie comprit que discuter ne servirait à rien. Il se rendait maintenant compte que le lion ne pouvait pas survivre en liberté par ses propres moyens, qu'il fallait qu'il aille avec le Français. C'était la seule solution.

Cette nuit-là, alors qu'ils étaient couchés côte à côte dans l'obscurité, Bertie fit une ultime promesse au lion :

– Je te retrouverai, chuchota-t-il. N'oublie jamais que je te retrouverai. Je te le jure.

Oral

Je raconte

1 **Liste** les principales étapes du roman et **raconte-les** avec tes propres mots.

Je comprends

2 **Indique** qui est désigné par les mots en gras dans le leur s'était sauvé (ligne 41).

3 **Trouve** le sens du mot dégoulinant (ligne 39) et **décris** le propriétaire du cirque.

4 **Recopie** la phrase qui montre l'étonnement de la mère de Bertie.

5 **Réponds** à la question en citant le texte.
Que ressent Bertie en voyant le lionceau ?

6 **Relève** les phrases qui montrent la détresse et l'état de santé du lionceau.

7 **Indique** comment sera nommé le lion au cirque.

8 **Trouve** un synonyme de l'adjectif ultime.

9 **Indique** qui parle et à qui.
— Je te retrouverai, chuchota-t-il. N'oublie jamais que je te retrouverai. Je te le jure.

Pour aller + loin

10 **Imagine** la suite du récit et **écris** quelques phrases pour la raconter.

Oral

Je lis à voix haute

- **Lis** l'ensemble du texte.

Fiche 65 + et ++

La lettre s

Je mémorise

1 **Lis** les mots à mémoriser puis **recopie** le verbe et l'adjectif.

le repos / une promesse / observer / précis / un président

2 **Recopie** les mots à mémoriser puis **entoure** les verbes et l'adverbe.

saisir / spécialement / un tas / ravissant / arroser

Je fais le point

3 **Lis** ces mots à voix haute. Comment se prononce s en début de mot ?

du sable – siffler – la sortie – un secret – le sud – un signal – le sang

4 a. **Recopie** les mots. **Entoure** la lettre placée juste avant et celle placée juste après s ou ss.

une réponse – un vase – un dessin – le respect – du raisin – un escargot – un fossé

b. **Indique** quand on doit écrire s ou ss.

5 **Explique** le rôle de la lettre s muette placée à la fin de chaque mot en gras.

1. un **dos** (le dossier) 2. un **abus** (abuser) 3. **mauvais** (mauvaise)

6 **Explique** la présence de la lettre s qui est en couleur.

et / est – moi / un mois – la foi/ une fois – mai / mais

7 **Que marque la lettre s ?** des plantes vertes – tu dessines – nous marchions

8 **Complète** les phrases suivantes.

- La lettre s se prononce toujours [s] au début des mots et entre une ... et une ... ; elle se prononce [z] entre .... Pour qu'elle se prononce [s] entre deux voyelles, il faut écrire ....
- À la fin d'un mot, la lettre s muette sert parfois à former le ... ou un mot de la ....
- La lettre s permet parfois de distinguer à l'écrit des mots ....
- La lettre s marque souvent le ... d'un nom ou d'un adjectif ; on la trouve aussi à la fin d'un verbe conjugué à la ... personne du singulier et à la ... personne du pluriel.

Je m'entraine

9 **Récris** les mots avec s ou ss.

bon•oir – a•ez – un ra•oir – un e•calier – une occa•ion – une ta•e – bru•que

10 **Écris** un mot de la famille de chaque mot en utilisant la lettre finale s.

l'univers – le bras – confus – du bois – un vernis – un débarras – un refus

11 **Récris** chaque groupe nominal au pluriel.

la belle visite – un voyage intéressant – le meilleur titre – une course folle

12 **Classe** les dix mots mémorisés selon leur nature.

Fiche 66 + et ++

Les relations dans un texte (8)

Je lis et je transpose

Une décision irrévocable

Mon père dit un soir à Bertie et Billy :

Bertie et Billy, vous aurez bientôt huit ans. Vous avez besoin d'une éducation convenable. À la rentrée, vous irez dans une école en Angleterre. Nous en avons trouvé une bonne, elle **vous** conviendra. Vous **y** serez bien et vous **y** ferez de bonnes études. Pendant les vacances, vous irez chez votre oncle Georges et votre tante Mélanie, ils s'occuperont de vous. **Ils** viendront vous voir de temps en temps pendant l'année. Vous prendrez le bateau au mois de juillet avec votre mère. Vous ferez la traversée avec **elle** et vous passerez aussi les vacances avec elle. En septembre, elle reviendra ici à la ferme.

1. **Indique** les temps employés.
2. **Trouve** ce que désignent les mots en couleur.
3. a. **Dis** le texte en remplaçant **Bertie et Billy** par **Bertie** et **votre mère**, puis par **ta mère et moi**.
   b. **Récris** les groupes de mots soulignés. **Explique** les changements.
4. **Indique** la terminaison des verbes au futur à la 2e personne du singulier et du pluriel.
5. **Recopie**, avec leur sujet, les trois verbes au futur qui n'ont pas changé.
6. **Donne** l'infinitif de tous les verbes, même de ceux qui ne sont pas soulignés.
   Trouve le verbe qui est à l'infinitif dans le texte.
7. Oral — **Lis** une phrase simple et une phrase complexe.

Je collecte

8. **Colle** l'étiquette à la bonne page de ton cahier de grammaire.

Je m'entraine

9. **Recopie** les groupes de mots soulignés en remplaçant **Vous** par **Tu**.

Vous aurez bientôt un chat. Vous le nourrirez matin et soir. Vous jouerez avec lui. Vous le caresserez et il restera près de vous pendant que vous travaillerez à votre bureau.

10. **Recopie** le texte en remplaçant **tu** par **vous**.

Quand tu iras en Espagne par le train, tu feras un beau voyage. Tu verras défiler des paysages différents. Tu passeras dans la plaine de la Beauce, tu traverseras le Massif central, tu admireras de belles vallées et tu apercevras les hauts sommets des Pyrénées.

Fiche 67 + et ++

Les compléments circonstanciels

Je réfléchis

1 Lis la page 12 de ton cahier de grammaire.

a. **Relis** chaque phrase en déplaçant puis en supprimant les compléments qui peuvent l'être.

b. **Entoure** ces groupes de mots qui complètent la phrase : les compléments circonstanciels.

c. **Observe** où le complément circonstanciel peut être placé dans la phrase. Selon sa place, **indique** le signe de ponctuation qu'il ne faut pas oublier.

2 Dis ce qu'indiquent les compléments circonstanciels dans les phrases collectées : le lieu, le temps ou la cause.

dans sa chambre – sur le sommet de la pierre – avant la nuit – depuis le bout du chemin – à cause des humains – au carrefour suivant – parce qu'une voiture fonce sur eux – aussitôt – quand il observera le point d'eau

Aide

Le complément circonstanciel *au carrefour suivant* est introduit par l'article *au* qui est la **contraction** d'une préposition et d'un article : *à + le*.

3 a. **Classe** les compléments circonstanciels de l'activité 2 suivant leur nature.

groupe nominal	GN avec préposition	adverbe	partie de phrase (proposition)

b. **Entoure** les prépositions situées devant les groupes nominaux et les conjonctions situées devant les propositions.

À savoir

Parce que et *quand* sont des **conjonctions de subordination**. Elles introduisent des propositions compléments. circonstanciels.

Je conclus

4 a. **Écris** le titre de la page 12 de ton cahier de grammaire : *Des compléments circonstanciels.*

Oral b. **Explique** comment tu reconnais un complément circonstanciel, ce qu'il peut indiquer et quelle peut être sa nature.

c. **Lis** dans le mémo ce qu'il faut retenir des compléments circonstanciels.

Je m'entraine

5 a. **Trouve les** compléments circonstanciels et **recopie**-les en les classant suivant ce qu'ils indiquent : temps/lieu/cause.

1. À la sortie de la ville, vous traversez une zone commerciale.
2. Le matin, dans les prés imprégnés de rosée, une araignée tisse sa toile.
3. Depuis une heure, le tonnerre gronde dans le lointain.
4. Le jeune enfant allume sa lampe parce qu'il a peur.
5. Demain, tu feras les courses à la supérette.

b. **Indique** la nature de chaque complément circonstanciel recopié.

Fiche 68 + et ++

Des mots du roman (2)

Je réfléchis

1 **a. Dans les phrases ci-dessous, remplace chaque groupe de mots en gras par un mot ou groupe de mots synonyme choisi dans la liste proposée.**

1. Bertie était obsédé **par la** pensée de s'éloigner très vite de la maison.
2. Bertie courut **à perdre haleine**.
3. Aussitôt le lion **fit volte-face**.
4. Le lion **emboitait le pas** à Bertie.
5. Bertie **eut beau dire et beau faire**...

a. se retourna dans la direction
b. opposée
c. dit et fit tout ce qu'il put
d. marchait juste derrière
e. jusqu'à être très essoufflé
f. pensait sans arrêt à

b. Choisis un des groupes de mots en gras et écris une phrase le contenant.

2 **a. Écris** l'adjectif à partir duquel est formé chaque adverbe. **Indique** le suffixe utilisé.

absolument – bruyamment – silencieusement – pitoyablement – gloutonnement – nullement – seulement – fixement – triomphalement

b. Explique la formation et le sens de chaque adverbe.

3 **Trouve** des mots ou des groupes de mots synonymes des mots en gras. Tu peux t'aider du dictionnaire.

1. Le lion s'arrête pour **humer** l'air.
2. Bertie **enfouit** son visage dans le cou du lion.
3. Bertie est **contraint** de tirer en l'air pour faire fuir le lion.
4. Bertie tombe à genoux et **étreint** le lion.
5. Bertie fait une ultime **promesse** au lion.
6. Bertie descendit l'escalier, son lion blanc **sur les talons**.

Je m'entraine

4 **a. Cherche** le verbe **répugner** dans le dictionnaire et **indique** dans quel sens il est employé dans la phrase :
Bertie répugnait à tirer.

b. Écris une phrase pour employer ce verbe.

D'où viennent les mots

Faire volte face vient de l'italien *voltafaccia* qui se traduit littéralement par : « tourne face » : *volta* est l'impératif du verbe *voltare* (tourner) et *faccia* (face). Il désigne l'action de se retourner de manière à faire face.

Fiche 69 + et ++ Mémo Des synonymes - Des suffixes

Compléter le roman

L'auteur ne raconte pas ce que le lion a fait après s'être retrouvé seul dans le veld.
Tu vas imaginer ce qui a pu lui arriver pour qu'il revienne à la ferme, trempé jusqu'aux os, tremblant de tout son corps, affamé, maigre et sale.

Je cherche des idées

1 **Trouve** les animaux qui vivent dans le veld et ce que tu sais de leur attitude face aux lions.

2 **Imagine** et **écris** tes idées sous forme de notes en répondant aux questions.

1. Que fait le lion quand il se retrouve seul ?
2. Comment essaye-t-il de se procurer de la nourriture, lui qui n'a pas appris à chasser ?
3. Trouve-t-il des endroits pour se reposer ?
4. Quels animaux rencontre-t-il ? L'aident-ils ou au contraire le chassent-ils ? En a-t-il peur ?
5. Pourquoi finalement retourne-t-il à la ferme pour retrouver Bertie ?

Je recherche des mots

3 **Trouve** et **écris** des mots pour exprimer ce que ressent le lion :

– quand Bertie l'oblige à s'enfuir ;
– quand il est seul dans ce veld qu'il ne connait pas ;
– quand il repense à ce qu'il a vécu avec Bertie.

Tu peux t'aider de la page du mémo : *Exprimer des émotions et des sentiments.*

J'écris le texte

4 a. **Écris** ton texte en trois parties à partir des idées que tu as trouvées dans l'activité 2.

1. Ce que ressent le lionceau quand Bertie le force à s'enfuir et qu'il se trouve seul dans le veld.
2. Ce qu'il fait pour survivre, ce qu'il lui arrive, ce qu'il éprouve.
3. Ce qu'il décide finalement de faire, son arrivée à la ferme et ce qu'il ressent.

b. **Emploie** les mots trouvés dans l'activité 3.

c. **Utilise** le présent à la 3e personne du singulier.

d. **Relie** tes phrases en utilisant des indicateurs de temps que tu peux trouver dans le mémo à la page *Des indicateurs de temps*. **Place**-les en début de phrase.

e. **Donne** un titre à ton texte.

Je révise et j'améliore

5 **Relis** ton texte et **vérifie** que :

– tu as mis les majuscules et les points ;
– tu as écrit un titre ;
– ton texte est structuré en trois parties ;
– tu as décrit les actions du lion dans le veld ;
– tu as indiqué ce qu'il éprouve ;
– tu as écrit la bonne terminaison des verbes au présent.

Fiche 70 + et ++

› Rappeler le récit
› Attribuer du sens à des mots inconnus
› Identifier les actions, pensées et émotions des personnages

Le lion blanc (3)

Un jour, à dix ans, Bertie rencontre Millie, une fillette de son âge, souvent seule elle aussi. Il lui parle du lion blanc, de la ferme en Afrique, de la mort de sa mère. Tous les dimanches, il s'échappe du pensionnat pour la retrouver. Il lui répète inlassablement qu'un jour ou l'autre, il retrouvera son lion blanc.
Les années passent, Millie part en pension. Bertie et Millie s'écrivent régulièrement puis c'est la guerre. À dix-sept ans, Bertie s'engage. Blessé, il parvient néanmoins à sauver deux de ses camarades en les ramenant dans la tranchée. N'ayant plus de nouvelles de Bertie, Millie, très malheureuse, décide alors de devenir infirmière pour le retrouver.

Je fus envoyée dans un hôpital situé à quelque quatre-vingts kilomètres du front, du côté d'Amiens. […]

Un beau matin de juin 1918, je prenais mon petit-déjeuner en lisant un magazine (je me souviens que c'était l'*Illustrated London News*) lorsque, en tournant une page, je tombai sur la photo d'une personne que je reconnus immédiatement. Il avait vieilli, son visage était plus maigre et plus grave, mais je savais que c'était lui : c'était Bertie, avec ce regard à la fois doux et profond dont je me souvenais si bien. D'ailleurs, il était cité : « capitaine Albert Andrews VC », les initiales signifiant qu'on lui avait remis la Victoria Cross. La photo était accompagnée d'un article racontant ce qui lui avait valu sa décoration et précisant qu'il se remettait encore de ses blessures dans un hôpital. […] Le dimanche suivant, je m'y rendis à bicyclette.

Je raconte

1 **Rappelle** le récit en te concentrant sur la relation entre Bertie et le lionceau blanc.

Je comprends

2 **Indique** dans quel pays et quand se passe cette partie du roman.

3 **Émets** des hypothèses sur le sens du mot inlassablement en t'aidant de sa formation.

4 **Trouve** un mot de la même famille que pension et **explique** son sens.

5 **Relève** le nom de famille de Bertie et celui du directeur du cirque.

6 **Réponds** à la question en citant le texte.
Pourquoi Millie a-t-elle voulu devenir infirmière ?

7 **Lis** la phrase en vert, **indique** qui parle et **trouve** le sens du mot en gras.
Je fus envoyée dans un hôpital situé à quelque quatre-vingts kilomètres du **front**, du côté d'Amiens.

8 **Réponds** aux questions par une phrase.
a. Qui est la narratrice de cette histoire ?
b. Comment retrouve-t-elle Bertie ?
c. Chez qui Bertie pense-t-il retrouver son lion blanc ?

9 **Relève** la phrase qui montre que le lion blanc du cirque est peut-être le lionceau de Bertie.

Millie et Bertie se retrouvent. Tous les dimanches, ils se promènent ensemble dans le village. Un jour, ils découvrent, sur un mur, une affiche délavée sur laquelle on distingue Cirque Merlot et en dessous un lion blanc rugissant. Ils se renseignent auprès d'un patron de bistrot et apprennent que Mr. Merlot, avec la guerre, n'a plus rien à part Prince blanc. Ils décident de se rendre chez Mr. Merlot.

Bertie frappa plusieurs fois à la porte sans obtenir de réponse. Cet endroit me faisait peur. J'aurais voulu en partir au plus vite, mais pour Bertie, il n'en était pas question. Il poussa doucement la porte, et celle-ci s'ouvrit toute seule. L'intérieur de la maison était obscur. Je rechignais à entrer, mais Bertie me prit fermement par la main.

– Il est là, chuchota-t-il. Je le sens.

Et c'était vrai. Une odeur flottait dans l'air, âcre et nauséabonde.

– Qui est là ? interrogea une voix d'homme dans les ténèbres. Qu'est-ce que vous voulez ?

Il parlait si bas que, avec le bruit de la rivière qui bouillonnait au-dehors, on l'entendait à peine. Je distinguai la forme d'un grand lit sous la fenêtre, à l'autre bout de la pièce. Un homme y était couché, enfoncé dans une pile de coussins.

– Monsieur Merlot ? s'enquit Bertie.

– Oui ?

Alors que nous avancions tous les deux vers lui, Bertie expliqua :

– Je suis Bertie Andrews. Il y a bien des années de cela, vous êtes venu jusqu'à ma ferme, en Afrique, et vous avez acheté un lionceau blanc. Vous l'avez encore ?

10 **Émets** des hypothèses sur le sens des adjectifs en gras et **vérifie** dans le lexique.

Une odeur flottait dans l'air, **âcre** et **nauséabonde**.

Oral **11** **Lis** les 2 dernières lignes du texte. **Indique** qui parle à qui et **imagine** la suite du récit en répondant aux questions.

a. M. Merlot est-il le propriétaire du cirque qui a acheté le lionceau blanc ?

b. Va-t-il reconnaitre Bertie ?

c. Le lion blanc est-il toujours avec lui ?

Pour aller + loin

12 **Écris** quelques lignes pour dire si tu penses que le lion blanc va ou non reconnaître Bertie et pourquoi.

Oral **Je lis à voix haute**

- **Lis de *Millie et Bertie* (ligne 13) à la fin du texte.**
- **Lis très vite cette phrase :**
  L'atmosphère de cette chambre plongée dans l'obscurité et imprégnée d'une odeur nauséabonde et âcre avec la voix d'un homme qui émerge des ténèbres est impressionnante, oppressante et angoissante.

Fiche 71 + et ++

Période 2

Comme en réponse à sa question, la couverture blanche posée au pied du lit se transforma en un lion qui se souleva, sauta à terre et se dirigea vers nous. Un grognement effrayant sortit de sa gorge. Je me figeai sur place quand il vint droit sur nous.

– N'aie pas peur, Millie, il ne nous fera aucun mal, dit Bertie en m'entourant les épaules de son bras. Lui et moi sommes de vieux amis.

Avec force gémissements et grognements, le lion se frotta si vigoureusement contre Bertie que nous dûmes nous cramponner l'un à l'autre pour ne pas être renversés.

Le lion examina Bertie pendant un instant. Il arrêta de gémir et se mit à grogner et à gronder de plaisir, tandis que Bertie lui caressait la crinière et lui grattait le museau entre les yeux.

– Tu te souviens de moi ? demanda-t-il au lion ? Tu te rappelles l'Afrique ? [...]

Bertie s'assit au bord du lit, entoura de ses bras le cou du lion et enfouit son visage dans sa crinière. Le lion se frotta contre lui, mais sans me quitter une seconde des yeux. Je gardai mes distances, croyez-moi.

Je n'arrivais pas à me débarrasser de l'idée que les lions dévorent bel et bien les gens, surtout quand ils sont affamés. Et ce lion là était très, très affamé. On lui voyait les côtes, ainsi que les os des hanches.

À la fin de la guerre, Bertie et Millie réussissent à emmener le lion en Angleterre. Ils se sont mariés et ont toujours gardé le lion blanc avec eux.

Michael Morpurgo, *Le Lion blanc*, traduction de Noël Chassériau, illustrations de François Place (2020), © Gallimard, 1998.

Je me souviens

1 **Retrace** les étapes de la vie de Bertie et du lion blanc.

Je comprends

2 **Lis** le groupe de mots en vert et **réponds** aux questions.

la couverture blanche posée au pied du lit.

a. Qui est désigné par les mots en gras ?

b. Que dénonce l'auteur en employant ces termes ?

3 **Relève** la phrase qui montre la peur de Millie en voyant le lion.

4 **Réponds** à la question en citant le texte.

Que ressentent Bertie et le lion en se retrouvant ?

5 **Trouve** le sens du mot affamé en t'aidant de sa formation et du contexte.

6 **Explique** comment Bertie finit par tenir la promesse faite au lion.

7 **Écris** un titre à ce texte.

Oral **8** **Échange** avec tes camarades autour des questions suivantes.

a. Quels sont les personnages de ce roman ?

b. Qui en est le héros ?

Pour aller + loin

9 **Écris** quelques lignes pour dire si tu as aimé cette histoire et ce que tu as ressenti en la lisant.

Je lis à voix haute

- **Lis** l'ensemble du texte.

Fiche 72 + et ++

Écrire des suffixes : -et, -ette, -esse, -el/elle, -ien/-ienne

Je mémorise

1 **Lis** les mots à mémoriser et **récris** les noms féminins.

un pharmacien / une industrie / une planche / une trompette / une chaine

2 **Recopie** les mots à mémoriser puis **entoure** le nom masculin et l'adjectif.

une condition / délicat / une fillette / une caisse / un comédien

Je fais le point

3 **Relève** le suffixe utilisé dans chaque liste de mots. Que sert-il à former ? Comment s'écrit-il ?

chemise, chemisette – triste, la tristesse – le comte, la comtesse – mur, muret

4 **Indique** comment s'écrit le suffixe utilisé dans les adjectifs ci-dessous. Quel est son sens ?

un produit industriel / une région industrielle

5 **Indique** comment s'écrit le suffixe utilisé dans ces noms. Quel est son sens ?

un collégien / une collégienne – un gardien / une gardienne

6 **Recopie** tous les suffixes employés dans les activités 3 à 5. Quelle lettre transcrit [ɛ] ? Quelles lettres sont doublées ?

7 **Complète** les phrases suivantes.

- Les suffixes [ɛt] et [ɛ] s'écrivent ..., le suffixe [ɛs] s'écrit ....
- Le suffixe [ɛl] s'écrit ... dans les adjectifs au masculin et ... au féminin.
- Le suffixe [jɛ̃] s'écrit ... dans les noms masculins. Il devient [jɛn] et s'écrit ... dans les noms féminins.

Je m'entraine

8 **Ajoute** un suffixe à chaque nom pour former un autre nom qui désigne un objet plus petit.

une fourche – une poule – une chanson – une hache – une vache – une malle

9 **Écris** le nom féminin que l'on peut former à partir de chaque adjectif.

étroit – riche – sage – juste – gentil – noble – jeune

10 **Écris** au masculin et au féminin l'adjectif que l'on peut former à partir des noms suivants.

le président – le trimestre – le torrent

11 **Écris** au masculin et au féminin les noms de métiers formés à partir des noms suivants.

la technique – l'informatique – la physique – la mécanique

12 **Classe** les dix mots mémorisés selon leur nature.

Fiche 73 + et ++

Le futur

Je lis et je réfléchis

1 **Lis** la page 4 de ton cahier de grammaire.

a. **Souligne** le verbe et **entoure** son sujet dans chaque phrase.

b. **Indique** à quel temps sont conjugués les verbes. Quand ce temps situe-t-il les actions ?

c. **Indique** l'infinitif des verbes. **Distingue** les verbes être et avoir, les verbes du 1er groupe, du 2e groupe et du 3e groupe.

2 a. En t'aidant de ton cahier, **écris** la terminaison des verbes être, avoir, d'un verbe du 1er groupe, du verbe du 2e groupe, des verbes du 3e groupe pour chaque personne.

b. Pour chaque terminaison, **entoure** la marque du futur d'une couleur et la marque de la personne d'une autre couleur.

3 a. **Lis** la conjugaison de ces verbes au futur page 249. **Observe** leur radical : change-t-il d'une personne à l'autre ?

b. Par quelle lettre, parfois muette, se termine le radical des verbes du 1er groupe ?

c. Quels sont les deux verbes dont le radical s'écrit avec deux **rr** ?

d. La marque d'une même personne change-t-elle suivant les verbes ?

Je conclus

4 **Écris** le titre de la page 4 de ton cahier de grammaire : *Le futur des verbes* être, avoir, *des verbes du 1er, 2e et 3e groupe.*

Oral **5** **Explique** pourquoi on emploie le futur dans un texte. **Indique** la marque du futur et les régularités des terminaisons.

Je m'entraine

6 **Conjugue** les verbes surlignés au futur.

1. Le médicament [agir] rapidement, tu [être] bientôt sur pied ! tu [pouvoir] reprendre tes activités.
2. Le match [avoir] lieu samedi soir, nous [être] devant la télévision, nous [applaudir] quand notre équipe [marquer] un but.
3. J'[aller] poster le colis ce soir, vous l'[avoir] pour votre anniversaire.
4. Vous [pouvoir] déjeuner avec moi, ensuite, nous [faire] du vélo sur les bords du canal.
5. Les cygnes [venir] vers les enfants ; quand ces derniers les [voir], ils [crier] de joie et ils leur [donner] du pain.

7 **Conjugue** les verbes ci-dessous au futur à la 3e personne du singulier puis du pluriel.

finir – remuer – grandir – oublier – distribuer – prendre – remercier – dire

Fiche 74 + et ++

Le complément du nom

Je réfléchis

1 **Lis** la page 17 de ton cahier de grammaire.

a. **Souligne** le nom principal dans chaque groupe nominal.

b. **Entoure** le groupe nominal qui donne des précisions sur ce nom. Le groupe nominal que tu as entouré complète le nom principal. C'est un **complément du nom**.

c. **Relève** les prépositions qui introduisent les compléments du nom.

2 a. **Trouve** les compléments du nom dans les groupes nominaux ci-dessous.

une glace à la vanille – une glace au chocolat

un animal à la grande trompe – un animal aux grandes oreilles

b. **Pourquoi** emploie-t-on au ou aux à la place de à pour introduire les compléments du nom ?

3 **Remplace** chaque adjectif épithète par un complément du nom.

une journée hivernale – des études commerciales

un parcours pédestre – les finances communales

4 **Transforme** chaque phrase en groupe nominal avec complément du nom.

Le bateau arrive. – Le député a démissionné.

Les passagers sont sauvés. – Le train est nettoyé.

Je conclus

5 a. **Écris** le titre de la page 17 de ton cahier de grammaire : *Des compléments du nom.*

Oral b. **Explique** le rôle du complément du nom.

c. **Lis** dans le mémo, ce qu'il faut retenir du complément du nom.

Je m'entraine

6 **Recopie** chaque groupe nominal en le complétant par une **préposition** qui convienne : à, de, pour, sans, en, avec. N'utilise chaque préposition qu'une seule fois.

des bottes ... caoutchouc – un fer ... repasser – une salade ... fruits – un mur ... fenêtre – un fruit ... noyau – des livres ... enfants

7 **Recopie** les groupes nominaux suivants et **entoure** le complément du nom.

une bouteille en verre très fin – les écailles argentées de ces petits poissons – la canne à sucre – le costume traditionnel de l'ile – l'entrée du pittoresque village

8 **Remplace** chaque adjectif épithète par un complément du nom.

la chaleur solaire – un séjour montagnard – un fromage français – un livre scolaire – une idée géniale – le journal mensuel – un câble métallique – une barrière rocheuse

Fiche 75 + et ++

Des mots du roman (3)

Je réfléchis

1 **Remplace** chaque verbe en gras par un verbe synonyme tiré de cette liste : **observa**, **n'avait pas envie**, **accrocher**, **demanda**.

1. Je **rechignai** à entrer.
2. Monsieur Merlot ? **s'enquit** Bertie.
3. Le lion **examina** Bertie.
4. Nous dûmes nous **cramponner** l'un à l'autre.

2 **Lis** les différents sens de chaque verbe et **indique** dans quel sens il est employé dans chaque phrase en orange.

a. **flotter** : **1.** Être porté par un liquide. **2.** Être suspendu dans les airs. **3.** Remuer avec le vent. **4.** Porter un vêtement trop large.

Une odeur flottait dans l'air.

b. **tomber** : **1.** Faire une chute. **2.** Descendre vite sur le sol. **3.** Baisser. **4.** Arriver, se produire. **5.** Voir, trouver par hasard.

Je tombai sur la photo d'une personne que je reconnus immédiatement.

3 a. **Écris** l'adjectif à partir duquel est formé chaque adverbe.

inlassablement – régulièrement – immédiatement – doucement – fermement – vigoureusement

b. **Explique** la formation et le sens de chaque adverbe.

4 a. **Relève** dans le texte page 88 les noms désignant les bruits produits par le lion.

b. **Écris** les verbes correspondant à ces noms.

c. **Trouve** d'autres noms de bruits formés à partir des verbes suivants : **hurler**, **miauler**, **ronfler**, **ronronner**, **mugir**, **siffler**, **bourdonner**, **battre**.

d. **Choisis** un nom de bruit et **écris** une phrase le contenant.

Je m'entraine

5 **Lis** différents sens de chaque verbe et **indique** dans quel sens il est employé dans la phrase du texte reproduite en orange.

a. **Se figer** : **1.** Devenir épais. **2.** Être paralysé, immobilisé.

Je me figeai sur place.

b. **S'engager** : **1.** Promettre. **2.** Signer un contrat avec l'armée. **3.** Entrer.

À dix-sept ans, Bertie s'engage.

D'où viennent les mots

Le verbe **tomber** est formé à partir du radical *tumb* signifiant chute ou saut brusque. Ce radical vient surement d'une onomatopée. On retrouve ce radical dans le mot roumain *tumba* (culbute), l'italien *tombolare* (faire la culbute), l'espagnol *tumbar* ou le portugais *tombar*.

Fiche 76 + et ++ Mémo Des synonymes - Des suffixes

Rédiger une fiche pour présenter un livre

Tu vas rédiger une fiche de présentation du roman *Le lion blanc* afin d'inciter des enfants de ton âge à le lire.

Je rédige des informations sur le roman

1 Sur ta fiche, **écris** le titre du roman, le nom de l'auteur, de l'illustrateur, celui du traducteur et **indique** l'éditeur.

2 a. **Recherche** des informations sur l'auteur :
- Est-il contemporain de notre époque ? Quelle est sa nationalité ?
- A-t-il écrit d'autres romans ? Si oui, lesquels ?

b. **Écris** une phrase pour le présenter.

c. **Note** le titre de quelques-uns de ses romans.

3 **Renseigne** ensuite les rubriques suivantes.

1. Les personnages : Indique leur nom et écris une phrase sur chacun d'eux.
2. Les lieux : Nomme les deux pays dans lesquels se déroule l'action.
3. L'époque : indique quand se déroule l'action.

4 **Résume** l'histoire en quelques phrases sans en dévoiler la fin.

a. **Écris** ton texte au présent à la troisième personne du singulier.

b. **Termine** ton résumé par une question incitant à émettre des hypothèses sur la fin.

Je donne mon avis

5 **Écris** ce que tu penses du roman.

a. **Indique** le moment que tu aimes le plus, celui que tu aimes le moins.

b. **Nomme** ton personnage préféré, celui que tu n'aimes pas. **Explique** pourquoi à chaque fois.

c. **Recopie** un court passage du livre que tu as particulièrement apprécié.

Je révise et j'améliore

6 **Relis** ton texte et **vérifie** que :
- tu as mis les majuscules et les points ;
- tu as correctement orthographié les noms propres ;
- tu n'as pas fait d'erreur dans ce que tu as recopié du roman ;
- tu as répondu à toutes les consignes ;
- tu as formulé correctement la question.

Fiche 77 + et ++

› Repérer l'organisation d'une double page de journal
› Repérer des informations explicites et implicites
› Donner son opinion

Des animaux sauvages

Je fais appel à mes connaissances

1 Pourquoi y a-t-il des animaux dans les cirques ? Comment et où vivent-ils ?

Je repère l'organisation de la double page

2 **Cite** le nom du journal d'où est extraite cette double page ainsi que sa date de parution.

3 a. **Indique** le sujet du débat développé sur la page de gauche.

b. Comment sont présentés les arguments *pour* et les arguments *contre* ?

4 **Repère** le titre de l'article de la page de droite. Qui en est l'auteur ?

5 Quel est le rôle des pavés jaunes sur chacune des pages ?

Je comprends

6 **Résume** chaque argument du débat en une phrase. Pourquoi certains groupes de mots sont-ils en couleurs ?

7 **Lis** les parties Contexte et Comprendre. **Indique** pourquoi la présence ou non d'animaux dans les cirques est évoquée dans ce journal.

8 **Explique** comment le cirque Roncalli fait apparaitre des animaux sur la piste.

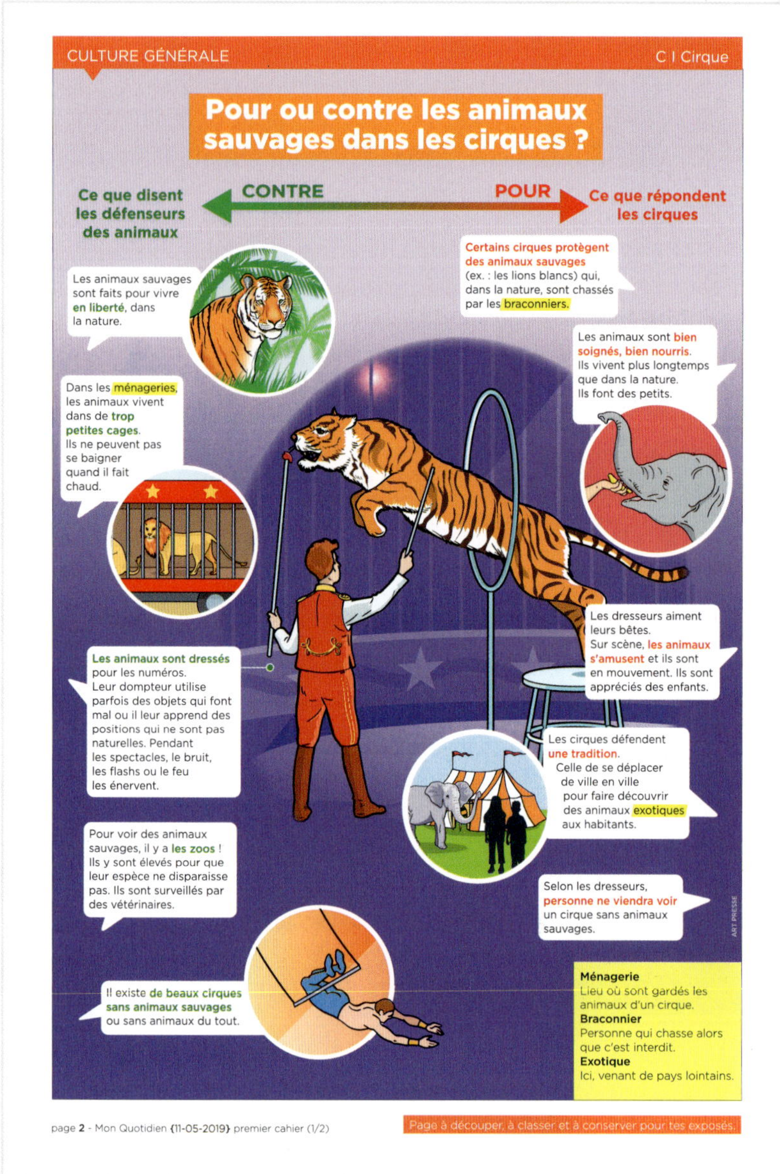

CULTURE GÉNÉRALE — C I Cirque

Pour ou contre les animaux sauvages dans les cirques ?

CONTRE — Ce que disent les défenseurs des animaux

POUR — Ce que répondent les cirques

Les animaux sauvages sont faits pour vivre **en liberté**, dans la nature.

Dans les ménageries, les animaux vivent dans de **trop petites cages**. Ils ne peuvent pas se baigner quand il fait chaud.

Les animaux sont dressés pour les numéros. Leur dompteur utilise parfois des objets qui font mal ou il leur apprend des positions qui ne sont pas naturelles. Pendant les spectacles, le bruit, les flashs ou le feu les énervent.

Pour voir des animaux sauvages, il y a **les zoos** ! Ils y sont élevés pour que leur espèce ne disparaisse pas. Ils sont surveillés par des vétérinaires.

Il existe **de beaux cirques sans animaux sauvages** ou sans animaux du tout.

Certains cirques protègent des animaux sauvages (ex. : les lions blancs) qui, dans la nature, sont chassés par les braconniers.

Les animaux sont **bien soignés, bien nourris**. Ils vivent plus longtemps que dans la nature. Ils font des petits.

Les dresseurs aiment leurs bêtes. Sur scène, **les animaux s'amusent** et ils sont en mouvement. Ils sont appréciés des enfants.

Les cirques défendent **une tradition**. Celle de se déplacer de ville en ville pour faire découvrir des animaux exotiques aux habitants.

Selon les dresseurs, **personne ne viendra voir** un cirque sans animaux sauvages.

Ménagerie
Lieu où sont gardés les animaux d'un cirque.
Braconnier
Personne qui chasse alors que c'est interdit.
Exotique
Ici, venant de pays lointains.

ART PRESSE

page 2 - Mon Quotidien {11-05-2019} premier cahier (1/2)

Page à découper, à classer et à conserver pour tes exposés.

9 **Réponds** aux questions :

a. Pourquoi l'une des phrases de l'article est-elle reproduite dans un encadré ?

b. Les Français sont-ils favorables à l'interdiction des animaux sauvages dans les cirques ?

c. La majorité des cirques français présentent-ils des numéros avec des animaux ?

d. Que pense Lou, l'enfant rédacteur du jour, des spectacles sans animaux ?

dans les cirques ?

Si tu es abonné, découvre ton journal sur monquotidien.fr à partir de 20 h la veille. À LA UNE

Lou
rédactrice en chef du jour

« C'est une très bonne idée ! Voir un spectacle sans animaux ne me dérange pas du tout ! »

{ CONTEXTE }

Animaux | Les cirques utilisant des animaux, sauvages ou non, sont de plus en plus critiqués.

Interdit | Dans le monde, 42 pays, comme l'Italie, la Belgique (Europe), le Mexique, le Pérou (Amérique), ont interdit la présence d'animaux dans les cirques. Ce n'est pas le cas en France.

Les animaux semblent vraiment sur la piste

Verra-t-on encore longtemps des animaux sous les chapiteaux des cirques ? Pour le cirque Roncalli, en Allemagne (Europe), c'est du passé. Depuis un an, ce cirque ne présente plus aucun animal dans ses spectacles. Il avait déjà arrêté d'utiliser des animaux sauvages depuis les années 1990. Mais il y avait encore des chevaux sur scène jusqu'à l'an dernier. Dans le nouveau spectacle, appelé *Storyteller*, les animaux sont remplacés par des hologrammes. Un hologramme est une image en 3 dimensions (3D) créée sur un ordinateur : elle possède une hauteur, une largeur et une profondeur, ce qui la fait apparaître en relief. Dans le cirque, des images d'éléphants, de chevaux, de poissons... en mouvement sont diffusées par des vidéoprojecteurs. Les animaux semblent vraiment bouger, comme s'ils étaient là. Ils sont visibles par tous les spectateurs autour de la piste, qui fait 32 m de diamètre.

> « En prenant cette décision, le cirque ne veut plus être accusé de maltraitance animale. »

En prenant cette décision, le cirque Roncalli ne veut plus être accusé de maltraitance animale *(lire p.2)*. Désormais, sa priorité est de présenter des *« numéros poétiques et acrobatiques »*, explique l'un des responsables du cirque, réalisés par des artistes 100 % humains. Les spectateurs, eux, ont l'impression que les trapézistes, les acrobates et les clowns partagent la scène tour à tour avec des animaux grâce aux nouvelles technologies. L'an dernier, 500 000 personnes ont déjà assisté à ce spectacle en Allemagne et en Autriche (Europe).

C. Hallé

{ COMPRENDRE }

Des villes françaises disent « non » !

En France, 1 cirque sur 3 est dit « traditionnel », c'est-à-dire qu'il présente encore des numéros avec des lions, des tigres, des éléphants....
Selon un sondage Ifop réalisé en 2017, 67 % des Français souhaitent que les animaux sauvages soient interdits dans les cirques. Une centaine de villes (Paris, Rennes, Montpellier, Lille...) ont décidé de ne plus accueillir ce type de cirques.

Diamètre
Ici, largeur d'un cercle.
Sondage
Enquête menée auprès d'un petit nombre de personnes pour savoir ce que pense l'ensemble de la population.

Quel film des studios Disney a pour héros un éléphant de cirque ? Dumbo

www.playbacpresse.fr - Mon Quotidien {11-05-2019} premier cahier (1/2) - page 3

Mon quotidien, 11 mai 2019.

Oral **10** **Échange avec tes camarades pour répondre aux questions suivantes :**

Es-tu pour ou contre les animaux sauvages dans les cirques ? Pourquoi ?

Pour aller + loin

11 **Écris quelques lignes pour donner ton opinion sur ce débat.**

Oral **Je lis à voix haute**

- **Lis la page « Pour ou contre les animaux sauvages dans les cirques ? ».**
- **Lis très vite la phrase suivante.**

Avec de spectaculaires hologrammes,
plus d'espèces animales sauvages,
de flashs éblouissants, uniquement
des clowns, des trapézistes, des acrobates,
des fildeféristes et des contorsionnistes.

Fiche 78 + et ++

Des zoos sur le web

- Repérer l'organisation d'une page web
- Trouver des informations explicites et implicites
- Donner son opinion

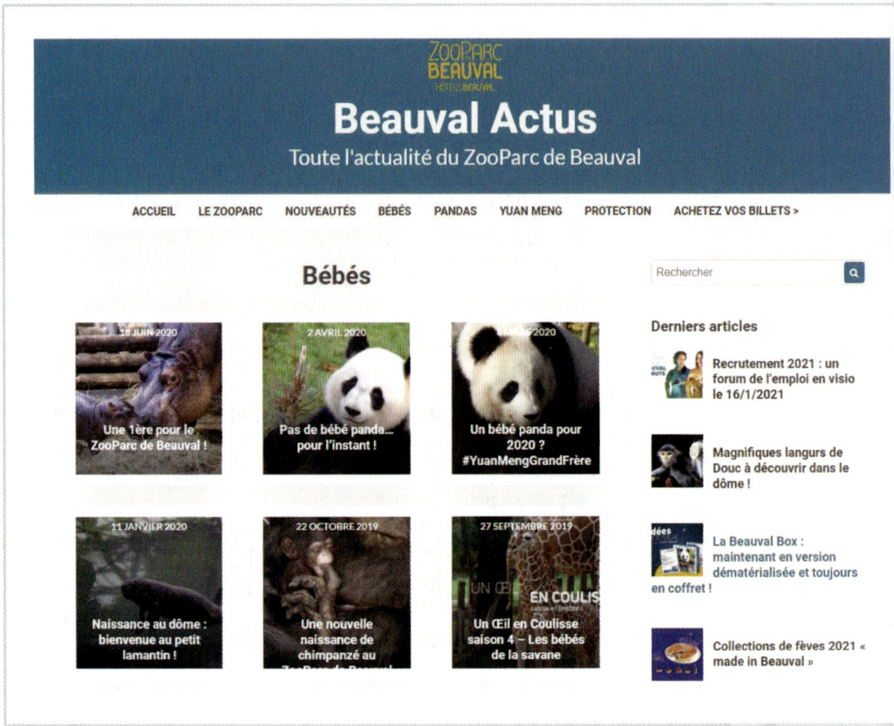

Page du site internet du ZooParc de Beauval.

Je fais appel à mes connaissances

1 Quels animaux trouve-t-on dans un zoo ?

Je repère l'organisation de la page

2 Quel est le nom du zoo présenté sur cette page internet ?

3 **Cite** les différentes rubriques du site situées dans le bandeau blanc.

4 À quelle rubrique appartient cette page ?

5 Quels sont les derniers articles parus ?

Je comprends

6 a. **Indique** le thème sur lequel portent les informations données dans ce dossier.

b. **Donne** la liste des animaux qui sont nés en 2019 et 2020.

c. **Explique** comment accéder aux informations sur ces naissances.

7 Réponds aux questions.

a. Que permettent les nombreuses naissances dans les zoos ?

b. Quels magnifiques animaux peut-on découvrir dans le dôme ?

8 **Recherche** si les animaux présentés sont menacés de disparition.

Oral **9** **Échange** avec tes camarades à propos de la question suivante.

Il n'y a aura bientôt plus d'animaux dans les cirques, doit-on en garder encore dans les zoos ?

Pour aller + loin

10 **Écris** quelques lignes pour donner ton avis sur la question de l'activité 8.

Oral Je lis à voix haute

- **Lis** tous les textes de la page.

Fiche 79 + et ++

Écrire à, au, aux

Je mémorise

1 **Lis** les mots à mémoriser puis **écris** les noms au pluriel.

un combat / la gorge / un meuble / jeter / un espace

2 **Recopie** les mots à mémoriser et **souligne** les noms qui ne changent pas au pluriel.

le secours / le riz / un spectacle / la vapeur / un mendiant

Je fais le point

3 a. **Recopie** les groupes nominaux compléments en gras.

1. Tu vas chez ta tante **à Paris**. Vous arriverez **à trois heures**. **À l'automne**, vous ramassez des pommes. **À la plage**, vous jouez bien. **À la rentrée**, nous irons au collège. **À l'école**, vous faites du sport. Nous parlons **à la maitresse**.

2. une pâte **à tarte** – un bateau **à voile** – un bonbon **à la menthe**

b. Quelle préposition introduit ces groupes nominaux compléments ?

c. Que ne faut-il pas oublier sur le à ? Avec quel mot ne faut-il pas le confondre ?

4 a. **Lis** les groupes nominaux compléments.

Au printemps, vous cueillez des tulipes. Tu fais une soupe **au** chou.
Elle parle **aux** élèves. Je mange du chocolat **aux** noisettes.

b. **Explique** l'orthographe de au, aux qui introduisent ces compléments.

5 **Complète** les phrases suivantes.

- Le mot ... est une préposition qui introduit des groupes nominaux compléments. Il ne faut pas oublier ....
- Pour introduire un groupe nominal complément, on écrit ... devant un groupe nominal masculin au singulier, on écrit ... devant un groupe nominal masculin ou féminin au pluriel.

Je m'entraine

6 **Complète** les groupes nominaux avec à la, à l' ou au.

... fête – ... ouverture – ... écoute – ... cirque – ... pêche – ... ombre – ... stade – ... chaine – ... abri – ... milieu de l'été

7 **Complète** les groupes nominaux avec au ou aux.

... cinéma – ... concert – ... fraises – ... champs – ... marché – ... escargots

8 **Classe** les dix mots mémorisés selon leur nature.

Fiche 80 + et ++

Les relations dans un texte (9)

Je lis et je transpose

Plus aucun animal sauvage dans les cirques !

Bientôt, on ne verra plus d'animaux sous les chapiteaux des cirques. On assistera à des spectacles de cirque poétiques et acrobatiques avec des animaux présents sous la forme d'hologrammes. On admirera les animaux comme s'ils étaient là. Ainsi, on ne pourra plus accuser les cirques de maltraitance animale.

On appréciera beaucoup de voir ce genre de spectacle.

1. **Indique** ce qui est désigné par les mots soulignés.
2. **Lis** le texte et **relève** les verbes conjugués au futur.
3. **Indique** leur infinitif et leur groupe.
4. Oral **Dis** le texte en remplaçant **on** par **je**, puis par **tu**, **nous**, **vous**, **le spectateur**, **les spectateurs** sans changer le temps.
5. Sur un cahier, **conjugue** les verbes avec un sujet de ton choix.
6. **Lis** la phrase complexe.

Je m'entraine

7. **Récris chaque phrase en utilisant le sujet proposé et en faisant les transformations nécessaires.**
   1. Vous demanderez des informations à un gardien. Je ...
   2. Les jours raccourciront bientôt. Le jour ...
   3. Le chat s'installera sur le fauteuil et il y restera longtemps. Tu ...
   4. Nous voudrons sortir malgré la pluie et nous serons malades. Elles ...
8. **Conjugue au futur les verbes des phrases suivantes.**
   1. Les feuilles jaunissent puis tombent.
   2. Tu réussis tes exercices et tu vas en récréation.
   3. Nous frémissons de froid et enfilons un pull.
   4. Un monstre jaillit de l'eau et fait peur à tout le monde.
   5. Vous unissez vos forces et vous êtes vainqueurs.
9. **Récris les phrases en mettant les sujets au pluriel. Fais tous les changements nécessaires.**
   1. Quand l'oiseau prendra son envol, je le regarderai.
   2. Le camion provoquera un bouchon et tu seras en retard.
   3. Cette dame prendra un billet de loto et elle gagnera.

Fiche 81 + et ++

Des phrases et des groupes nominaux (7)

Je repère

1 **Lis les phrases ci-dessous.**

1. De beaux cirques proposent leurs spectacles dans les villes de France.
2. Pendant les spectacles, le bruit et les flashs énervent les animaux.
3. Les dresseurs aiment leurs bêtes.
4. Dans les cirques, les habitants des villes découvrent les animaux exotiques.
5. Dans les zoos, les naissances empêchent la disparition de certaines espèces.

a. Trouve le sujet, le verbe et les compléments dans chaque phrase.

- **Relève** le sujet composé de deux groupes nominaux reliés par la conjonction de coordination **et**.
- **Recopie** les compléments circonstanciels en les classant suivant ce qu'ils indiquent : temps/lieu.
- **Indique** la nature de chaque complément circonstanciel.
- **Trouve** les compléments d'objet.
- **Recopie** les phrases en remplaçant le complément d'objet par un pronom.

b. Trouve les groupes nominaux.

- **Recopie-les** en les classant : GN avec déterminant + nom / GN avec adjectif épithète / GN avec complément du nom.
- **Nomme** les déterminants.
- **Indique** le nom principal dans les groupes nominaux avec complément du nom.

Je collecte

2 **Colle les étiquettes aux bonnes pages de ton cahier.**

Je m'entraine

3 **Recopie chaque phrase en remplaçant le complément circonstanciel de temps par un autre circonstanciel de temps.**

1. Il y a longtemps, mes grands-parents habitaient une petite maison de campagne.
2. Dans quelques mois, vous prendrez le bus pour aller au collège.
3. Nous mangerons des pommes quand elles seront mures.

4 **Recopie chaque phrase en remplaçant le complément circonstanciel de lieu par un autre circonstanciel de lieu.**

1. Les maçons bâtissent une maison sur le bord d'une route.
2. Au cinéma, vous avez vu un film de science-fiction.
3. Derrière les buissons, un loup guette le canard de Pierre.

Fiche 82 + et ++

La formation des mots (1)

Je réfléchis

1 **Observe** les listes de mots.

1. une charge, un chargement, un déchargement
2. une invention, un inventeur, inventif
3. fier, fièrement, la fierté
4. un calcul, un calculateur, une calculatrice, une calculette
5. le dressage, un dresseur, un redressement

a. **Indique** le radical à partir duquel chaque mot est formé.

b. **Cite** les préfixes et les suffixes utilisés.

c. **Recopie** les deux mots formés avec un préfixe et un suffixe.

d. **Indique** comment on nomme l'ensemble des mots formés à partir d'un même radical.

2 **Lis** chaque liste et **trouve** l'intrus. **Explique** ton choix.

1. garer, un garage, un gardien, un garagiste
2. un marchand, une marchandise, marcher, le marchandage
3. un bras, embrasser, un bracelet, un brassard, une brasserie
4. un os, oser, désosser, une ossature, les osselets, osseux

Je m'entraine

3 a. **Cherche** dans le dictionnaire les mots de la famille des mots suivants : **musique** – **occuper**.

b. **Recopie** chaque famille de mots.

4 **Classe** les mots ci-dessous en trois familles.

- un destinataire
- dessin
- resservir
- un service
- destiner
- dessiner
- dessinateur
- le destin
- desservir
- la destination
- un serviteur
- serviable

5 **Complète** chaque famille de mots. **Aide-toi** du dictionnaire.

1. orienter, désorienter, orientable
2. du parfum, parfumer, un parfumeur
3. l'aventure, s'aventurer, aventureux
4. une dent, un dentiste, dentaire
5. une feuille, feuilleter, un feuillet

D'où viennent les mots

Le nom **flash** est un mot anglais qui veut dire *éclair*.

Réaliser un article de journal « Pour / Contre »

Relis l'article des pages 94-95. Tu vas rédiger un article de journal sur le thème : *Pour ou contre les zoos ?*

Je cherche des idées

Oral **1** a. **Échange** avec tes camarades à propos de la question : *Faut-il supprimer les zoos ?*

b. **Trace** deux colonnes sur une feuille : Pour/Contre.

c. **Note** les arguments énoncés pour et ceux contre la présence de zoos, sous forme de notes, dans la bonne colonne.

J'écris et j'organise

2 a. Parmi les arguments notés, **choisis** quatre « pour » et quatre « contre ».

b. **Rédige** une ou deux phrases pour développer chaque argument.

3 **Choisis** parmi ce que tu as écrit deux noms à définir et écris leur définition.

4 a. **Reproduis** en l'agrandissant la maquette de ton article ci-contre.

b. **Tape** le titre et tes textes à l'ordinateur.

c. **Surligne** les mots définis.

d. **Mets** en couleur les éléments qui te paraissent importants.

e. **Colle** chaque texte à l'endroit qui convient.

5 Sur le web, **cherche** une photo d'animaux en liberté, **imprime-la** et **colle-la** au milieu de ton article.

Je révise et j'améliore

6 **Relis** ton texte et **vérifie** que :

- tu as mis les majuscules et les points ;
- tu as écrit le titre, des définitions ;
- tu as écrit des phrases correctes.

Période 2

Fiche 84 + et ++

Un chant sous la terre (1)

› Anticiper le contenu d'un roman
› Attribuer du sens aux mots inconnus
› Identifier actions et émotions des personnages

Isabelle a douze ans. Pour remplacer son père blessé, elle doit descendre tout au fond de la mine. Isabelle est courageuse. Elle ne se plaint pas.

Isabelle s'arrêta un instant pour reprendre son souffle. Le garçon qui poussait le wagonnet avec elle se mit à crier :

– On n'a pas le temps de faire des pauses, mauviette ! Allez, dépêche-toi !

– Laisse-la tranquille, Firmin, je vais prendre sa place… Faut qu'elle s'habitue !

Firmin haussa les épaules. Il avait reconnu la silhouette d'Albert, le protecteur d'Isabelle. […]

Isabelle resta seule dans la galerie. Firmin et Albert avaient disparu, happés par les ténèbres de la mine. Elle attendit leur retour, la lampe de son cousin à bout de bras, en écoutant les coups réguliers des pics qui attaquaient le schiste. Le ventre de la terre résonnait de tant de bruits : le grincement des roues de wagonnets sur les rails, le choc des pics contre la roche, les appels des uns et des autres, le battement sourd des machines à vapeur, le crissement des treuils.

La mine était un univers à part, aussi fascinant qu'effrayant. Quand Isabelle était petite, son père lui parlait de ce monde souterrain. Il la prenait sur ses genoux et racontait la descente vers les profondeurs, les remontées étroites où les hommes détachent le charbon couchés sur le dos ou sur le côté, avec dans tout leur corps la peur lancinante du terrifiant « coup de grisou » […].

Le wagonnet revenait déjà, délesté de sa charge de houille. Albert reprit sa lampe des mains d'Isabelle et s'éloigna dans une galerie transversale, après lui avoir souri… […]

J'anticipe

1 **Observe** la couverture, **indique** le titre, le nom de l'autrice, **dis** ce que tu vois et **émets** des hypothèses sur l'histoire.

Je comprends

2 **Relève** les mots qui donnent des renseignements sur Albert, Firmin et Isabelle : âge, liens et relations entre eux.

3 **Indique** les lignes qui décrivent la mine, **émets** des hypothèses sur le sens des mots schiste, treuils, coup de grisou, houille, galerie transversale, fascinant. **Vérifie** dans le lexique.

4 **Indique** les différentes façons de nommer la mine.

5 **Liste** les bruits que l'on entend dans la mine.

6 **Relève** tout ce qui montre que le travail d'Isabelle, Albert et Firmin est fatigant et difficile.

7 **Émets** des hypothèses sur le sens des mots palefrenier, stalle, bas-flanc. **Vérifie** dans le lexique.

8 **Réponds** aux questions par une phrase.

a. À quelle époque se passe cette histoire ?

b. Pourquoi Isabelle doit-elle descendre à la mine ?

c. Pourquoi Firmin la traite-t-il de mauviette ?

Les enfants remplirent de nouveau le wagonnet. Ils étaient pieds nus dans une sorte de boue glissante et froide, mais le corps en sueur, car il faisait chaud sous terre. […]

Le soir, avant de quitter la mine, Isabelle, rend toujours visite aux chevaux.

Ils étaient attachés dans leurs stalles, au troisième niveau de la mine, avec des tonnes et des tonnes de roches et de terres entre eux et l'air libre. Mais la paille sentait bon, elle était douce aux pieds après les cailloux et les débris de charbon. Isabelle observa d'abord les croupes rondes, alignées entre les bat-flanc ; les six chevaux la saluèrent d'un bref hennissement. Enfin elle s'avança et distribua des bouts de carotte. Le palefrenier allait bientôt apporter le foin et l'avoine, ce serait un bon moment pour eux, le repos et le repas bien mérités.

Lors de la remontée vers la surface, Isabelle chante.

Sa voix monta aussitôt, ferme, d'une grande pureté, avec des notes hautes qui faisaient frémir le cœur et l'âme.

Albert en oublia ses soucis. Isabelle, comme insensible à la dureté de l'escalade, lui offrait le refrain de la « Chanson des blés d'or ». La joie de la chanteuse se devinait dans chaque mot, ces mots qui parlaient de plaine, de bruyères sous le vent, de blés d'or. Autant d'images lumineuses pour ceux de la mine… combien ils auraient aimé les contempler, ces grands champs dorés, lorsqu'ils trimaient dans un monde noir aux odeurs d'essence et de gaz.

La chanson s'arrêta net. Isabelle et Albert prenaient place dans la cage, en compagnie du père Macaire, un vieux mineur de soixante ans. Il les regarda d'un drôle d'air, cracha sa chique de tabac et marmonna :

– J'ai jamais entendu quelqu'un chanter comme ça, surtout dans les puits. T'as du cran, petite. Mais tu chanteras pas longtemps, c'est moi qui te le dis. L'air est pas bon, en bas, pour les poumons et la gorge.

9 **Explique** ce que ressent Albert en entendant Isabelle chanter.

10 Dans la phrase lorsqu'ils trimaient dans un monde noir aux odeurs d'essence et de gaz (lignes 39-40) **remplace** trimaient par un verbe du langage courant.

11 **Relis** les paroles du Père Macaire et **indique** ce qui relève du langage oral.

Oral **12** **Échange** avec tes camarades pour répondre à la question.

Que sais-tu des mines, de leur exploitation, des mineurs, du coup de grisou, du travail des chevaux ?

Pour aller + loin

13 **Écris** quelques lignes pour dire ce que tu penses des conditions de travail des enfants dans la mine.

Oral **Je lis à voix haute**

- **Lis de *Le soir* (ligne 23) à la fin du texte.**
- **Lis très vite la phrase suivante.**

Dans les profondeurs ténébreuses d'un univers fascinant mais effrayant, retentissent battements, crissements, grincements, hennissements parmi des mineurs tenaillés par la peur lancinante du coup de grisou.

Fiche 85 + et ++

Jean Durieux, nouvel ingénieur des mines, est le fiancé de Marie-Agnès de Saint-Amont, fille des propriétaires de la mine. Un soir, en rentrant chez lui, il observe la fête du mariage de Pierre (le frère d'Isabelle) et de Claire.

Jean avait conquis le cœur de Marie-Agnès, mais pas celui de ses parents. Le jeune ingénieur avait des idées un peu trop révolutionnaires. Pendant le premier déjeuner chez les Saint-Amont, il avait osé dire bien haut que les enfants ne devaient plus descendre dans les puits d'extraction, ni pousser ces lourds wagonnets. Ce discours avait plu à Marie-Agnès, qui avait les mêmes opinions. M. et Mme de Saint-Amont avaient levé les yeux au ciel, scandalisés.

Sur le chemin longeant le canal, Jean menait d'une main ferme sa jument, attelée à un tilbury flambant neuf. À l'entrée de la petite ville, la clarté d'un feu attira son regard. Il comprit vite qu'une noce entre pauvres gens se célébrait là, au crépuscule, au milieu d'un terrain en friche. Des couples dansaient, un homme jouait du violon.

Amusé, il ralentit l'allure et observa la scène. Ce fut à cet instant précis qu'un chant s'éleva, d'une pureté de cristal. La voix dominait les rires et les discussions, elle résonnait loin, magnifique.

Jean aurait voulu s'approcher, mais il préféra rester à l'écart. Au bout d'un moment, il distingua parmi la foule une fillette blonde. Son visage, son attitude, montraient bien que c'était elle la chanteuse.

– Incroyable ! murmura-t-il. [...]

Un frisson le parcourut quand Isabelle entonna l'air de Magali. Jean avait vu jouer *Mireille* à l'Opéra de Paris et il resta stupéfait.

– Comment connait-elle cet air ? songea-t-il.

Il la regarda bien, fasciné. Il ne pourrait pas oublier ce visage étroit, ces yeux immenses, ni ce corps menu abritant une voix admirable.

Oral

Je raconte

1 **Raconte** le début du roman.

Je comprends

2 **Indique** ce que l'on apprend sur les nouveaux personnages.

3 **Trouve** le sens du mot tilbury en t'aidant de la rubrique « D'où viennent les mots ? » page 108.

4 **Réponds** aux questions par une phrase.

a. Quelle idée Jean Durieux a-t-il osé dire bien haut ?

b. À quel moment de la journée se passe la scène observée par l'ingénieur ?

c. Qui chante ? Quel air est chanté ?

5 **Relève** les mots ou groupes de mots qui décrivent le chant.

Oral **6** **Échange** avec tes camarades pour répondre aux questions.

a. Pourquoi l'idée de Jean scandalise-t-elle M. et Mme de Saint-Amont ?

b. Pourquoi est-ce étonnant qu'Isabelle connaisse un chant tiré d'un opéra ?

Oral

Je lis à voix haute

- **Lis** l'ensemble du texte.

Fiche 86 + et ++

Écrire *c'est, ce sont*

Je mémorise

1 **Lis** les mots à mémoriser puis **recopie**-les en séparant les noms et les adjectifs.

un chiffre / favorable / atteindre / stupéfait / un adversaire

2 **Recopie** les mots à mémoriser et **souligne** les mots qui ne changent pas au pluriel.

une croix / étouffer / gracieux / infiniment / une galerie

Je fais le point

3 a. **Recopie** les phrases en les classant en deux colonnes : avec **C'est** / avec **Ce sont**.

1. C'est une petite voiture très économique.
2. Ce sont les meilleurs copains de Léo.
3. C'est une nouvelle factrice sympathique.
4. C'est le jeune Paul qui a perdu la clé de l'appartement de ses parents.
5. Ce sont les derniers jours de vacances.
6. Ce sont les meilleures joueuses du monde !

b. **Entoure** les groupes nominaux qui suivent **C'est** et **Ce sont**.

c. **Indique** leur nombre. **Quand** écrit-on **C'est** ? Quand écrit-on **Ce sont** ?

4 **Complète** les phrases suivantes.

- On écrit C'est devant un groupe nominal ….
- On écrit Ce sont devant un groupe nominal ….

Je m'entraine

5 **Recopie** les phrases en les complétant avec **C'est** ou **Ce sont**.

1. … les chiens du voisin qui aboient à longueur de journée.
2. … mon joli pull bleu à rayures blanches que je ne retrouve plus.
3. … des animaux sauvages qui vivent dans ce parc.
4. … le jeu que j'ai offert à ton frère.

6 **Récris** les phrases en changeant le nombre des mots en gras. Attention aux accords des noms et des adjectifs.

1. C'est l'**élève** le plus bavard de la classe.
2. Ce sont les **acteurs** les plus connus.
3. C'est le **cousin** que je vois le plus souvent.
4. C'est le **dessert** que Mélinda adore.
5. Ce sont des **fruits** excellents.
6. C'est le dernier **livre** écrit par ce romancier.
7. Ce sont les **fleurs** que je préfère.
8. Ce sont des **histoires** à faire peur.

7 **Classe** les dix mots mémorisés selon leur nature.

Fiche 87 + et ++

Les relations dans un texte (10)

Je lis et je transpose

La journée est finie !

Le soir, Isabelle était fatiguée. Mais elle prenait toujours le temps de rendre une petite visite aux chevaux, avant de remonter à l'air libre. Elle leur donnait des bouts de carotte. Elle les caressait, elle lissait leur crinière, elle leur parlait. Depuis vingt-sept ans, Mano, le plus vieux cheval de l'écurie, tirait les wagonnets de charbon dans l'obscurité.

Pour remonter à la surface, Isabelle attendait Albert. Dans les galeries, elle marchait derrière lui. Elle passait devant pour emprunter les échelles et quitter le puits. Les barreaux étaient glissants. La remontée était dure. Albert la surveillait, prêt à la rattraper si elle ratait un échelon.

Enfin, elle voyait la clarté bleue qui indiquait la sortie du puits et elle prenait place dans l'ascenseur pour quitter la mine. Alors elle chantait d'une voix ferme et pure. En sortant de la cage, elle ne pensait qu'à s'éloigner de la mine et elle courait avec son cousin sur le chemin qui menait à la ville minière.

1. **Indique** à quel temps est écrit le texte. L'histoire racontée se déroule-t-elle dans le passé, le présent ou le futur ?
2. **Dis** le texte en remplaçant Isabelle par Isabelle et Louise puis **récris** les groupes de mots soulignés. **Explique** les changements.
3. **Donne** l'infinitif de tous les verbes, même de ceux qui ne sont pas soulignés. **Trouve** les verbes qui sont à l'infinitif dans le texte.
4. **Indique** la terminaison des verbes à l'imparfait à la 3e personne du singulier et du pluriel.
5. **Lis** une des phrases complexes qui contient trois verbes conjugués.

Je collecte

6. **Colle** l'étiquette à la page 8 de ton cahier de grammaire.

Je m'entraine

7. **Recopie** les groupes de mots soulignés en remplaçant les skieurs par Samia.

Tous les matins, les skieurs chaussaient leurs skis et ils montaient dans le télésiège. Ils le quittaient en haut de la piste. Là, ils regardaient autour d'eux et profitaient du splendide paysage. Ils s'élançaient sur la piste et dévalaient la pente à une vitesse vertigineuse.

8. **Recopie** le texte en remplaçant l'âne par les ânes.

Chaque matin, sur cette route d'Afrique, l'âne tirait une charrette remplie de bois. Il allait ainsi jusqu'à la ville. Il transportait le bois nécessaire à la cuisson du pain. Le soir, il retournait au village.

Fiche 88 + et ++

Des phrases et des groupes nominaux (8)

Je repère

1 a. **Recopie** les phrases ci-dessous.

1. À la fin de la journée, Isabelle était fatiguée.
2. À la fin de la journée, Isabelle et Louise étaient fatiguées.

b. Dans chaque phrase :

— **souligne** le verbe, **entoure** de couleurs différentes le sujet puis le complément circonstanciel ;

— **indique** l'infinitif du verbe ;

— **indique** l'adjectif proche du verbe que l'on ne peut ni supprimer ni déplacer.
Sur quel élément de la phrase cet adjectif fournit-il une information ?

c. **Explique** le -e et le -es à la fin des adjectifs.

2 a. **Récris** chaque phrase avec le sujet proposé.

1. Les barreaux étaient glissants. Le barreau ...
2. La remontée était dure. Les remontées ...

b. **Explique** les accords des adjectifs.

3 a. Dans le texte *La journée est finie !*, **relève** les groupes nominaux avec compléments du nom. **Souligne** le nom principal.

b. **Indique** le genre et le nombre de chaque nom principal : c'est lui qui donne le genre et le nombre du groupe nominal.

Je collecte

4 **Colle** l'étiquette à la page 15 de ton cahier de grammaire.

Je m'entraine

5 **Recopie** les compléments circonstanciels des phrases ci-dessous. **Indique** leur nature :
GN / GN introduit par une préposition / partie de phrase (proposition) / adverbe.

1. À cause de la pluie, je prends le bus.
2. Les élèves quittent l'école quand il est 16 heures 30.
3. Le matin, nous faisons du sport.
4. Autrefois, la Tour Eiffel n'existait pas.

6 **Recopie** les GN en les classant suivant leur genre et leur nombre.

1. des chevaux de la mine
2. les collines de la Provence
3. une forêt de sapins
4. le pic des mineurs

Des mots du roman (1)

Je réfléchis

1 **Relève** les mots appartenant au champ lexical de la mine dans les textes des pages 102 à 104. **Classe-les** selon ce qu'ils désignent :

la mine – les métiers, les animaux – la matière extraite – les lieux – le matériel, les outils, les machines – les actions pour entrer, sortir de la mine, extraire le charbon – les conditions de travail – les bruits

2 **Associe** chaque adjectif à son sens.

1. fascinant
2. terrifiant
3. lancinant
4. effrayant

a. très vif, qui revient sans cesse
b. qui attire, charme, retient
c. qui fait très peur

3 **Complète** les phrases avec un des adjectifs de l'activité 2. **Accorde** l'adjectif comme il convient.

1. Une douleur ... au genou l'empêche de marcher.
2. Les fourmis forment un univers ... à étudier.
3. Toutes les nuits, vous faites des cauchemars ....

4 **a. Lis** ci-contre la définition de ces deux mots homonymes.

b. Indique la nature du mot 1 et celle du mot 2. Lequel de ces mots est utilisé dans la dernière ligne du texte page 104 ?

c. Relève le ou les synonymes de chaque mot et, pour le mot 1, son contraire.

Je m'entraine

5 **Écris** une phrase en employant l'un des adjectifs de l'activité 2.

6 **Remplace** les mots en gras par ceux employés dans le roman.

1. Les mineurs auraient aimé **regarder avec admiration** ces champs de blé.
2. Isabelle **commence à chanter** l'air de Magali.

D'où viennent les mots

Le nom **Tilbury**, qui désigne une voiture à cheval, est d'abord le nom du carrossier anglais qui l'inventa.

① **menu, menue** adj. 1. Petit et mince. *Léa est toute menue.* → ② **fin.** contraire : **corpulent.** 2. Tout petit. *Il déchire la lettre en menus morceaux.* 3. Sans importance. → **négligeable.** *Les menus détails d'une histoire.* → **moindre.**
▶ Autre mot de la famille : s'amenuiser.

② **menu** n. m. 1. Liste des plats qui peuvent être servis au cours d'un repas. *Qu'y a-t-il au menu, ce soir ?* 2. Dans un restaurant, liste des plats qui composent un repas pour un prix fixe. *Nous avons pris le menu gastronomique.* → aussi ① **carte.** 3. Liste des opérations affichées sur l'écran d'un ordinateur et parmi lesquelles on peut choisir. *Menu principal.*

Le Robert Junior 2020 © Le Robert.

Fiche 90 + et ++ Mémo Des mots pour parler de la mine

Décrire le travail dans la mine

J'observe

1 a. **Relis** le texte pages 102-103 qui décrit la mine.

b. **Sur le dessin ci-contre, observe :**

– la descente dans le puits d'extraction dans un tonneau accroché à des chaines ;

– l'arrivée dans la galerie ;

– l'extraction du charbon et la position des mineurs ;

– son transport ;

– la remontée avec les échelles qui relient une galerie à l'autre.

Mine de charbon, dessin colorisé, XIXe siècle, collection particulière.

Je rédige un texte

2 **Choisis** dans le champ lexical que tu as constitué (mémo : *Des mots pour parler de la mine*) les mots dont tu as besoin pour décrire le travail dans la mine.

3 **Écris** un titre puis **commence** ton texte par la phrase d'introduction suivante.

Au XIXe siècle, des ouvriers extrayaient le charbon nécessaire à l'industrie dans des mines souterraines.

4 **Écris** une ou deux phrases à l'imparfait pour décrire chacune des cinq parties du dessin.

5 **Évoque** les bruits que l'on entend.

6 **Termine** ton texte en donnant ton opinion sur les conditions de travail du mineur.

Je révise et j'améliore

7 **Relis** ton texte et **vérifie** que :

– tu as mis les majuscules et les points ;

– tu as décrit les cinq parties du dessin ;

– tu as correctement employé et orthographié les mots relatifs à la mine ;

– tu as employé l'imparfait à la troisième personne.

Période 3

Fiche 91 + et ++

› Se représenter l'histoire
› Faire des inférences
› Partager ses impressions de lecture

Un chant sous la terre (2)

Un jour, Isabelle tombe malade. Elle passe sa convalescence chez sa grand-mère qui lui apprend à lire et continue à lui apprendre des chants d'opéra. Deux fois par semaine, elle chante dans une chorale. C'est un véritable enchantement pour Isabelle.
Mais peu de temps avant Noël, son père refuse qu'elle continue à chanter ainsi, elle doit retourner travailler à la mine.
Tout recommence comme avant mais heureusement, elle travaille avec Claire, sa belle-sœur. Elle retrouve les chevaux et chante pour le vieil Éloi, le palefrenier.

Un matin, à la mi-janvier, Jean Durieux descendit dans le puits 5. […]

Il entra dans la cage, un ciré noir sur sa jaquette, coiffé d'un casque à lampe, se mêlant aux mineurs. La plongée vertigineuse, rythmée par le grincement du treuil, lui parut désagréable. Jean tenta de bavarder un peu, mais il se heurta à des visages fermés, presque craintifs. Soudain, calée entre une femme et un homme, il vit une fille de petite taille, aux cheveux clairs et raides. Il se demanda quel âge elle pouvait avoir. Dix ans, onze ans ? Malgré ce qu'il avait déjà vu, son cœur se serra. Les enfants des mines… On en parlait à Paris, dans les milieux socialistes. On déplorait cet état de choses, mais personne n'agissait. Des enfants qui n'allaient pas à l'école, qui n'avaient aucune chance de faire un autre métier… qu'une inondation, une explosion pouvaient tuer.

Je raconte

1 **Imagine** un film de l'histoire et **raconte** ce que tu as vu dans ce film.

Je comprends

2 **Émets** des hypothèses sur le sens du mot convalescence, en t'aidant du contexte et de la rubrique « D'où viennent les mots ? » page 116.

3 **Émets** des hypothèses sur le sens des mots ciré, jaquette, se heurta, milieu socialiste, vétusté, cossue, ébranle en t'aidant du contexte et **vérifie** dans le lexique.

4 **Réponds** aux questions par une phrase.

a. Pourquoi la convalescence d'Isabelle a-t-elle été un véritable enchantement ?

b. Pourquoi doit-elle retourner à la mine ?

5 **Relève** la phrase qui montre que Jean Durieux n'est pas accepté par les mineurs et **explique** pourquoi.

6 a. **Explique** le sens du verbe en gras.

On **déplorait** cet état de choses, mais personne n'agissait.

b. Qu'est-ce qui est à déplorer ? Qui déplore cet état de choses ?

La cage s'arrêta. Jean sortit le premier. La fillette se glissa dans le gouffre noir du puits. On voyait à peine les échelles. Avant de descendre, elle leva la tête vers lui, le regarda avec curiosité. Il la reconnut. C'était la petite chanteuse de l'été, celle qu'il avait écoutée, d'abord stupéfait, puis ravi. [...].

À son retour, l'ingénieur parle d'Isabelle à sa fiancée qui adore l'opéra et n'a plus qu'une envie, entendre chanter l'enfant. Il fait aussi part à M. de Saint-Amont de ses craintes concernant la vétusté du puits n° 5 dont les galeries menacent de s'écrouler. Il lui dit aussi qu'il trouve fort regrettable que l'on fasse travailler des enfants sous la terre.

– Jean, j'apprécie votre sérieux et vos capacités, reprit M. de Saint-Amont, l'air ennuyé, mais laissez-moi vous dire que les mineurs n'imaginent même pas une autre existence. Ils aiment leur mine. Quant aux enfants, c'est presque une tradition, ils descendent au fond des puits et depuis des années c'est ainsi. De toute façon, leur travail n'est pas le plus difficile. Et chaque salaire est indispensable, pour ces gens. Vous n'y changerez rien.

Le jeune ingénieur lissa ses moustaches. Il étouffait dans cette pièce cossue. Sur la cheminée de marbre, une pendulette dorée égrenait les minutes. Jean n'eut plus qu'un souhait, épouser Marie-Agnès et demander un poste à Paris. La mine était un gouffre affamé de vies humaines, il regrettait d'avoir accepté ce poste.

C'est alors qu'un épouvantable grondement ébranle les profondeurs de la terre. Jean comprend tout de suite qu'il s'agit d'un coup de grisou.

7 **Relève** ce que l'on apprend sur l'aspect physique d'Isabelle. Comment Jean Durieux la nomme-t-il ?

8 **Relève** les phrases qui montrent que Jean Durieux n'apprécie pas son métier et **explique** pourquoi.

Oral **9** **Échange** avec tes camarades pour répondre aux questions.

a. Que penses-tu des propos de M. de Saint-Amont ?

b. Pourquoi personne n'agit pour changer la situation dans les mines ?

Pour aller + loin

10 **Écris quelques lignes pour répondre aux questions.**

a. Que s'est-il passé dans la mine ?

b. Que va-t-il arriver à Isabelle ?

Oral **Je lis à voix haute**

- **Lis de *La cage s'arrêta* (ligne 12) à la fin du texte.**
- **Lis très vite la phrase suivante.**

Au cours de sa plongée vertigineuse dans le gouffre noir du puits, l'ingénieur, se heurtant à des visages craintifs, aperçoit la chanteuse de l'été qui, après sa convalescence, rejoint le puits n° 5 dont la vétusté inquiète Jean Durieux.

Fiche 92 + et ++

Dans la mine, le vacarme est effrayant.

Des morceaux de roches se détachèrent, une poutre se fendit.

Isabelle, Claire et le piqueur couraient le plus vite possible, terrifiés. [...]. La mine retentissait de cris de panique, de hurlements, de grincements menaçants.

– Allons aux écuries ! hurla Isabelle.

Son refuge aux bonnes odeurs de paille et de foin lui semblait indestructible. Claire la suivit, défigurée par la peur. Elles se prirent la main pour se rassurer mutuellement. Les grondements continuaient. On aurait dit que la terre rugissait et voulait engloutir tous ceux de la mine.

Le piqueur s'arrêta net :

– Faut pas aller aux écuries, petite, y a pas d'issues, on sera pris comme dans un piège à rats ! Venez, faut prendre à gauche, de ce côté...

L'homme se précipita. Isabelle hésita un instant. Claire se mit à crier :

– Le plafond s'effondre ! Là-bas...

Elles virent le piqueur disparaitre sous une masse rocheuse d'où s'élevait un nuage opaque de poussière. Il ne restait plus qu'un chemin, celui de l'écurie. Elles coururent encore, horrifiées par ce qu'elles venaient de voir.

Le vieil Éloi les vit débouler, échevelées, livides. Lui-même avait une triste mine, la face boueuse, une main en sang. [...]

Isabelle s'appuya au montant d'une stalle. Elle regarda les chevaux, il ne restait que Mano et Coquette. Haletante, elle demanda :

– Où sont les autres ? Gaston, Pimprenelle ?

Le palefrenier baissa les yeux :

– Ils sont sans doute morts, à l'heure qu'il est....

Oral
Je me souviens

1 **Raconte** la descente de l'ingénieur dans la mine.

Je comprends

2 **Lis** la phrase ligne 35 et **indique** qui accompagne les fillettes. Quel est le travail de cet ouvrier dans la mine ?

3 **Relève** dans le texte deux adjectifs qui évoquent la peur.

4 **Indique** qui parle lignes 43-44. Explique le sens de : On sera pris comme dans un piège à rats !

5 **Trouve** dans le texte, le synonyme de faire disparaitre, cheveux en désordre, et de extrêmement pâle.

6 **Réponds** aux questions par une phrase.

a. Pourquoi Claire et Isabelle se réfugient-elles à l'écurie ?

b. Qui retrouvent-elles à l'écurie ?

Oral **7** **Échange** avec tes camarades tes impressions à la lecture de ce texte.

Pour aller + loin

8 **Écris** quelques lignes pour répondre à la question.

Comment Claire, Isabelle, Éloi et les chevaux vont-ils survivre sous terre ?

Oral
Je lis à voix haute

- **Lis** l'ensemble du texte.

Fiche 93 + et ++

L'accord du verbe avec le sujet (1)

Je mémorise

1 **Lis** les mots à mémoriser puis **recopie** le nom et l'adjectif.

agiter / une armée / obliger / retentir / vif

2 **Recopie** les mots à mémoriser puis **souligne** les verbes et l'adverbe.

courageux / exploser / le sommet / quelquefois / souffrir

Je fais le point

3 **Trouve** le sujet, le verbe et **explique** l'accord des verbes.

1. Nadia joue au ballon. Nadia et Samuel jouent au ballon.
2. La grêle couche les blés. La grêle et le vent violent couchent les blés.

4 a. **Recopie** chaque phrase. **Souligne** le nom principal du groupe nominal sujet et **entoure** la terminaison du verbe.

1. Le fils de mes voisins chante.
2. Les enfants du voisin jouent.

b. **Explique** l'accord des verbes.

5 **Indique** la place du sujet par rapport au verbe. **Explique** l'accord des verbes.

1. Dans la loge se préparent les artistes.
2. Dans la nuit brille l'étoile du berger.

6 **Complète** les phrases suivantes.

▷ Quand le sujet du verbe est formé de plusieurs noms ou groupes nominaux reliés par la conjonction de coordination **et**, le verbe prend la marque de la ... personne du ....

▷ Quand le sujet du verbe est un groupe nominal formé avec un complément du nom, le verbe s'accorde avec le ... ... du groupe nominal.

▷ Parfois, le sujet d'un verbe peut être placé ... ce verbe.

Je m'entraine

7 **Récris** les phrases en accordant chaque verbe avec son sujet.

1. Sam arros• ses plantes.
2. Lou et Téo dessin•.
3. Le cirque arriv• au village.
4. Les sirènes retentiss•.

8 **Récris** les phrases. **Entoure** le nom principal du groupe nominal sujet et **accorde** le verbe.

1. Les copains de mon frère aim• nager.
2. La voiture de mes parents roul• peu.
3. Le panier de pommes pès• lourd !
4. Les lampes du salon éclair• bien.

9 **Récris** les phrases en accordant chaque verbe comme il convient.

1. Dans la rue pass• beaucoup de voitures.
2. En juillet arriv• les premiers vacanciers.

10 **Classe** les dix mots mémorisés selon leur nature.

Fiche 94 + et ++

Les relations dans un texte (11)

Je lis et je transpose

La convalescence

Isabelle raconte :

« Je passais ma convalescence chez ma grand-mère. Je pouvais bavarder avec elle pendant des heures. Je réfléchissais à mon avenir. Je lui disais que plus tard, je voulais devenir une grande chanteuse. J'étais heureuse loin du travail harassant de la mine.

Je faisais partie d'une chorale à Valenciennes. Deux fois par semaine, j'allais à Valenciennes dans une voiture tirée par des chevaux. Avant d'arriver à la cathédrale, je voyais défiler les magasins, les grandes maisons, la foule sur les trottoirs et je regardais toujours tout avec le même émerveillement.

À la chorale, j'apprenais de nouveaux chants et j'oubliais la mine et ses sombres galeries. Le soir, en rentrant, je venais tout près de Mémère et je lui racontais la répétition.

Mais mes parents et mes frères me manquaient de plus en plus. Un jeudi soir, en revenant de Valenciennes, j'ai dit à Mémère que je voulais rentrer à la maison. »

1. **Indique** qui est désigné par Je.
2. a. **Dis** le texte en remplaçant Isabelle par Isabelle et Louise et **récris** les groupes de mots soulignés. **Explique** les changements.
   b. Au pluriel, quel déterminant remplace une dans une grande chanteuse ?
3. **Indique** le verbe conjugué au passé composé.
4. **Donne** l'infinitif des verbes. **Trouve** les verbes qui sont à l'infinitif dans le texte.
5. **Indique** la terminaison des verbes à l'imparfait à la 1re personne du singulier et du pluriel.
6. **Lis** une des phrases complexes qui contient deux verbes conjugués.

Je collecte

7. **Colle** le premier groupe d'étiquettes à la bonne page de ton cahier de grammaire.
Colle la deuxième étiquette à la page 6.

Je m'entraine

8. **Recopie** le texte ci-dessous en remplaçant il par je.

Quand il était plus jeune, il aimait jouer au tennis. Il jouait très bien. Il lançait des balles rasantes. Il rattrapait toutes les balles.
Il avait un service manifique. Il gagnait presque tous ses matchs.

9. **Recopie** le texte en remplaçant je par Louna.

Autrefois, je grimpais jusqu'à la dernière fourche de l'arbre.
Je montais très vite. J'arrivais ensuite à redescendre sans me blesser.
J'étais agile et intrépide.

Fiche 95 + et ++

Des phrases et des groupes nominaux (9)

Je repère

1 a. **Recopie** les phrases ci-dessous.

1. J'étais heureuse loin du travail harassant de la mine.
2. Nous étions heureuses loin du travail harassant de la mine.

b. Dans chaque phrase, **souligne** le verbe, **entoure** de couleurs différentes le sujet, le complément circonstanciel, l'adjectif proche du verbe que l'on ne peut ni supprimer ni déplacer.

c. Sur quel élément de la phrase cet adjectif fournit-il une information ?
Explique l'accord des adjectifs.

2 a. Dans chaque phrase, **trouve** le verbe, le sujet, le ou les compléments circonstanciels s'il y en a et le ou les compléments d'objet.

1. À la chorale, j'oubliais la mine.
2. Le soir, en rentrant, je racontais la répétition à Mémère.
3. En voiture, je regardais la foule.
4. Ses parents manquaient à Isabelle.
5. L'ingénieur raconte sa descente dans la mine à sa fiancée.

Oral b. **Dis** les phrases en remplaçant les groupes de mots compléments d'objet par des pronoms.
Quels pronoms as-tu utilisés ?

3 Dans le texte *La convalescence*, **relève** les noms propres et les groupes nominaux. Classe-les suivant leur genre et leur nombre.

Je collecte

4 **Colle** les étiquettes aux bonnes pages de ton cahier de grammaire.

Je m'entraine

5 **Recopie** chaque phrase. **Souligne** le verbe, **entoure** le sujet, le ou les compléments circonstanciels s'il y en a et le ou les compléments d'objet de couleurs différentes.

1. Vous prenez votre petit déjeuner à 7 heures tous les matins.
2. Dans un parc, un jeune homme promène ses deux chiens.
3. Ce soir, de grands éclairs zèbrent le ciel.
4. J'écris un message à mes parents.

6 **Recopie** les groupes nominaux en les classant suivant leur genre et leur nombre.

la place du village – des pièces de théâtre – les allées du parc – les animaux de la forêt – la voiture de ses parents

Fiche 96 + et ++

Des mots du roman (2)

Je réfléchis

1 **Complète** le champ lexical de la mine à partir des textes des pages 110 à 112.

2 **Relève** les mots appartenant au champ lexical de la peur dans le texte de la page 112. **Classe**-les en trois colonnes.

1. Ils désignent la peur.

2. Ils désignent les manifestations de la peur.

3. Ils désignent ce qui cause la peur.

3 **a. Écris** les adjectifs que l'on peut former à partir des noms en gras.

qui a de la **boue** – qui est formé(e) de **rochers**

b. Entoure le suffixe utilisé.

4 **Écris** les adjectifs au masculin et au féminin que l'on peut former à partir des noms suivants en utilisant le suffixe -**eux**/-**euse**.

la honte – le courage – le malheur

la soie – la douleur – la gloire

5 **a. Écris** les adjectifs formés à partir des verbes en gras.

qui est à **regretter** – qui **épouvante**

b. Entoure le suffixe utilisé.

6 **Écris** les adjectifs que l'on peut former à partir de ces verbes en utilisant le suffixe -**able**.

adorer – imprimer – habiter

prononcer – guérir – anéantir

Je m'entraine

7 **a. Écris**, accompagné d'un déterminant, le nom à partir duquel sont formés les adjectifs suivants.

joyeux – peureux – nuageux

poudreux – duveteux – chanceux

b. Choisis un des adjectifs et **écris** une phrase le contenant.

8 **a. Écris** les verbes à partir desquels sont formés les adjectifs suivants.

durable – mangeable – acceptable

vérifiable – remboursable – réalisable

b. Choisis un des adjectifs et **écris** une phrase le contenant.

D'où viennent les mots

Le nom **convalescence** vient du verbe latin *convalescere* qui signifie *prendre des forces*.

Changer de narrateur (2)

Après le coup de grisou, Mano, le vieux cheval est prisonnier de la mine.
Il raconte sa vie à Isabelle qui est venue le voir dans l'écurie.

Je cherche des idées

1 a. **Relis**, dans les textes *Un chant sous la terre* pages 102 à 104 et 110 à 112, les passages qui concernent les chevaux.

b. **Recherche** sur Internet des informations sur la descente des chevaux dans les mines.

2 **Lis** les informations suivantes.

Mano a trente ans, il a été descendu à la mine à l'âge de trois ans. Dans la mine, les chevaux tiraient les trains de wagonnets jusqu'à l'endroit où le charbon était remonté à la surface. Certains chevaux, habitués à tirer un nombre identique de wagonnets, refusaient d'avancer s'il y en avait davantage. Les chevaux connaissaient l'heure, souvent ils ne voulaient plus avancer quand l'heure de retourner à l'écurie était venue.

J'organise les idées

3 Tu dois écrire :

a. une ou deux phrases d'**introduction** : Mano se présente, il évoque sa vie avant la descente vers les ténèbres ;

b. plusieurs **paragraphes** pour raconter son travail dans la mine, le rôle du palefrenier, sa vie avec les autres chevaux dans l'écurie, ce qu'il ressent de vivre toujours dans l'obscurité, de ne plus voir le soleil, les visites d'Isabelle, ce qu'il éprouve dans ces moments-là, le coup de grisou ;

c. une ou deux phrases de **conclusion** pour parler à Isabelle, de sa peur lors du coup de grisou ou pour la rassurer.

Je rédige le texte

4 **Choisis** dans le champ lexical de la mine et celui de la peur que tu as constitués (mémos : *Les mots de la mine, Les mots de la peur*) les mots dont tu as besoin.

5 a. **Écris** ton texte à l'imparfait et au passé composé quand Mano évoque sa vie et au présent quand il parle de ce qu'il vit au moment où il est prisonnier dans l'écurie.

b. **Emploie** la première personne du singulier quand Mano parle de lui et la deuxième personne du singulier si Mano s'adresse à Isabelle.

Je révise et j'améliore

6 **Relis** ton texte et **vérifie** que :

- tu as mis les majuscules et les points ;
- tu as donné un titre ;
- tu as écrit plusieurs paragraphes ;
- tu as correctement employé et orthographié les mots relatifs à la mine et à la peur ;
- tu as employé l'imparfait et le passé composé.

Fiche 98 + et ++

› Reformuler et rappeler le récit
› Identifier actions, pensées et émotions des personnages
› Partager ses impressions de lecture, son avis

Un chant sous la terre (3)

À l'extérieur, les mineurs qui ont pu sortir racontent l'accident.

Jean avait installé une petite table à l'extérieur des bâtiments. Il faisait la liste des mineurs restés au fond, ensevelis par le coup de grisou. Les survivants l'aidaient, en lui donnant des informations sur l'état des galeries. L'ingénieur inscrivait, en face des noms des victimes, le mot « décédé » ou bien « disparu ». Les disparus étaient peut-être vivants, bloqués par les éboulements. Un homme – il s'agissait de Pierre – cria :

– Il y a aussi Isabelle Mesnard et Claire Mesnard. Ce sont ma sœur et ma femme.

Les doigts de Jean se crispèrent sur le manche de son porte-plume. « Isabelle Mesnard. » La petite chanteuse… Il soupira, puis nota, la rage au cœur : « disparue ».

Dans la mine, le palefrenier explique à Isabelle et Claire les précautions à prendre :

– Ici, nous avons de l'eau. C'est le plus important. Il me reste un morceau de pain, du lard et une bonne ration de café. Un peu de sucre… Il faut ménager ces provisions au cas où … Je vous dirais, il y a l'avoine des chevaux, je peux en faire cuire un peu pour nous, mais ça, c'est un manque de chance, on devait m'en livrer demain. Là, j'en ai plus que pour un jour ou deux. Et les chevaux, faut leur donner à manger aussi. Faut surtout économiser les lampes. Le pire, quand on est sous la terre, prisonniers comme nous, c'est de se retrouver dans le noir. Je suis allé voir au bout de la galerie, c'est fermé pourtant j'ai senti un courant d'air.

Je raconte

1 **Lis les phrases suivantes et rappelle le récit en ajoutant à ces phrases les informations supplémentaires dont tu te souviens.**

1. Isabelle remplace son père au fond de la mine.

2. Lors de la remontée vers la surface, Isabelle chante.

3. Isabelle, malade, passe sa convalescence chez sa grand-mère.

4. L'ingénieur déplore le travail des enfants.

5. Une explosion a lieu au fond de la mine.

Je comprends

2 **a. Lis** la phrase en vert et **explique** l'expression en gras.

Il soupira, puis nota, **la rage au cœur** : « disparue ».

b. Indique ce que ressent Jean.

3 **Émets** des hypothèses sur le sens des mots ensevelis, satiété, éboulis, en t'aidant du contexte puis **vérifie** dans le lexique.

4 **Trouve** le synonyme de ceinture en cuir dans le texte.

5 **Recopie** les deux précautions à prendre pour survivre au fond de la mine.

6 **Lis** l'origine du mot écho dans la rubrique « D'où viennent les mots ? » page 124 et **explique** le sens de la phrase suivante.

Le courant d'air apporta l'écho d'un cri.

C'est bon signe, ça ! J'en ai entendu des histoires, où les gars suffoquaient, parce qu'il n'y avait plus d'air dans leur abri. Quand ils voyaient la flamme des lampes s'éteindre, ils savaient ce qui les attendait !

Isabelle frissonna. Ce n'était pas de froid, il faisait bon dans l'écurie, mais de terreur.

Albert indique à Jean qu'Isabelle et Claire sont surement réfugiées à l'écurie. Des hommes descendent dans cette direction et constatent qu'il faudra deux semaines pour ouvrir un passage vers l'écurie.
Depuis douze jours, Éloi, Isabelle, Claire et les chevaux sont prisonniers de la mine. Ils sont épuisés mais Isabelle continue à chanter tous les jours. Albert, qui participe aux opérations de sauvetage, entend le chant d'Isabelle.

Isabelle se sentait de plus en plus lasse. Heureusement, elle buvait à satiété et cela l'aidait à garder un peu de force. Éloi avait fait bouillir son ceinturon. Ils en avaient mastiqué des lanières, longuement. Pourtant, ils avaient eu beaucoup de chance d'être bloqués dans l'écurie. Il y avait eu la paille, l'avoine, les provisions du palefrenier. Et l'eau…

Mano s'était couché dans sa stalle, affaibli par les privations. Cela désolait Isabelle qui passait la plupart de son temps près de lui. Pourtant, elle avait encore la volonté de chanter. Claire prit l'habitude de marcher avec elle jusqu'au mur d'éboulis. Les secours arriveraient par là.

– Chante si tu en as le courage, Isabelle. Ils t'entendront peut-être…

Éloi approuva. Ils se tenaient là tous les trois, accrochés à un fil de rêve. Le palefrenier prétendait qu'il y avait, très loin, des grattements, des bruits de pic. Il entreprit de cogner le rocher avec le manche de sa fourche. Soudain, des coups répondirent. Le courant d'air apporta l'écho d'un cri :

– Isabelle ! C'est moi, Albert !

7 Réponds aux questions par une phrase.

a. Combien de temps faudra-t-il pour que les sauveteurs arrivent jusqu'à l'écurie ?

b. Comment les sauveteurs comprennent-ils qu'Isabelle est dans l'écurie ?

c. Que fait Isabelle pour soutenir Mano ?

d. Que fait le palefrenier pour guider les sauveteurs ?

Oral **8 Échange avec tes camarades et imagine la suite du récit en répondant aux questions.**

a. Les sauveteurs vont-ils réussir à extraire Claire, Isabelle et Éloi de la mine ?

b. Réussiront-ils à sauver les chevaux ?

Pour aller + loin

9 Écris quelques lignes pour dire ce que tu as ressenti en lisant ce texte.

Oral **Je lis à voix haute**

- **Lis de la ligne 30 à la fin du texte.**
- **Lis très vite la phrase suivante.**

Prisonniers dans l'écurie, pour survivre, comme ils ne suffoqueront pas par manque d'air, il faut, selon le palefrenier, prendre des précautions : ménager les provisions et économiser les lampes.

Fiche 99 + et ++

Les hommes se relaient pour creuser. Ils sentent la terre céder et rejoignent les prisonniers.

Albert sortit à son tour de l'éboulis. Il vit le palefrenier, la figure noyée de larmes, qui tenait Isabelle contre lui. En chevrotant, Éloi expliquait :

– Elle est tombée là, à mes pieds. Toute blanche. J'ai pas le courage d'écouter son cœur, je peux pas faire ça… Elle respire presque plus…

Albert se mit à pleurer sans bruit.

M. Mesnard lui tapota le dos, puis il s'approcha de sa fille. Les traits ravagés par l'anxiété, tous le regardèrent poser l'oreille sur la poitrine d'Isabelle. Il se redressa, un petit sourire aux lèvres :

– Elle est épuisée, mais il n'y a rien à craindre. Je la connais, ma gosse, elle est solide, comme moi ! […]

Jean Durieux porte Isabelle jusqu'à la cage de remontée. Elle reprend connaissance et lui dit :

– Les chevaux… Je vous en prie, monsieur, il faut remonter les chevaux ! Mano va mourir. Il ne peut pas mourir là-bas, sous la terre.

L'ingénieur se demanda un moment si elle n'avait pas perdu la raison. Puis il comprit et alla discuter avec le palefrenier.

– Combien reste-t-il de bêtes ?

– Deux, m'sieur ! Le vieux Mano et Coquette, une belle jument qui n'a que six ans. La petite les adore. Elle s'en occupait tout le temps. C'est pour eux qu'elle chantait. Et pour nous !

Isabelle reprend rapidement des forces. Mano et Coquette ont été remontés à la surface, ils sont dans un pré au bord du canal. Isabelle ne retourne pas à la mine, elle part à Paris avec Jean Durieux et Marie-Agnès de Saint-Amont. Elle entre au Conservatoire de musique et, six ans plus tard, chante à l'Opéra de Paris.

Florence Reynaud, *Un chant sous la terre*, Flammarion jeunesse, 2001.

Oral

Je raconte

1 **Raconte** l'accident dans la mine.

Je comprends

2 **Trouve** le sens de en chevrotant et **explique** ce qu'Éloi ressent.

3 **Indique** comment Isabelle est nommée dans le texte.

4 **Réponds aux questions par une phrase.**

a. Qu'arrive-t-il à Isabelle ?

b. Quelle est la première préoccupation d'Isabelle lorsqu'elle reprend connaissance ?

Oral

5 **Échange avec tes camarades pour donner ton avis sur le roman en répondant aux questions.**

a. As-tu trouvé l'histoire intéressante ? Pourquoi ?

b. Quel personnage as-tu préféré ?

Pour aller + loin

6 **Écris quelques lignes pour indiquer le passage que tu as préféré et justifie ton choix.**

Oral

Je lis à voix haute

- **Lis l'ensemble du texte.**

Fiche 100 + et ++

L'accord du verbe avec le sujet (2)

Je mémorise

1 **Lis** les mots à mémoriser puis **recopie** les verbes et le nom.

assurer / un conte / ordinaire / avertir / juger

2 **Recopie** les mots à mémoriser puis **souligne** l'adjectif et le mot invariable.

un(e) secrétaire / enfermer / léger / jusque / offrir

Je fais le point

3 a. **Recopie** les propositions en gras. **Trouve** le sujet et le verbe. **Entoure** le mot qui les sépare.

1. Je prends mes clés, **je les range dans mon sac**.
2. Les passagers montent sur le bateau, **le capitaine leur propose une croisière**.
3. Les enfants préparent leur gouter, **ils l'emportent à l'école**.
4. Pierre téléphone à sa mamie, **il lui raconte sa journée**.
5. Elsa fait une glace aux fraises, **elle la réussit toujours**.
6. Ce paysage est magnifique, **ils le prennent en photo**.

b. Quelle est la nature des mots que tu as entourés ?

c. **Explique** l'accord des verbes.

4 **Complète** les phrases suivantes.

> ▷ Un verbe peut être séparé de son sujet par un ... : le, la, l', les, leur, lui...
> Mais ce verbe s'accorde toujours avec ....

Je m'entraine

5 **Récris** chaque phrase avec la terminaison du verbe qui convient.

Ils la dessin•. – Je les soign•. – Elles l'encourag•. – Tu les emport•. – Il les engag•.

6 a. **Récris** les phrases en accordant les verbes comme il convient.

1. Ils appellent Marie et ils lui demand• de venir. Marie arrive, ils la félicit•.
2. Les poneys s'approchent, l'enfant les caress•.
3. L'enfant vient, ses parents lui donn• la main.
4. Les renardeaux jouent, la renarde les regard•.

b. Dans chaque phrase recopiée, **souligne** le pronom qui sépare le verbe de son sujet.

7 **Classe** les dix mots mémorisés selon leur nature.

Période 3

Fiche 101 + et ++

Les relations dans un texte (12)

Je lis et je transpose

Prisonnières de la mine

Isabelle et Louise, vous avez vécu une douloureuse épreuve.

Vous étiez prisonnières de la mine avec Éloi, Claire et les chevaux. Vous étiez réfugiées dans l'écurie. Pour rassurer les chevaux nerveux et agités, vous avanciez doucement vers eux et vous leur parliez. Vous aviez de l'eau et du café, vous mangiez du pain avec du lard.

Néanmoins, vous frissonniez et vous gémissiez de peur car vous pensiez :

« Les secours arriveront-ils bientôt ? Nous ne voulons pas mourir ici sous la terre. »

Le temps passait. Vous buviez de l'eau, du café de plus en plus léger, vous rêviez de l'air libre, du ciel immense. Vous aviez de moins en moins de provisions, vous étiez désespérées. Alors vous avez chanté, doucement d'abord, puis d'une voix cristalline, haute et forte.

1. **Indique** qui est désigné par Vous.
2. **Dis** le texte en remplaçant Isabelle et Louise par Isabelle **et récris** les groupes de mots soulignés. **Explique** les changements.
3. **Indique** les deux verbes conjugués au passé composé, celui conjugué au présent et celui conjugué au futur.
4. **Donne** l'infinitif de tous les verbes du texte. **Indique** ceux qui sont déjà à l'infinitif.
5. **Indique** la terminaison des verbes à l'imparfait la 2e personne du singulier et du pluriel.
6. **Lis** une phrase complexe. **Indique** le nombre de verbes.

Je collecte

7. **Colle** l'étiquette qui contient le plus de phrases à la bonne page de ton cahier de grammaire. **Colle** l'autre étiquette à la page 5.

Je m'entraine

8. **Recopie** le texte ci-dessous en remplaçant tu par vous.

Tous les matins, tu promenais ton chien. Tu prenais le chemin entre les deux immeubles puis tu gagnais le parc. Tu entrais et tu y restais une heure. Ensuite tu rentrais par le même chemin.

9. **Recopie** le texte en remplaçant vous par tu.

Quand vous aviez six ans, vous aimiez les fêtes foraines. Vous montiez dans les manèges et vous attrapiez le pompon. Vous adoriez la pêche aux canards. Vous preniez une ligne et vous attrapiez les canards. Vous aimiez aussi manger de la barbe à papa.

Fiche 102 + et ++

Des phrases et des groupes nominaux (10)

Je repère

1 a. Dans le texte *Prisonnières de la mine*, **relève** une phrase déclarative à la forme négative et la phrase interrogative.

b. **Récris** la phrase interrogative en employant Est-ce que.

2 a. **Recopie** la phrase ci-dessous.

Isabelle et Louise, vous étiez prisonnières de la mine.

b. **Souligne** le verbe, **entoure** de couleurs différentes le sujet et l'adjectif proche du verbe que l'on ne peut ni supprimer ni déplacer.

c. Sur quel élément de la phrase cet adjectif fournit-il une information ?

d. **Récris** la phrase en remplaçant le sujet par Isabelle.

3 a. Dans les phrases suivantes, **trouve** le verbe, le sujet, le ou les compléments circonstanciels s'il y en a et le ou les compléments d'objet.

1. Sur une petite table, Jean fait la liste des mineurs disparus.
2. Dans l'écurie, vous parliez aux chevaux pour les rassurer.
3. Le douzième jour, Albert entend le chant d'Isabelle.
4. Les survivants donnent des informations aux sauveteurs.
5. M. Mesnard s'approche de sa fille.
6. Albert participe aux opérations de sauvetage.

b. **Indique** la nature des sujets et des compléments circonstanciels.

Oral c. **Dis** les phrases 1 à 4 en remplaçant les groupes de mots compléments d'objet par des pronoms. Quels pronoms as-tu utilisés ?

4 Dans le texte *Prisonnières de la mine*, **relève** les noms propres et les noms communs.

Je collecte

5 **Colle** les étiquettes aux bonnes pages de ton cahier de grammaire.

Je m'entraine

6 **Recopie** chaque phrase en la complétant avec un complément circonstanciel de lieu.

1. La voiture roule doucement ....
2. ..., vous recopiez un poème.
3. ..., un cheval franchit un fossé.
4. Fatou mange un sandwich ....

7 **Remplace** chaque complément du nom par un adjectif.

une période d'histoire – une jupe avec des rayures – un stade de Paris – le transport en mer – un tissu à fleurs – le conseil de la région

Fiche 103 + et ++

Des mots du roman (3)

Je réfléchis

1 **Complète** le champ lexical de la peur à partir des textes des pages 118 à 120.

2 **Lis** les phrases suivantes en remplaçant les mots en gras par des mots employés dans le texte page 118-119 et listés ci-dessous.
à satiété, économiser, l'écho, se crispent sur le, ensevelis, suffoquent, se relayent

1. Les gars **ont du mal à respirer** dans leur abri.
2. Les mineurs ont été **recouverts complètement** par le coup de grisou.
3. Ses doigts **s'accrochent au** manche de son porteplume.
4. Il faut surtout **ne pas trop utiliser** les lampes.
5. Isabelle buvait **jusqu'à ne plus avoir soif**.
6. Les hommes **se remplacent l'un l'autre** pour creuser.
7. Le courant d'air apporta **la répétition** d'un cri à travers les éboulis.

3 a. **Lis** ci-contre la définition de ces deux mots homonymes.

b. **Indique** la nature du mot 1 et celle du mot 2.

c. **Indique** lequel de ces mots est utilisé dans la phrase : Il faut ménager ces provisions au cas où…

d. **Constitue** une corole lexicale à quatre pétales autour du verbe ménager. Écris le verbe au centre de la corole. Puis, dans les pétales, écris ses différents sens, ses synonymes, le mot de sa famille et son homonyme.

D'où viennent les mots

Le nom **écho** vient de la nymphe de la mythologie grecque *Écho*. Très bavarde, elle a été condamnée à répéter les derniers mots qu'elle entendait.

① **ménager, ménagère** adj. Qui concerne l'entretien de la maison. *Les travaux ménagers.* ➜ **domestique.**
▸ **ménagère** n. f. Femme qui s'occupe de sa maison. *Une excellente ménagère.*
▹ Mots de la famille de ménage.

② **ménager** v. (conjug. 5b) **1.** Utiliser avec mesure. *Le convalescent doit ménager ses forces.* ➜ **économiser.** – **se ménager,** se reposer. *Tu devrais te ménager davantage.* **2.** Traiter avec douceur. *Au karaté, Alex ne ménage pas ses adversaires.* **3.** Installer. *Il a ménagé un escalier intérieur entre les deux appartements.* ➜ **aménager.** **4.** Organiser. *La secrétaire du directeur nous a ménagé une entrevue.* ➜ **arranger.**
▸ Autre mot de la famille : ménagement.

Le Robert Junior 2020 © Le Robert.

Je m'entraine

4 **Choisis** un mot du champ lexical de la peur et **écris** une phrase le contenant.

5 a. **Cherche** dans le dictionnaire l'article concernant le verbe épuiser.

b. **Constitue** une corole lexicale autour de ce verbe en indiquant ses sens, ses synonymes, son contraire et les mots de sa famille.

Raconter un évènement

Isabelle va mieux. Elle raconte à ses parents le coup de grisou et l'attente des secours.

Je cherche des idées

1. **Relis** *Un chant sous la terre (3)* pages 118 à 120.
2. Oral **Échange** avec tes camarades pour sélectionner ce qu'il est important de raconter.

J'organise mes idées

3. Tu dois écrire :

a. une ou deux phrases d'**introduction** : où était Isabelle au moment du coup de grisou, ce qu'elle faisait, ce qu'elle a entendu, ce qu'elle a ressenti ;

b. un **paragraphe** pour raconter sa terreur, l'arrivée dans l'écurie, les précautions à prendre expliquées par le palefrenier, ce qu'elle a mangé, les visites aux chevaux, son chant pour alerter les secours et réconforter les chevaux, son épuisement, sa joie quand elle a entendu Albert, son évanouissement ;

c. une ou deux phrases de **conclusion** pour décrire ce qu'elle a ressenti pendant les douze jours passés sous terre.

Je rédige le texte

4. **Choisis** dans le champ lexical de la peur que tu as constitué (mémo : *Des mots pour dire ce que l'on ressent*) les mots dont tu as besoin.
5. a. **Donne** un titre à ton texte.

b. **Écris** ton texte au passé en employant le passé composé et l'imparfait à la première personne du singulier.

c. **Utilise** des indicateurs de temps pour organiser chronologiquement ton texte. Reporte-toi au mémo : *Les indicateurs de temps.*

Je révise et j'améliore

6. **Relis** ton texte et **vérifie** que :

- tu as mis les majuscules et les points ;
- tu as donné un titre ;
- tu as raconté l'évènement dans l'ordre chronologique ;
- tu as écrit plusieurs paragraphes ;
- tu as correctement employé et orthographié les mots relatifs à la peur ;
- tu as employé le passé composé et l'imparfait à la première personne.

Fiche 105 + et ++

› Se repérer sur une page de leçon d'histoire
› Repérer des informations
› Mettre les informations en relation

L'expansion

4 La condition ouvrière et les premières lois sociales

Les ouvriers des usines, adultes et enfants, sont de plus en plus nombreux. Leurs conditions de travail et de vie sont difficiles : travail dangereux et mal payé, journées très longues, logements insalubres et mauvaise alimentation. Peu à peu, les ouvriers luttent pour obtenir de meilleures conditions de travail et de vie.

1 Le travail des enfants
Gravure de 1871. Bibliothèque des Arts décoratifs, Paris.

Une fillette de 11 ans témoigne sur les conditions de travail dans les mines.

« Je travaille au fond de la mine depuis trois ans. J'y descends à deux heures du matin et j'en remonte à une ou deux heures de l'après-midi. Je me couche à six heures du soir pour être capable de recommencer le lendemain.

À l'endroit où je travaille, le gisement est en pente raide. Avec mon fardeau, j'ai quatre pentes ou échelles à remonter avant d'arriver à la galerie principale de la mine. Mon travail, c'est de remplir quatre à cinq wagonnets de deux cents kilos chacun. J'ai vingt voyages à faire pour remplir les cinq wagonnets. Quand je n'y arrive pas, je reçois une raclée. Je suis bien contente quand le travail est fini parce que cela m'épuise. »

D'après une enquête de la Commission des mines en France, 1842.

L'industrialisation développe le travail des enfants. Ils sont souvent utilisés dans les mines ou dans les usines pour des tâches difficiles. Sur la gravure, les enfants transportent des blocs d'argile.

- **Décris la scène de l'image : le lieu, l'habillement et l'attitude des enfants. Quelles semblent être les conditions de travail ?**
- **Lis le texte : depuis quel âge la fillette travaille-t-elle dans la mine ? Que pense-t-elle de son travail ?**
- **Quels éléments montrent que c'est un travail très difficile ?**
- **En France, en quelle année commence-t-on à interdire le travail des enfants ? Aide-toi du texte p. 45.**

44 **Chapitre 5** ▪ L'expansion industrielle (1815-1914)

Je fais appel à mes connaissances

1 Que sais-tu du travail des enfants au XIXe siècle ?

Je repère l'organisation de la double page

2 **Indique** à qui s'adresse cette leçon d'histoire.

3 a. **Relève** le titre de la leçon, le titre du chapitre d'où elle est extraite.

b. Sur quel siècle porte la leçon ? Comment le sais-tu ?

4 **Repère** les deux parties de la leçon, le titre de chacune, le résumé et son titre.

5 a. **Cite** les éléments qui composent chaque partie et **indique** leur rôle.

b. **Distingue** les documents d'époque et les textes rédigés par les auteurs du manuel.

Je comprends

6 **Émets** des hypothèses sur le sens des mots insalubre, fardeau à l'aide du contexte. **Vérifie** dans le lexique.

7 a. **Indique** la nature des deux documents de la partie 1 et la source du document écrit.

b. **Lis** la légende de la gravure.

c. **Réponds** aux questions qui sont posées sur ces documents.

8 **Indique** la nature et la source du document image de la partie 2.

9 **Réponds** aux questions qui sont posées sur ce document.

industrielle

2 **Les revendications ouvrières et les premières lois sociales**
Affiche de la Confédération Générale du Travail (CGT), 1er mai 1910.

Quelques lois sociales en France :

1841 : Interdiction du travail des enfants de moins de 8 ans.
1874 : Interdiction du travail des enfants de moins de 13 ans.
1874 : Création de l'Inspection du travail*.
1882 : Loi sur l'obligation scolaire jusqu'à 14 ans.
1884 : Loi autorisant la création de syndicats.
1892 : Temps de travail des femmes limité à 11 heures et interdit la nuit.
1900 : Temps de travail quotidien limité à 10 heures.
1906 : Repos hebdomadaire obligatoire.

Pour lutter contre les conditions de vie et de travail difficiles, les ouvriers se réunissent dans des **syndicats*** comme la Confédération Générale du Travail (CGT). En s'organisant, ils arrivent peu à peu à obtenir des **lois sociales***.

- Qui a fait réaliser cette affiche ?
- Compare les deux scènes représentées et lis les commentaires en dessous. Que revendiquent les ouvriers ?
- À la date de cette affiche, quelle est la durée journalière du travail ?
- En quelle année le repos hebdomadaire devient-il obligatoire ?

Vocabulaire

*** Inspection du travail :** administration chargée de veiller à l'application des lois du travail dans les entreprises.

*** Lois sociales :** ensemble des lois qui ont pour but d'améliorer la vie des personnes, notamment dans leur travail.

*** Syndicat :** association de personnes d'un même métier pour la défense de leurs droits et de leurs intérêts.

L'expansion industrielle (1815-1914)

- Au XIXe siècle, l'**usine** remplace progressivement l'atelier et la manufacture. Des **régions industrielles** (sidérurgie, textile) se développent et les **innovations technologiques** (vapeur, chemin de fer) se multiplient. L'Europe occidentale s'industrialise.
- De **nouveaux rapports sociaux** apparaissent. La **bourgeoisie** s'enrichit et son niveau de vie contraste avec celui des **ouvriers**, qui ont des conditions de vie difficiles.
- Les ouvriers s'organisent en **syndicats** pour faire adopter des **lois sociales** afin d'améliorer leurs conditions de travail. Il faudra plus de 40 ans pour que le travail des enfants soit interdit.

45

Histoire géographie CM2, Nathan, 2010.

Oral — Je lis à voix haute

- **Lis les textes de la page 44 du manuel d'histoire.**
- **Lis très vite la phrase :**

L'industrialisation
et les innovations
technologiques
qui se multiplient,
enrichissent la
bourgeoisie, engendrant
de nouveaux rapports
sociaux et des
revendications ouvrières
pour réduire les heures
de travail.

10 **Recopie ce qui est vrai.**

a. C'est en 1882 que les enfants ont l'obligation d'aller à l'école jusqu'à 14 ans.

b. La bourgeoisie a des conditions de vie difficiles.

c. Les ouvriers s'organisent en syndicats.

d. Au XIXe siècle, la vapeur et le chemin de fer sont des innovations.

11 **Lis le résumé. Pourquoi certains mots sont-ils en gras ?**

Oral — Je formule ce que j'ai appris

12 **Quelles sont les conditions de travail des ouvriers, dont les enfants, au XIXe siècle et quelles sont les revendications ouvrières ?**

Fiche 106 + et ++

Les enfants soldats

Dans plusieurs pays, des garçons et des filles (les enfants soldats) sont enrôlés dans les armées des gouvernements ou des groupes rebelles pour participer aux combats, servir de cuisiniers, de porteurs ou de messagers.

PROJET DE CLASSE 2

Affiche de l'Unicef contre le recrutement des enfants soldats.

L'Unicef

L'Unicef (Fonds des Nations unies pour l'enfance) a été créé en 1946. Il accorde des aides financières à plus de 150 pays. Il a pour objectif de faire respecter les droits de l'enfant dans le monde : égalité, éducation, santé…

« C'est très douloureux pour moi de raconter mon expérience, mais je le fais pour montrer que les gosses que l'on force à devenir soldats peuvent se réadapter et vivre une vie normale. »

Ismaël, enrôlé à 14 ans en Sierra Leone, s'exprimant six ans plus tard lors d'une réunion à l'ONU. Il a passé huit mois dans un centre de réadaptation financé par l'UNICEF et fait des études aux États-Unis.

6. Observe l'affiche de l'Unicef et lis le texte.

a. Dans quel pays vit Ismaël ?

❑ en Afghanistan (Asie) ❑ en Inde (Asie) ❑ en Sierra Leone (Afrique)

b. Est-ce un pays où les droits de l'enfant sont respectés ? ❑ Oui ❑ Non

c. Qu'est-il arrivé à Ismaël ?

……………………………………………………………………………

……………………………………………………………………………

7. Quel est le rôle de l'Unicef ?

……………………………………………………………………………

……………………………………………………………………………

Fichier d'EMC CM2, Nathan, 2015.

Je fais appel à mes connaissances

Oral **1** Que sais-tu des enfants soldats ? Connais-tu l'Unicef ?

Je repère l'organisation de la page

2 Sur la fiche, **distingue** le document qu'il faut observer et le travail demandé aux élèves.

3 **Indique** le rôle du texte sur fond jaune.

Je comprends

4 **Émets** des hypothèses sur le sens du mot enrôler à l'aide du contexte. **Vérifie** dans le lexique.

5 **Indique** la nature et la source du document à observer sur la fiche.

6 **Trouve** le sens du mot douloureux en le rapprochant de douleur.

7 **Réponds** aux questions 6a et 6b.

Oral **8** **Échange** avec tes camarades sur la situation des enfants soldats et ce qu'ils sont obligés de faire.

Pour aller + loin

9 **Écris** une phrase pour résumer ce qui est arrivé à Ismaël et le rôle joué par l'Unicef.

Oral Je lis à voix haute

- **Lis** les textes de la fiche.

Fiche 107 + et ++

La lettre *p*

Je mémorise

1 **Lis** les mots à mémoriser puis **recopie** les verbes.

prévoir / composer / une production / un impôt / zapper

2 **Recopie** les mots à mémoriser puis **souligne** les noms et l'adverbe.

un appareil / pourtant / apparaitre / une épaule / remplir

Je fais le point

3 **Indique** la lettre ou le groupe de lettres qui transcrit [p].

1. rapide – un stop – échapper – un pont – occuper – la grippe – une époque

2. appartenir – apprendre – approuver – applaudir – aplatir – apercevoir

4 **Indique** le groupe de lettres qui transcrit [f].

une phrase – un phénomène – un physicien – un orphelin

5 **Explique** la présence de la lettre p muette.

1. un loup (vient de *lupus*) – du sirop (vient de *sirupus*) – un compte (vient de *computare*) – la sculpture (vient de *sculptum*) – sept (vient de *septem*)

2. un drap / une draperie

3. le cou / un coup

6 **Complète** les phrases suivantes.

- La lettre **p** seule ou doublée, transcrit le phonème ….
- Les verbes commençant par [ap], s'écrivent le plus souvent avec …. Mais on écrit apaiser, apercevoir, aplanir, aplatir, apitoyer, apostropher.
- Associée à la lettre **h**, la lettre **p** se prononce … .
- Dans certains mots, la lettre **p** peut être …. Parfois, elle rappelle l'… du mot. Elle sert également à former des mots de … ou à distinguer des ….

Je m'entraine

7 **Récris** chaque mot avec **p** ou **pp**.

une a•arition – une é•reuve – un em•ire – un a•artement – ra•idement – la gri•e

8 **Récris** chaque mot avec **p** ou **ph**.

une •oche – un •oque – une •orte – une •oto – un •are – un •igeon

9 **Écris** le mot finissant par un **p** muet de la famille de chaque mot.

champêtre – galoper – camper – un drapeau

10 **Classe** les dix mots mémorisés selon leur nature.

Fiche 108 + et ++

L'imparfait des verbes

Je lis et je réfléchis

1 a. **Lis** la page 8 de ton cahier de grammaire.

b. **Souligne** le verbe et **entoure** son sujet dans chaque phrase.

c. **Indique** à quel temps sont conjugués les verbes.

d. **Indique** l'infinitif des verbes. **Distingue** les verbes être et avoir, les verbes du 1er groupe, du 2e groupe et du 3e groupe.

2 a. Sur ton cahier, **observe** les terminaisons des verbes. Pour une même personne, sont-elles différentes d'un verbe à l'autre ?

b. **Écris** la terminaison des verbes à l'imparfait pour chaque personne de la conjugaison.

c. Dans chaque terminaison, **entoure** la marque de l'imparfait et la marque de la personne.

d. **Explique** la présence du e à la fin du radical du verbe manger et de la cédille dans le radical du verbe avancer.

e. **Observe** le radical des verbes du 2e groupe. Comment se termine-t-il ?

Je conclus

3 **Écris** le titre de la page 8 de ton cahier de grammaire : *L'imparfait des verbes.*

Oral **4** **Indique** les régularités des terminaisons.

5 **Lis** la conjugaison de ces verbes à l'imparfait page 249.

Je m'entraine

6 **Récris chaque phrase à l'imparfait.**

1. Avant de partir en randonnée, tu remplis ta bouteille d'eau et tu prends un sandwich.
2. Le judoka affronte un adversaire redoutable, il est anxieux.
3. Avant l'orage, des nuages noirs envahissent le ciel.
4. Je vais au cinéma le mercredi après-midi et je vois un film de science fiction.

7 **Conjugue les verbes entre parenthèses à l'imparfait.**

1. Les voiliers [avancer] doucement car le vent [être] inexistant.
2. Elles [ranger] leur chambre car leur mère [détester] le désordre.
3. Quand la chienne [avoir] peur, elle [grincer] des dents.
4. Je [vouloir] rester une semaine de plus chez Mamie.
5. Nous [rentrer] tard mais nous ne [faire] pas de bruit.
6. Vous [grandir] toujours, vous me [dépasser] maintenant de plusieurs centimètres.

Fiche 109 + et ++

Des phrases et des groupes nominaux (11)

Je repère

1 **a. Lis** les deux textes.

1. Albert était un jeune garçon. Dans la mine, son travail était difficile. La journée paraissait longue. Le soir, il était épuisé.

2. Albert et Firmin étaient de jeunes garçons. Dans la mine, leurs travaux étaient difficiles. Les journées paraissaient longues. Le soir, ils étaient épuisés.

b. Dans chaque phrase, **trouve** le sujet, le verbe et le mot ou le groupe de mots que l'on ne peut ni supprimer ni déplacer.

c. Indique sur quel élément ce mot ou ce groupe de mots donne des précisions.

2 **Lis** les phrases interrogatives de l'extrait du manuel d'histoire page 126.
Explique la construction de chaque phrase.

3 **a.** Dans les phrases suivantes, **trouve** le verbe, le sujet, le complément circonstanciel s'il y en a un et le ou les compléments d'objet.

1. L'industrialisation développe le travail des enfants.

2. Une fillette de 11 ans raconte ses conditions de travail à un enquêteur.

3. Avec son fardeau, elle remonte plusieurs pentes raides.

4. Chaque jour, la fillette remplit ses cinq wagonnets.

Oral **b. Dis** les phrases en remplaçant les groupes de mots compléments d'objet par des pronoms. Quels pronoms as-tu utilisés ?

4 **Recopie** les groupes nominaux des textes de l'activité 1 et des phrases de l'activité 2 en les classant dans trois colonnes :

GN = déterminant + nom / GN avec adjectif / GN avec complément du nom

Je collecte

5 **Colle** les étiquettes aux bonnes pages de ton cahier de grammaire.

Je m'entraine

6 **Complète** chaque phrase avec un complément circonstanciel de temps.

1. ..., les élèves préparent un spectacle pour les parents.

2. ..., j'ai fait de la luge à la montagne.

3. Vous aimez regarder les étoiles .....

4. ..., Abdou a entendu un cri effrayant.

7 **Classe** les groupes nominaux suivant leur genre et leur nombre.

les ouvriers de l'usine – trois ans – les conditions de travail – le travail des enfants – des logements insalubres – une mauvaise alimentation – de longues journées

Fiche 110 + et ++

Former des adjectifs

Je réfléchis

1 a. Pour chaque ligne, **indique** la nature du mot en gras puis la nature du mot en orange.

1. qui est plein de **boue** : un chemin boueux
2. qui concerne l'**industrie** : un établissement industriel
3. qui appartient à une **commune** : un espace communal
4. qui vient d'un **volcan** : une éruption volcanique
5. propre aux régions des **pôles** : un ours polaire
6. qui est sur la **côte** : un village côtier
7. qui a un certain **âge** : un homme âgé

b. À partir de chaque chaque mot en gras, **trouve** le suffixe utilisé pour former le mot orange.

c. **Choisis** un des mots en orange et écris une phrase le contenant.

2 **Trouve** le verbe à partir duquel est formé chaque adjectif en orange.

1. un domaine skiable : un domaine sur lequel on peut ....
2. un fossé franchissable : un fossé que l'on peut ....
3. une écriture lisible : une écriture qui est facile à ....
4. une entrée payante : une entrée qu'il faut ....

3 a. **Lis** ces phrases.

Le bébé a un teint **laiteux**. – Le yaourt est un produit **laitier**.

b. À partir de quel nom sont formés les adjectifs en gras ?

c. Ces adjectifs ont-ils le même sens ?

Je m'entraine

4 **Écris** un adjectif à partir des noms suivants et un groupe nominal le contenant comme dans l'activité 1. **Emploie** les suffixes ; -ique, -ier, -eux, -aire, -el, -al, é

la nature – la magie – la dent – la poste – une image – la mine – un rocher

5 **Remplace** chaque groupe de mots en gras par un adjectif formé à partir des verbes en couleur.
Emploie les suffixes -ant, -able, -ible.

un ticket **qui gagne** – un aliment **que l'on peut manger** – une maison **que l'on peut habiter** – un nombre **que l'on peut diviser** – un fil **qui résiste** – un insecte **qui vit** – une activité **que l'on peut réaliser** – une peinture **que l'on peut lessiver** – un canapé **que l'on peut convertir en lit**.

D'où viennent les mots

Le nom **volcan** vient du latin *Vulcanus* qui désignait dans la mythologie romaine le dieu du feu, Vulcain.

Fiche 111 + et ++ Mémo Des suffixes

Écrire et répondre à des questions

J'observe des questions

1 a. **Relis** le témoignage de la fillette page 126, puis **lis** ces questions, qui permettent d'en retirer les informations essentielles, et leur réponse.

1. Qui raconte ses conditions de travail ? Une fillette raconte ses conditions de travail.

2. Où travaille la fillette ? La fillette travaille au fond de la mine.

3. Quand est-elle descendue dans la mine pour la première fois ?
Elle est descendue dans la mine pour la première fois il y a trois ans.

4. Que doit-elle remonter avec son fardeau ? Elle doit remonter quatre pentes ou échelles avec son fardeau.

5. Combien fait-elle de voyages pour remplir les cinq wagonnets ?
Elle fait vingt voyages pour remplir les wagonnets.

b. **Relève** les mots interrogatifs utilisés au début de chaque question et les informations correspondantes données dans les réponses.

2 **Lis** la question suivante et **indique** si la réponse est directement donnée dans le texte. Que faut-il faire pour la trouver ?

Quel âge a la fillette lors de sa première descente dans la mine ?
Lors de sa première descente dans la mine, la fillette a huit ans.

J'écris des questions à partir de réponses

3 **Rédige** les questions afin d'obtenir les informations en gras dans les réponses suivantes. **Respecte** la construction de la phrase interrogative et sa ponctuation.

1. Le gisement où travaille la fillette est **en pente**.

2. Elle fait vingt voyages pour remplir **les wagonnets**.

3. Elle est contente quand son travail est terminé **car elle est épuisée**.

J'écris des questions

4 **Relis** les textes de la page 128.

a. **Pose** trois questions pour dégager les informations essentielles du texte sur fond jaune présentant l'Unicef.

b. **Pose** trois questions sur le texte situé dans la bulle. **Trouve** une question dont la réponse n'est pas directement dans le texte.

c. **Réponds** à toutes les questions que tu as posées en reprenant des éléments des questions dans tes réponses.

Je révise et j'améliore

5 **Relis** ton texte et **vérifie** que :

– tu as mis les majuscules et les points ;

– tu as respecté la construction des phrases interrogatives ;

– tu as repris des éléments de la question dans ta réponse.

Fiche 112 + et ++

› Découvrir des poèmes
› Repérer leurs caractéristiques
› Approcher le langage poétique

Poèmes au fil du temps

À savoir

Une **fable** est un texte poétique racontant une histoire qui donne une leçon de vie. Elle se termine souvent par une morale.

La Colombe et la Fourmi

Le long d'un clair ruisseau buvait une Colombe,
Quand sur l'eau se penchant une Fourmi y tombe.
Et dans cet océan l'on eût vu la Fourmi
S'efforcer, mais en vain, de regagner la rive.
La Colombe aussitôt usa de charité :
Un brin d'herbe dans l'eau par elle étant jeté,
Ce fut un promontoire où la Fourmi arrive.
Elle se sauve ; et là-dessus
Passe un certain Croquant qui marchait les pieds nus.
Ce Croquant, par hasard, avait une arbalète.
Dès qu'il voit l'Oiseau de Vénus
Il le croit en son pot, et déjà lui fait fête.
Tandis qu'à le tuer mon Villageois s'apprête,
La Fourmi le pique au talon.
Le Vilain retourne la tête :
La Colombe l'entend, part, et tire de long.
Le souper du Croquant avec elle s'envole :
Point de Pigeon pour une obole.

Jean de La Fontaine, « La colombe et la fourmi »,
Fables, Livre II, fable 5, 1668.

Jean de La Fontaine

Au XVIIe siècle, Jean de La Fontaine (1621-1695), poète et fabuliste célèbre, écrit douze livres de fables pour « instruire les hommes ».

Je me souviens

1 **Écris** un mot que tu peux associer à la poésie.
Exemple : poésie = plaisir ; poésie = jeu ; poésie = émotion ; poésie = musique, etc.

Je comprends

2 **Indique** les auteurs des poèmes et à quelle époque ces textes ont été écrits.

3 **Lis** la fable et **relève** les personnages et les manières de les nommer. **Émets** des hypothèses sur le sens des noms Croquant, Vilain et **vérifie** dans le lexique.

4 **Émets** des hypothèses sur le mot obole et **vérifie** dans le lexique. **Explique** le sens du dernier vers.

5 **Relève** les rimes.

Pour aller + loin

6 **Lis** la définition d'une fable et **écris** la morale de la fable de La Fontaine.

Oral **7** **Souviens-toi** de l'histoire de Rebelle l'escargot et **indique** pourquoi on peut dire que son histoire est une fable.

Jeunes gens, prenez garde aux choses que vous dites

Écoutez bien ceci :
Tête-à-tête, en pantoufle,
Portes closes, chez vous, sans un témoin qui souffle,
Vous dites à l'oreille au plus mystérieux
De vos amis de cœur, ou, si vous l'aimez mieux,
Vous murmurez tout seul, croyant presque vous taire,
Dans le fond d'une cave à trente pieds sous terre,
Un mot désagréable à quelque individu ;
Ce mot que vous croyez que l'on n'a pas entendu,
Que vous disiez si bas dans un lieu sourd et sombre,
Court à peine lâché, part, bondit, sort de l'ombre !
Tenez, il est dehors ! Il connait son chemin.
Il marche, il a deux pieds, un bâton à la main,
De bons souliers ferrés, un passeport en règle ;
– Au besoin, il prendrait des ailes, comme l'aigle ! – […]
Il suit le quai, franchit la place, et cætera,
Passe l'eau sans bateau dans la saison des crues,
Et va, tout à travers un dédale de rues,
Droit chez l'individu dont vous avez parlé.
Il sait le numéro, l'étage ; il a la clé,
Il monte l'escalier, ouvre la porte, passe,
Entre, arrive, et, railleur, regardant l'homme en face,
Dit : – Me voilà ! je sors de la bouche d'un tel. –
Et c'est fait. Vous avez un ennemi mortel.

Victor Hugo, *Toute la Lyre*, III, XXI, 1888 (posthume).

Victor Hugo

Au début du XIXe siècle, les poètes comme Victor Hugo (1802-1885) expriment avec force ce qu'ils ressentent devant la vie, l'amour, la mort et la société. Victor Hugo est à la fois un poète, un romancier, un auteur de théâtre, un dessinateur et un homme politique.

8 **Écoute** le poème de Victor Hugo et **exprime** ce que tu as compris.

9 **Recopie** un vers qui montre qu'Hugo a personnifié « le mot » pour mieux faire comprendre son message.

Pour aller + loin

10 **Écris** une phrase pour résumer le message de Victor Hugo.

Oral **11** **Échange** avec tes camarades pour répondre à la question.
Dans quelle situation actuelle pourrais-tu te souvenir du poème de Victor Hugo ?

Oral **Je lis à voix haute**

- **Lis l'un des poèmes.**
- **Lis très vite cette phrase :**
  Ne m'objectez pas qu'un mot dit à l'oreille au plus mystérieux de vos amis de cœur ne puisse arriver, railleur, à l'individu dont vous avez parlé qui deviendra alors votre ennemi mortel.

Période 3

Fiche 113 + et ++

Guillaume Apollinaire

Guillaume Apollinaire (1880-1918), poète et écrivain, s'est particulièrement illustré en créant des calligrammes, poèmes écrits sous forme de dessins.

CET
ARBRISSEAU
QUI SE PRÉPARE
A FRUCTIFIER
TE
RES
SEM
BLE

Guillaume Apollinaire,
Calligrammes, Poèmes de la paix et de la guerre, 1918.

Déménager

Quitter un appartement. Vider les lieux.
Décamper. Faire place nette. Débarrasser le plancher.
Inventorier, ranger, classer, trier.
Éliminer, jeter, fourguer.
Casser.
Brûler.
Descendre, desceller, déclouer, décoller, dévisser, décrocher.
Débrancher, détacher, couper, tirer, démonter, plier, couper.
Rouler.
Empaqueter, emballer, sangler, nouer, empiler, rassembler,
entasser, ficeler, envelopper, protéger, recouvrir, entourer, serrer.
Enlever, porter, soulever.
Balayer.
Fermer.
Partir.

Georges Perec, « L'appartement », *Espèce d'espace*, éditions Galilée, 1974.

George Perec

Georges Perec, né en 1936 à Paris et mort en 1982 à Ivry-sur-Seine, est à la fois un poète, un romancier et un membre de L'OuLiPo, groupe de littérature surréaliste, qui explore les jeux d'écriture.

Je me souviens

1 **Indique** à quel poème appartiennent ces vers et quel en est l'auteur.

1. Jeunes gens prenez garde aux choses que vous dites.
2. Point de pigeon pour une obole.

Je comprends

2 a. **Lis** et **observe** le poème de Guillaume Apollinaire. Quelle forme a-t-il ?

b. **Donne** ta définition d'un calligramme en t'aidant de la rubrique « D'où viennent les mots ? », page 140.

Oral **3** **Explique** avec tes propres mots ce que tu ressens, ce que tu comprends à la lecture de ce calligramme.

4 **Lis** le poème de Georges Perec et **réponds** aux questions.

a. Quelle contrainte d'écriture le poète s'est-il imposée dans ce texte ?

b. Que liste l'auteur ?

c. Quel verbe appartient au langage familier ?

5 **Relève** les deux vers qui ne contiennent pas que des verbes.

6 **Relève** les verbes qui indiquent des actions de sens proche.

Oral Je lis à voix haute

- **Lis** le poème « Déménager ».

Fiche 114 + et ++

Écrire les déterminants démonstratifs

Je mémorise

1 **Lis** les mots à mémoriser puis **recopie** les noms masculins.

un arbitre / une proie / nommer / un miroir / un empire

2 **Recopie** les mots à mémoriser puis **souligne** les noms masculins et l'adjectif.

un buisson / sérieux / un sentier / désigner / une vérité

Je fais le point

3 **a.** **Recopie** ces groupes nominaux précédés d'un déterminant démonstratif en les **classant** suivant leur genre et leur nombre.

cette équipe	ces vaches	cette école	cette valise
ce coq	cette voiture	ces livres	ces fleurs
ce joueur	ce cheval	ces idées	ce touriste

b. Quand écrit-on **ce**, **cette** ou **ces** ?

4 **a.** **Lis** ces groupes nominaux. **Indique** leur genre et leur nombre. **Indique** la première lettre de chaque nom.

cet igloo – cet hôpital – cet animal – cet ours – cet écureuil – cet utilisateur – cet hiver

b. Quand écrit-on **cet** ?

5 Complète la phrase suivante.

▷ Le déterminant démonstratif s'écrit :

ce devant un nom ... au... sauf s'il commence par une voyelle ou un h muet ;

cet devant un nom ... au... s'il commence par une .... ou ... ;

cette devant un nom ... au... ;

ces devant un nom ... ou ... au....

Je m'entraine

6 **Récris** chaque mot avec le déterminant démonstratif qui convient.

... voyageurs – ... fillette – ... héron – ... hélicoptère – ... mamie – ... écrivains

7 **Récris** les groupes nominaux avec les déterminants démonstratifs qui conviennent.

le sportif	les tables	le cahier	les villes
la maison	l'hôtel	l'histoire	l'avion

8 **Récris** les groupes nominaux au singulier.

ces gâteaux	ces huitres	ces eaux
ces habits	ces jouets	ces appareils

9 **Classe** les dix mots mémorisés selon leur nature.

Fiche 115 + et ++

Les relations dans un texte (13)

Je lis et je transpose

Des écrivains du XVIIe siècle

Jean de La Fontaine grandit en se passionnant pour la lecture d'œuvres antiques. Quand il écrit ses fables, il puise son inspiration dans les fables d'un poète de l'Antiquité, Ésope. Il veut instruire les hommes à partir d'une petite histoire. Pour cela, il met en scène des animaux qui représentent les hommes. Ainsi, il donne une image presque complète de la société du temps de Louis XIV. Ses fables connaissent un grand succès.

À la même époque, Charles Perrault recueille des contes populaires racontés à l'oral. Il en reprend des personnages comme l'ogre, la fée, le loup et il ajoute une morale, destinée à éduquer les enfants. En 1697, il publie huit contes de fées, à destination des enfants. En son temps, Charles Perrault est un homme important. Il assiste Jean-Baptiste Colbert, le ministre d'État de Louis XIV, il œuvre pour les sciences, les lettres et les arts et il entre à l'Académie Française.

Oral

1 a. **Dis** le texte au passé en conjuguant à l'imparfait les verbes soulignés en bleu, au passé composé les verbes soulignés en noir.

b. **Explique** les changements.

2 **Indique** les auxiliaires utilisés pour les verbes conjugués au passé composé.

3 **Donne** l'infinitif des verbes soulignés. **Trouve** les verbes qui sont à l'infinitif dans le texte.

4 **Indique** si la dernière phrase du premier paragraphe est une phrase simple ou une phrase complexe.

Je collecte

5 **Colle** les étiquettes aux bonnes pages de ton cahier de grammaire.

Je m'entraine

6 **Recopie** le texte ci-dessous en le mettant au passé.

Souvent, Alice arrive en retard à l'école. Elle rate le bus, elle prend le suivant, mais il arrive devant l'école quand les autres élèves sont déjà rentrés.

7 **Complète** chaque phrase avec un verbe du groupe indiqué conjugué à l'imparfait.

1. En passant devant l'école, les voitures ... [2e groupe].
2. Je ... [3e groupe] rire tous mes camarades car je ... [3e groupe] souvent des bêtises.
3. La neige ... [1er groupe] de plus en plus fort, les toits ... [3e groupe] tout blancs.
4. Il ... [1er groupe] souvent dans la cour et il ... [1er groupe].

Fiche 116 + et ++

Le complément d'objet direct

Je réfléchis

1 a. **Lis** la page 13 de ton cahier de grammaire.

b. Dans chaque phrase, souligne le verbe et **entoure** les compléments d'objet.

c. **Explique** comment tu distingues les compléments d'objet et les compléments circonstanciels.

d. **Lis** les compléments d'objet qui sont directement liés au verbe : ce sont des **compléments d'objet direct (COD)**.

e. **Indique** les verbes complétés et quel renseignement donne chaque COD.
Donne la nature des COD.

2 a. **Lis** les phrases suivantes.

1. L'ingénieur la raconte à sa fiancée.
2. Les survivants les donnent aux sauveteurs.
3. Le douzième jour, Albert l'entend.
4. L'industrialisation le développe.

b. **Trouve** le sujet, le verbe et le complément d'objet direct dans chaque phrase.

c. **Indique** la nature de chaque COD.

d. Où est placé le pronom COD par rapport au verbe ?

e. **Liste** les pronoms COD.

Je conclus

3 a. **Écris** le titre de la page 13 de ton cahier de grammaire : *Des compléments d'objet direct.*

Oral b. **Explique** comment tu reconnais un complément d'objet direct, **indique** quelle peut être sa nature.

c. **Lis** dans le mémo ce qu'il faut retenir des compléments d'objet direct.

Je m'entraine

4 Dans les phrases ci-dessous, **trouve** les compléments d'objet direct et **recopie**-les en les classant suivant leur nature.

1. Dans la forêt, le Loup guette le Petit Chaperon rouge.
2. Il le suit sans faire de bruit.
3. Ce parc zoologique a accueilli des pandas la semaine dernière.
4. Les visiteurs les admirent.
5. Vous refaites les peintures des volets tous les ans.

5 **Recopie** chaque phrase en remplaçant le groupe nominal COD par un pronom.

1. Nous gagnons le voyage en Italie.
2. Selma oublie son téléphone chez sa copine.
3. Les écureuils grignotent les noisettes au pied de l'arbuste.
4. Ce film trop long ennuie les spectateurs.
5. Ce matin, le promeneur affronte le froid de l'hiver.
6. À l'approche de la nuit, le hurlement du loup terrorise la petite chèvre.

Fiche 117 + et ++

Des mots des poèmes (1)

Je réfléchis

1 **Remplace** les mots en gras par les mots qui sont utilisés dans les poèmes.

1. « La colombe et la fourmi »

La colombe l'entend, part, et **s'enfuit**.

2. « Jeunes gens, prenez garde… »

Vous dites à l'oreille au plus mystérieux / De vos amis de cœur, ou, si vous **préférez**, / vous murmurez tout seul, croyant presque vous taire.

Il monte l'escalier, ouvre la porte, passe / Entre, arrive et **moqueur**, regardant l'homme en face / Dit : Me voilà !

3. « Calligramme »

Cet arbrisseau qui se prépare à **produire des fruits** te ressemble.

2 a. **Trouve** le nom à partir duquel est formé chaque mot.

1. un arbrisseau – un éléphanteau – un ballotin – une prunelle – un bâtonnet – une fillette – un aiglon

2. empaqueter – empiler – entasser – emprisonner – encercler

b. **Indique** la nature du mot formé, le sens des suffixes et du préfixe.

3 a. **Trouve** le verbe à partir duquel est formé chaque verbe ci-dessous.

1. s'enfuir – s'envoler – emporter – emmener

2. déclouer – démonter – décoller – dévisser – débrancher

b. **Indique** le sens des préfixes.

Je m'entraine

4 **Choisis** un verbe de l'activité 2 ou 3 et **écris** une phrase le contenant.

5 a. **Écris** le verbe correspondant aux définitions suivantes.
b. **Entoure** le préfixe que tu as ajouté dans chaque mot.

- mettre dans un cadre
- enlever ce qui bouche
- porter loin
- mettre en terre
- défaire les boutons
- aller à l'intérieur d'une barque

6 **Écris** le nom correspondant aux définitions suivantes.

- le petit de la baleine
- le petit de l'âne
- un petit bâton
- une petite rue
- une petite maison
- une petite botte
- un petit ver
- un petit wagon

D'où viennent les mots

Le nom **calligramme** a été créé par Apollinaire par croisement entre *calligraphie* et *idéogramme*. En grec, *kalli* signifie *beau* et *gramme* signifie *lettre, écriture*.

Écrire une fable

Je repère l'organisation de l'histoire

1 a. **Relis** la fable « La colombe et la fourmi ».

b. **Trouve** les deux parties de la fable puis **indique** pour chaque partie : les personnages et le lieu ; l'événement ; l'aide apportée et la solution.

2 **Relève** les mots qui désignent les lieux, les personnages, ainsi que les verbes d'action utilisés.

J'écris l'histoire

3 a. **Écris** en deux parties l'histoire de « La colombe et la fourmi ».

b. **Emploie** le présent.

c. **Utilise** les mots ou groupes de mots relevés pour désigner les lieux et les personnages.

d. **Cherche** des verbes précis pour désigner les actions des personnages.

e. À la fin de ton texte, **ajoute** la morale que tu as écrite à la fin de la séquence de lecture de la page 134.

Je cherche des idées pour une nouvelle histoire

4 En gardant la même morale, **invente** une autre histoire.

a. **Choisis** deux animaux : un grand, puissant et un petit, faible.

b. **Imagine** une première situation dans laquelle le faible a besoin du fort puis une autre situation dans laquelle c'est le contraire.

c. **Trouve** où se passe chaque partie de ton histoire.

J'écris la fable

5 a. **Cherche** des mots ou groupes de mots pour désigner les lieux.

b. **Nomme** les personnages de différentes manières.

c. **Écris** ton texte au présent.

6 **Termine** en ajoutant la morale.

7 a. **Observe** la présentation en vers de la fable de La Fontaine ainsi que la ponctuation.

b. **Présente** ton histoire en vers. Tu peux y introduire quelques rimes si tu le souhaites.

Je révise et j'améliore

8 **Relis** ton texte et **vérifie** que :

- tu as mis les majuscules et la ponctuation ;
- tu as donné un titre ;
- tu as raconté l'histoire en deux parties ;
- tu as nommé les lieux et les personnages de différentes manières.

Fiche 119 + et ++

› Identifier les caractéristiques de l'interview
› Mettre en relation différentes informations

Entretien avec la poète Marilyse Leroux

Marilyse Leroux

- Marilyse Leroux a passé son enfance au bord du golfe du Morbihan où elle est née. Poète, nouvelliste, chroniqueuse littéraire, animatrice d'ateliers d'écriture, passionnée d'art, elle aime travailler avec des photographes, peintres, collagistes, poètes, musiciens, car, chez elle, l'écriture se veut avant tout voyage, aventure, partage.
- Elle a à ce jour publié onze recueils de poésie, autant de livres d'artistes, six recueils de contes et de nouvelles, ainsi que des romans pour la jeunesse mettant en scène des enfants de Rochefort-en-Terre et la sorcière Naïa.

Des élèves de CM2 ont interviewé Marilyse Leroux qui a bien voulu répondre à leurs questions.

La classe de CM2 : Pourquoi écrivez-vous des poèmes ?

Marilyse Leroux : Ce qui me pousse à écrire des poèmes, c'est l'énergie, l'élan vital que je sens en moi, autour de moi. Une sorte de puissance d'amour inépuisable. J'ai l'impression qu'une source jaillit et cascade jusqu'à mes pieds. À moi d'en maitriser le flux.

À quel âge avez-vous commencé à écrire des poèmes ?

▶ Au collège, vers 13 ans, grâce à un professeur. Je me souviens avoir vécu deux éblouissements en poésie à l'école primaire vers 9 ou 10 ans, en écoutant « Choses du soir » de Victor Hugo et « Ballade à la lune » d'Alfred de Musset. J'entendais le vent hurler sur la lande, je voyais la lune ronde briller sur son clocher. J'étais subjuguée.

Comment avez-vous su que vous aviez un talent de poète ?

▶ Ce sont les autres qui peuvent le dire. Soi-même, on ne sait rien, on doute, on se sent toujours nu même si on a beaucoup écrit, même si on a une confiance indéfectible dans le pouvoir des mots et de la poésie.

Je fais appel à mes connaissances

1 **Indique** ce que tu sais sur les éléments qui composent une interview.

Je comprends

2 a. **Émets** des hypothèses sur le sens des mots nouvelliste, chroniqueuse littéraire, subjuguée et **vérifie** dans le lexique.

b. **Liste** toutes les activités de Marylise Leroux.

3 **Trouve** un synonyme du mot interview.

4 a. **Réponds à la question en citant le texte.**
Quels sont les deux éblouissements qu'a vécus la poète à l'école primaire ?

b. **Recherche** et **lis** les poèmes dont parle Marilyse Leroux.

Oral c. Que ressens-tu à cette lecture ?

5 **Émets** des hypothèses sur le sens des mots indéfectible, contemporains, anthologie en t'aidant de la formation des mots et/ou du contexte. **Vérifie** ensuite dans le lexique.

6 **Indique** le nom du poète que Marilyse Leroux aime plus que tout.

Quels thèmes vous inspirent pour écrire ?

▶ Tout peut m'inspirer : un visage, une rencontre, un mot, une expression, une photographie, une peinture, un paysage, un objet, une lumière… On ne sait pas quand le poème surgit, c'est toujours un petit miracle. En ce sens, le poème est toujours neuf, et moi j'ai toujours 10 ans !

Avez-vous des poètes préférés ?

▶ De nombreux poètes accompagnent ma vie (j'ai eu la chance d'en connaitre certains) : Hélène et René Guy Cadou, Saint-John Perse, Adonis, Juarroz, Andrée Chedid, Guillevic, Heather Dohollau, Vénus Khoury-Ghata… et celui que j'aime plus que tout autre : Georges Schehadé. Je lis aussi beaucoup d'auteurs contemporains dont il m'arrive de chroniquer les recueils.

Affiche de la manifestation « Le printemps des poètes », 2012.

Avez-vous déjà participé au « Printemps des poètes » ?

▶ Oui, depuis le début. J'organise des lectures, des rencontres, des expositions, j'anime des ateliers-poésie, j'imprime des cartes-poèmes, des poèmes-affiches, je participe à des manifestations, à des anthologies sur le thème proposé…

Que pensez-vous de cette manifestation ?

▶ C'est un moment important – même si la poésie se vit chaque jour de l'année – car il met en lumière les livres, les poètes, les éditeurs de poésie qui sont peu présents dans les médias. La poésie est un mode de vie et de connaissance, une façon de respirer le monde, une force intérieure. Elle doit être partagée partout, avec tous.

Vous allez souvent dans les classes ? Vous aimez bien rencontrer des élèves ?

▶ Oui, beaucoup. J'en ressors toujours galvanisée (la poésie tient aussi de la pile électrique, de la dynamo). J'écris souvent pour les enfants que je rencontre, avant ou après. La poésie dépasse les mots, c'est un partage du cœur, une aventure de l'âme.

7 a. **Observe** l'affiche du « Printemps des poètes ». Quel était le thème de l'année 2012 ?

b. **Explique** le rôle de cette manifestation.

8 **Lis** la phrase lignes 40-41, **émets** des hypothèses sur le sens du mot galvanisé et **explique** avec tes mots les paroles de la poète. **Vérifie** dans la rubrique « D'où viennent les mots ? » page 148.

Oral **9** **Échange** avec tes camarades pour répondre à la question.

Connais-tu la manifestation du « Printemps des poètes » ?

Pour aller + loin

10 **Cherche** sur le web des informations sur le poète Georges Schehadé et **rédige** quelques phrases pour le présenter.

Oral

Je lis à voix haute

- **Lis** l'interview.
- **Lis** très vite cette phrase.

René Guy Cadou, Andrée Chedid, Guillevic, Georges Schehadé accompagnent la vie de cette femme subjuguée et galvanisée par la poésie qui chronique des recueils de poètes contemporains et contribue à des anthologies.

Fiche 120 + et ++

Au travers des courts poèmes de Marilyse Leroux, le pouvoir des mots joue le premier rôle : il nous entraine pour de fabuleux voyages qui décoiffent le réel et repeignent le monde. D'autant plus que les dessins de Consuelo de Mont Marin participent allègrement à cette fête : ils sont à la fois vifs, colorés, malicieux et complices…

Jean-Claude Touzell, extrait de la 4e de couverture du recueil *Sur ma table*, éditions Donner à voir, 2019.

Fabulette

Une fourmi s'est égarée
sur ma table
que cherche-t-elle ?

Je lui présente
ses sœurs de papier
elle s'en moque :
elle court plus vite
que mon stylo

Ça m'est égal :
j'aime les mots-cigales.

Marilyse Leroux, *Sur ma table*,
illustrations de Consuelo de Mont Marin,
éditions Donner à voir, 2019.

Ma fabulette

Un lièvre dessine
sur la chaise
qu'imagine-t-il ?

Je lui présente
ses sœurs de galet
il s'en moque
il chante bien mieux
que la mer

Ça m'est égal :
je lis le mot tortue.

Poème écrit par Chris, élève de la classe de CM2 de Michel Fievet à Fontenoy (02) à la suite de la lecture du poème de Marilyse Leroux.

Je me souviens

1 **Qu'as-tu appris sur Marilyse Leroux et la poésie avec son interview ?**

Je comprends

2 **a. Lis** le poème de Marilyse Leroux et **trouve** le sens de son titre en t'aidant de la formation du mot.

b. Dis ce que tu ressens, ce que tu comprends.

3 **Émets** des hypothèses sur le sens de **égarée** et **vérifie** dans le lexique.

4 **Réponds** aux questions.

a. Qu'est-ce qui est important dans les courts poèmes de Marilyse Leroux ?

b. Dans « Fabulette », que désigne l'expression ses sœurs de papier ?

c. De quels animaux parle la poète dans « Fabulette » ?

d. À quelle fable de La Fontaine te font penser ces animaux ?

5 **Trouve** le sens de **mots-cigales** en t'aidant de sa formation et du contexte.

6 **Trouve** un autre titre possible à ce poème.

7 **Lis** le texte de Chris et **réponds** aux questions.

a. De quels animaux parle Chris dans « Ma fabulette » ?

b. À quelle fable de La Fontaine te font penser ces animaux ?

Oral

Je lis à voix haute

- **Lis** le poème de ton choix.

La lettre *t*

Je mémorise

1 **Lis** les mots à mémoriser puis **recopie** le verbe et les noms.

attirer / un bruit / tiède / un athlète / patient

2 **Recopie** les mots à mémoriser puis **souligne** le verbe et l'adjectif.

une lutte / un art / imprudent / une conversation / interroger

Je fais le point

3 **Lis** ces mots et **indique** comment se prononce la lettre **t**.

partout – une action – le temps – étourdi – une invention – spatial – l'été

4 **Recopie** ces mots et **entoure** les différentes manières d'écrire le son [t].

une sortie – un trait – des lunettes – un théâtre – le facteur – quitter – huit

5 **Indique** le son transcrit par la lettre **t** associée à **e**.

un navet – un chalet – un ticket – un carnet

6 **Lis** ces mots et **explique** la présence de la lettre **t** muette.

1. adroit / adroite – un abricot / un abricotier – le trot / trotter
2. il finit – elle faisait – ils disent – elles étaient – il a fait – ils ont dit

7 **Complète** les phrases suivantes.

- La lettre **t** se prononce ... ou .... Le son [t] peut être transcrit par ..., ... ou ....
- Associée à la lettre ... la lettre **t** transcrit le son [ɛ].
- À la fin de nombreux mots, la lettre **t** muette sert à former le ... ou un mot de la ....
- La lettre **t** muette est présente également dans :
  - la terminaison des verbes du 2e et du 3e groupe (sauf *aller*) à la ... personne du singulier au présent et à l'imparfait et de tous les verbes à la 3e personne du pluriel à ... les temps ;
  - à la fin du participe ... de certains verbes du 3e groupe.

Je m'entraine

8 **Classe** les mots suivants en deux colonnes : **t** se prononce [t] / **t** se prononce [s].

une addition – un tablier – un métier – la patience – une acrobatie – une natte

9 **Écris** un mot de la famille de chaque nom en utilisant le **t** muet final.

un accent – un début – un biscuit – un combat – le respect – le vent – un fruit

10 **Écris** un nom masculin terminé par **-et** de la famille de chaque mot.

accrocher – lacer – souffler – empaqueter – jouer – siffler – un mur

11 **Classe** les dix mots mémorisés selon leur nature.

Fiche 122 + et ++

Les relations dans un texte (14)

Je lis et je transpose

Une poète, Marilyse Leroux

Marilyse Leroux vient dans une classe de CM2 pour animer un atelier de poésie. Les élèves veulent tout savoir sur elle. Elle raconte :

« Je nais en Bretagne. Je passe mon enfance au bord du golfe du Morbihan.

J'ai deux éblouissements en poésie à l'école primaire. En écoutant « Choses du soir » de Victor Hugo, j'entends le vent hurler sur la lande. En écoutant « Ballade à la lune » d'Alfred de Musset, je vois la lune ronde briller sur le clocher. Je suis subjuguée. Je commence à écrire des poèmes vers l'âge de treize ans.

Je publie des recueils de poèmes, des nouvelles et des romans pour la jeunesse. Je participe au « Printemps des poètes » depuis ses débuts. Chaque année, j'organise des lectures, des rencontres et j'anime des ateliers au cours de cette manifestation. »

Les élèves sont contents et remercient la poète de sa visite.

Oral

1 a. **Dis** le texte au passé en conjuguant à l'imparfait les verbes soulignés en bleu, au passé composé les verbes soulignés en noir.

b. **Explique** les changements.

2 **Indique** les auxiliaires utilisés pour les verbes conjugués au passé composé.

3 **Donne** l'infinitif des verbes soulignés. **Trouve** les verbes qui sont à l'infinitif dans le texte.

4 **Indique** si la dernière phrase du texte est une phrase simple ou une phrase complexe.

Je collecte

5 **Colle** les étiquettes aux bonnes pages de ton cahier de grammaire.

Je m'entraine

6 **Recopie** le texte en conjuguant le verbe souligné en bleu à l'imparfait, les autres au passé composé.

J'aime la poésie. Avec la fable, j'imagine la colombe qui sauve la fourmi. J'ai envie d'applaudir quand la colombe pique le vilain.

7 a. **Recopie** le texte en le mettant au passé. **Emploie** l'imparfait et le passé composé comme il convient.

Je suis en voiture. Je roule tranquillement sur une route de campagne. Soudain une lumière vive éclaire le ciel. Je coupe le moteur. Je commence à avoir peur.

b. **Écris** deux phrases au passé pour terminer le texte.

Fiche 123 + et ++

Des phrases et des groupes nominaux (12)

Je repère

1 **a. Dans les phrases suivantes, trouve le verbe, le sujet, le complément circonstanciel s'il y en a un, et le complément d'objet direct s'il y en a un.**

1. Marilyse Leroux passe plusieurs heures dans cette classe de CM2.
2. Depuis quelques années, cette poète publie des romans pour la jeunesse.
3. Je participe au « Printemps des poètes » depuis ses débuts.
4. La poète anime des ateliers au cours de cette manifestation.
5. Elle parle de poésie aux élèves.
6. Les élèves de la classe remercient la poète de sa visite.

b. Recopie les deux premières phrases en remplaçant le groupe nominal complément d'objet direct par un pronom.

2 **a. Relis le texte *Une poète, Marilyse Leroux.***

b. Relève les noms propres.

c. Classe les groupes nominaux suivants en trois colonnes : GN = déterminant + nom / GN avec adjectif / GN avec complément du nom.

la semaine dernière	la lune ronde	Printemps des poètes
mon enfance	des poèmes	ses débuts
l'école primaire	l'âge de treize ans	des lectures
Ballade à la lune	des recueils de poèmes	cette manifestation
Choses du soir	des romans pour la jeunesse	sa visite

d. Indique les groupes nominaux contenant un déterminant possessif et celui contenant un déterminant démonstratif.

Je collecte

3 **Colle les étiquettes aux bonnes pages de ton cahier de grammaire.**

Je m'entraine

4 **Dans les phrases suivantes, remplace le pronom personnel complément d'objet par un groupe nominal.**

1. En classe, les élèves le lèvent avant de parler.
2. Tu les ranges sur l'étagère de ta chambre.
3. Vous l'apprenez par cœur.
4. Ce soir, la météo l'annonce.
5. Le chien le suit des yeux.

5 **Classe ces groupes nominaux suivant leur genre et leur nombre.**

- des chaussures de football
- des oiseaux nocturnes
- une robe avec des rayures
- un collier avec des perles
- les gâteaux à la crème
- une idée géniale

Fiche 124 + et ++

Des mots des poèmes (2)

Je réfléchis

1 **Associe** chaque adjectif à sa définition.

1. subjugué
2. inépuisable
3. indéfectible
4. galvanisé
5. contemporain
6. passionné

a. qui dure toujours
b. charmé, fasciné, ébloui
c. qui aime beaucoup quelque chose
d. de notre époque
e. excité, plein d'énergie
f. qui n'a pas de fin

2 **Complète** chaque phrase avec un des adjectifs de l'activité 1. **Accorde** l'adjectif comme il convient.

1. Le public a été ... par ce spectacle émouvant.
2. Son frère est ... de ski.
3. Mon amitié pour lui dure depuis longtemps, elle est ....
4. Ce discours a ... la foule qui s'est mise à crier et taper dans les mains.
5. Des poètes ... participent au « printemps des poètes ».
6. Internet est une source ... d'informations.

3 a. **Lis** les définitions.

Éblouissement • **1.** Trouble de la vue accompagné de vertige.
2. Enchantement, émerveillement.

b. **Indique** dans quel sens le mot éblouissement est employé dans la phrase suivante.

Je me souviens avoir eu deux **éblouissements** en poésie à l'école primaire.

4 **Indique** à partir de quels noms sont formés les noms suivants.

un collagiste
une nouvelliste

un comédien
un pharmacien

un cuisinier
un ambulancier

5 a. **Indique** à partir de quels verbes sont formés les noms suivants.

un éditeur, un animateur, un compteur, un broyeur, un batteur, un coiffeur

b. **Écris** les suffixes utilisés. Que désignent les mots formés avec ces suffixes ?

Je m'entraine

6 a. **Écris** le nom de métier correspondant aux définitions suivantes.

Il fait de la chirurgie.
Il élève des animaux.
Il fait de la magie.

Il travaille à la douane.
Il écrit des articles dans un journal.
Il travaille dans un garage.

b. **Souligne** le radical et **entoure** le suffixe utilisé.

D'où viennent les mots

Le verbe **galvaniser** vient du nom du médecin et physicien italien Galvani, qui a travaillé sur les effets de l'électricité. Le verbe a deux sens : électriser au moyen d'une pile / donner de l'énergie avec des idées, des propos ou des activités.

Fiche 125 + et ++ Mémo Des suffixes

Écrire des poèmes

Je repère l'organisation du poème « Déménager »

1 **Relis** le poème « Déménager » page 136.

2 a. **Relève** les vers composés de verbes à l'infinitif avec un complément, ceux composés de plusieurs verbes à l'infinitif, ceux composés d'un seul verbe.

b. **Repère** les phrases. **Indique** celles qui correspondent à un vers.

c. **Réponds** aux questions suivantes.

1. Pourquoi le poète a-t-il regroupé certains verbes en une seule phrase ?
2. Combien le premier vers et le deuxième vers contiennent-ils de phrases ?
3. Quel est le sens de ces deux vers ?

J'écris à la manière de Georges Perec

3 **Écris** un poème avec des verbes à l'infinitif accompagnés ou non d'un complément.

a. **Choisis** le thème de ton poème parmi les titres suivants ou **imagines**-en un autre.

Voyager – Naviguer – Emménager – Pêcher – Skier – Travailler (à l'école) – Visiter

b. **Liste** chronologiquement les différentes actions concernant chaque thème avec des verbes à l'infinitif. **Aide-toi** du dictionnaire pour trouver des synonymes à ces verbes.

Je repère l'organisation du poème « Fabulette »

4 **Relis** le poème de Marylise Leroux et celui de Chris page 144.

5 a. **Indique** le nombre de strophes et de vers dans chaque strophe.

b. **Réponds** aux questions.

1. Quel type de phrases constitue la première strophe ?
2. Quels éléments du poème de Marylise Leroux Chris a-t-il utilisés ?

J'écris à la manière de Marylise Leroux

6 **Écris** un poème en parlant de deux personnages de la fable : « La Colombe et la Fourmi ». **Respecte** la disposition du poème « Fabulette ».

Je révise et j'améliore

7 **Relis** tes poèmes et **vérifie** que :

- tu as mis les majuscules et la ponctuation ;
- tu as mis un titre ;
- tu as respecté l'organisation des poèmes.

Fiche 126 + et ++

Le printemps de Thomas (1)

› Anticiper le contenu d'un roman
› Identifier le narrateur de l'histoire
› Identifier actions et émotions des personnages

Alors que la Seconde Guerre mondiale bat son plein et que des rumeurs de débarquement se font entendre, Thomas Borderie, treize ans, rêve d'aider la Résistance. Fils de métayers de Dordogne, il est ami avec Mlle Blandine, la fille des châtelains, qui a non seulement du caractère, mais aussi un frère chef au maquis. L'un et l'autre s'informent des nouvelles de la guerre et cherchent par tous les moyens possibles à se rendre utiles. Bientôt, une opportunité se présente : à force d'insistance, Mlle Blandine décroche une mission secrète à laquelle elle convie Thomas.

Blandine et Thomas sont assis au bord d'un sentier.

Elle m'a regardé d'un air moqueur.

– Mon frère ne veut toujours pas de moi. Tant pis pour lui. J'ai trouvé quelqu'un qui a besoin de mes services. Il s'appelle *Monsieur* Étienne. Un beau nom de guerre, tu ne trouves pas ? Il a au moins quarante ans, c'est un homme, un vrai. Et, tiens-toi bien, c'est le représentant du colonel Berger dans la région de Bergerac. Tu as entendu parler du colonel Berger ?

Ce nom ne me disait rien. Elle a haussé les épaules, puis elle m'a débité son histoire d'une traite, sans respirer.

– Mon frère l'a envoyé à la Magerie pour qu'on le cache quelques jours. Je lui ai parlé. Je lui ai dit que j'avais dix-sept ans (bon, j'ai triché d'un an…), que je n'étais pas plus sotte qu'une autre, que je me sentais capable de résister à la torture aussi bien qu'une chrétienne au temps des Romains, et que je voulais à tout prix *faire quelque chose*. Il a bien ri, à propos de la torture. « Et que voulez-vous faire ? – Je

J'anticipe

1. **Observe** la couverture, **indique** le titre, **dis** ce que tu vois et **émets** des hypothèses sur l'histoire.
2. **Lis** l'extrait de la quatrième de couverture et **indique** le lieu, l'époque à laquelle se déroule l'histoire.
3. **Émets** des hypothèses sur le sens des mots rumeur, métayers, opportunité, châtelains, décroche en t'aidant du contexte ou de la formation des mots et **vérifie** dans le lexique.
4. Oral **Échange** avec tes camarades pour dire ce que tu sais de la Résistance et des maquis.

Je comprends

5. **Relève** les noms des personnages et **indique** ce que l'on apprend sur chacun.
6. **Indique** qui est le narrateur de l'histoire.
7. **Recopie** l'expression qui signifie parler très vite.
8. **Indique** les lignes qui décrivent Monsieur Étienne, **explique** le sens de un beau nom de guerre.
9. **Indique** qui parle lignes 19-20 et **reformule** avec tes propres mots le sens de ces paroles.
10. **Réponds** aux questions.
    a. Quelle est la mission de Blandine ?
    b. Que propose Thomas pour aider Blandine ?
    c. Pourquoi M. Étienne ne s'installe-t-il pas chez Blandine ?
    d. Qui est Landry ?

veux vous aider ! » Il m'a regardée drôlement, longtemps, et il m'a dit : « Je fais confiance aux jeunes filles. Elles sont plus malignes et plus courageuses que les garçons… » Je te jure que je n'invente pas ! « De plus, vous avez un frère officier de la France combattante et un autre au maquis. Je vous engage ! » Et voilà !

– Et il vous… euh, il t'a engagée comme quoi ?

– Agent de liaison… Peu importe le titre. Il m'a déjà donné une mission. Il m'a permis de recruter quelqu'un pour m'aider.

– Dis donc, tu vas vite.

– Oh, il pensait que j'étais agent de liaison du maquis et il a été ravi de me chiper à mon frère.

J'ai soupiré et hoché la tête.

– Et maintenant, tu cherches quelqu'un pour t'aider à l'aider !

– J'ai décidé que ce serait toi. Mais il faut que tu fasses tes preuves. M. Étienne doit rester quelque temps dans la région. Il pensait pouvoir s'installer chez nous, mais réflexion faite, trop de gens savent qu'on est gaullistes et que mon frère est au maquis. Sans parler de Landry, qui est officier de De Gaulle… M. Étienne cherche donc une maison isolée pour établir son P.C., si possible pas trop loin d'ici. Il m'a demandé de lui trouver un endroit sûr. Je pense que d'autres agents cherchent aussi, je voudrais bien être la première à proposer quelque chose qui lui plaise. […] Est-ce que tu as une idée ?

J'ai tout de suite pensé à Montlévrier. Une maison vide à environ trois kilomètres. Me Belleau était chargé de la louer, mais depuis le départ des derniers locataires, personne ne s'était présenté. Le notaire m'avait demandé d'aller ouvrir les fenêtres de temps en temps. […]

J'ai dit O.K. pour faire américain, comme je l'avais lu dans des romans d'aventures. Mais je ne savais pas parler anglais, je prononçais « oka ». Blandine a rigolé et m'a indiqué la bonne prononciation. J'ai baissé l'oreille et mis ma honte dans ma poche.

Pour aller + loin

11 **a. Lis les phrases en vert et écris quelques lignes pour répondre aux questions.**

Elle m'a regardé d'un air moqueur.

Blandine a rigolé et m'a indiqué la bonne prononciation. J'ai baissé l'oreille et mis ma honte dans ma poche.

b. Que penses-tu de l'attitude de Blandine envers Thomas ?

c. Que ressent Thomas ?

Oral **12** **Échange avec tes camarades pour imaginer ce qu'il va se passer à Montlévrier.**

Oral

Je lis à voix haute

- **Lis de *J'ai soupiré* (ligne 24) à la fin du texte.**
- **Lis très vite cette phrase.**

À force d'insistance, Blandine décroche une mission pour Thomas qui se rengorge : c'est une belle opportunité d'être agent de liaison pour la Résistance.

Fiche 127 + et ++

Le matin du jeudi suivant, Thomas rencontre Blandine.

– Thomas, je te cherchais ! Ça y est ! M. Étienne est installé. On attend quelqu'un cette nuit ! Je vais préparer une chambre.

Elle a tapoté le ballot sur son porte-bagages.

– J'emporte des draps. Montlévrier est une planque parfaite.

Je me suis mis à rire. Débarrassé d'un gros souci, je me rengorgeais un peu. Elle a tiré sa jupe sur ses genoux, et j'ai rougi.

– Écoute, a-t-elle dit, je suis très, très pressée. Je devais être à Montlévrier à midi, j'aurai presque une heure de retard. Je voulais juste t'avertir de… enfin… mais je ne peux rien te dire.

J'ai pensé : « Dommage. » Mais elle a repris :

– C'est secret, tu comprends ? Je n'ai pas le droit d'en parler. Enfin, comme tu sais tout pour Montlévrier, ce n'est pas grave. Tu ne devines pas ? Il y a eu un message personnel hier soir, le deuxième… *La soupe aux choux se fait dans la marmite.*

J'ai compris le coup. Elle ne pouvait pas trahir un secret de la Résistance, mais elle ne m'empêcherait pas de deviner ! Bon, le mystère ne me semblait pas très épais.

– Il va y avoir un parachutage ? […]

Je me suis approché d'elle. Après un regard aux alentours, elle s'est penchée vers mon oreille. Une de ses boucles a caressé ma joue.

– Une heure, cette nuit. On attend des armes et aussi un envoyé du général de Gaulle venu rencontrer le colonel Berger. Jure-moi que je ne t'ai rien dit. Du côté de…

Elle a bredouillé un nom que je n'ai pas compris sur le moment. Quelque chose comme l'Étincelle… Elle m'a souri, puis elle est remontée en selle en fredonnant *Marjolaine.*

J'ai réfléchi à l'endroit qu'elle m'avait indiqué en écorchant le nom, exprès ou pas. Ça me disait quelque chose.

Oral

Je raconte

1 **Raconte** le début du roman en te concentrant uniquement sur les actions des personnages.

Je comprends

2 **Lis** la phrase ligne 44 et **choisis** le sens qui correspond au mot ballot parmi ceux proposés ci-dessous.

1. La balle **2.** Le paquet de marchandises **3.** L'idiot

3 **a. Trouve** dans le texte le mot familier synonyme de cachette.

b. Émets des hypothèses sur le sens des mots se rengorger, bredouiller, écorcher et **vérifie** dans le lexique.

4 **Réponds** aux questions par une phrase.

a. Que va-t-il se passer dans la nuit ?

b. Pourquoi Blandine doit-elle garder le secret ?

c. Met-elle finalement Thomas dans la confidence ?

Oral

5 **Lis** la phrase en italique ligne 54 et **échange** avec tes camarades à propos des messages codés utilisés par les Résistants.

Oral

Je lis à voix haute

• **Lis** l'ensemble du texte.

Fiche 128 + et ++

La lettre *l*

Je mémorise

1 **Lis** les mots à mémoriser puis **recopie** les verbes et l'adjectif.

le brouillard / briller / une ligne / brutal / falloir

2 **Recopie** les mots à mémoriser puis **souligne** les noms et l'adjectif.

le silence / illuminer / un outil / lourd / celle-ci

Je fais le point

3 **Lis** ces mots et **indique** quels sons sont transcrits par **l** ou **ll**.

un album – lorsque – un billet – allonger – une place – aller – une grille

4 **Recopie** les mots, **entoure** les groupes de lettres **il** et **ill** et **indique** quel son ils transcrivent.

un détail – un caillou – ailleurs – pareil – cueillir – un fauteuil – la paille

5 **Lis** les deux séries de mots. Que **remarques-tu** ?

1. une mule – une virgule – un véhicule – une cellule – un monticule – une rotule
2. une bulle – un pull – un consul – le recul – le calcul

6 **Explique** le rôle de la lettre finale **l** muette (elle est rare).

un outil → l'outillage – un sourcil → sourciller

7 **Complète** les phrases suivantes :

- Seule ou doublée, la lettre **l** transcrit les sons ... ou ....
- Derrière la lettre **i**, au milieu ou en fin de mot, la lettre **l** seule ou doublée transcrit le son ...
- La plupart des mots finissant par [yl] s'écrivent .... **Mais** on écrit une bulle, le calcul, un consul, un cumul, un pull, le recul, du tulle.
- La lettre **l** muette se trouve à la fin de quelques mots seulement. Elle permet de former ....

Je m'entraine

8 **Recopie** les mots en les complétant avec **il** ou **ill** qui transcrit [j].

un conse• – un œ• – un méda•on – une feu•e – un réve• – il se réve•e – du béta•

9 **Recopie** les mots en les complétant avec [yl] écrit comme il convient.

une form• – une b• – un p• – une partic• – une gél• – un cons• – une pend•

10 **Observe** chaque mot ci-dessous. **Écris** le mot de la même famille terminé par un **l** final muet.

la gentillesse – une fusillade – sourciller – une persillade

11 **Classe** les dix mots mémorisés selon leur nature.

Fiche 129 + et ++

Les relations dans un texte (15)

Je lis et je transpose

Thomas à Montlévrier

Tu es allé à Montlévrier voir la maison. Tu es entré, les grilles du parc étaient ouvertes. Tu as pris la clé cachée sous un pot de fleurs et tu as pu ouvrir la porte de la maison. Tu as fait un tour dans chaque pièce. Tu es descendu à la cave. Tu as vu une sortie secrète qui menait dans la vallée depuis le sous-sol.

La maison semblait parfaite pour cacher quelqu'un. Mais tu as réfléchi. Plusieurs questions te sont venues à l'esprit. Pourquoi les maquisards n'ont-ils pas occupé la maison ? Est-ce que tu n'étais pas imprudent en choisissant cette maison ? En même temps, tu as pensé qu'il fallait bien prendre des risques.

Tu as décidé ensuite d'aller voir Maitre Belleau. Il t'avait dit un jour qu'il fallait écouter Londres pour avoir les vraies nouvelles. Tu lui as raconté ton projet. Il a accepté tout de suite. Justement, il ne savait pas comment aider la Résistance, les Anglais et le Maquis.

1. a. **Dis** le texte en remplaçant tu (Thomas) par vous (Blandine et Thomas) et **récris** les groupes de mots soulignés.
   b. **Explique** les changements.
2. a. **Indique** les auxiliaires utilisés pour les verbes conjugués au passé composé.
   b. **Relève** le verbe conjugué à un temps composé avec l'auxiliaire avoir à l'imparfait.
3. **Donne** l'infinitif de tous les verbes conjugués du texte. **Trouve** les verbes qui sont à l'infinitif dans le texte.
4. **Relève** une phrase complexe contenant deux verbes conjugués dans le premier paragraphe.

Je collecte

5. **Colle** l'étiquette comprenant une seule phrase à la page 11 de ton cahier de grammaire et les autres aux bonnes pages.

Je m'entraine

6. **Récris** le texte en remplaçant vous par tu.
   À la bibliothèque, vous avez emprunté un roman policier. Vous avez eu du mal à vous décider. Vous avez longtemps hésité. Vous avez lu plusieurs résumés. Finalement, vous avez choisi un roman d'un auteur connu.
7. **Récris** le texte en remplaçant tu par vous.
   Tu as recopié le poème. Tu as fait attention à ton écriture. Quand tu as relu, tu as trouvé une erreur. Alors tu as corrigé puis tu as illustré le poème. Ensuite tu l'as appris par cœur et tu l'as dit devant toute la classe.

Fiche 130 + et ++

Des phrases et des groupes nominaux (13)

Je repère

1 a. **Relis** le texte *Thomas à Montlévrier* et **recopie** les phrases interrogatives.

b. **Explique** la construction de ces phrases : mots interrogatifs employés, inversion ou non du sujet, reprise ou non du sujet par un pronom, ponctuation.

2 a. **Recopie** les phrases ci-dessous.

1. Toi, Thomas, tu étais imprudent de choisir cette maison.
2. La maison semblait parfaite pour cacher quelqu'un.
3. Les grilles étaient ouvertes.

b. **Souligne** le verbe, **entoure** de couleurs différentes le sujet et l'adjectif proche du verbe que l'on ne peut ni supprimer ni déplacer.

c. Sur quel élément de la phrase chaque adjectif fournit-il une information ?

d. **Récris** la phrase 1 en remplaçant **Toi, Thomas** par **Toi, Isabelle** puis par **Vous**, **Isabelle et Thomas**

e. **Récris** la phrase 3 en remplaçant **Les grilles** par **Le portail**, par **Les portails**, puis par **La grille**.

3 a. Dans les phrases suivantes, **trouve** le verbe, le sujet et les compléments d'objet. **Indique** le complément d'objet direct s'il y en a un.

1. Mon frère ne veut toujours pas de moi.
2. Je fais confiance aux jeunes filles.
3. Tu as raconté ton projet au notaire.

b. **Recopie** les phrases 2 et 3 en remplaçant **aux jeunes filles** et **au notaire** par un pronom.

4 a. **Relis** le texte *Thomas à Montlévrier.*

b. **Relève** les deux groupes nominaux qui comportent un complément du nom.

c. **Indique** le genre et le nombre de chacun de ces groupes nominaux.

Je collecte

5 **Colle** les étiquettes aux bonnes pages de ton cahier de grammaire.

Je m'entraine

6 **Recopie** les phrases. **Souligne** le verbe, **entoure** le sujet et le COD. **Remplace** le groupe nominal complément d'objet par un pronom personnel.

1. Vous avez applaudi le spectacle.
2. Au printemps, les fleurs déplient leurs pétales.
3. Tu as gravi ce chemin escarpé sans effort.

7 **Classe** ces groupes nominaux suivant leur genre et leur nombre.

un vieux marronnier — des bâtons de glace — le règlement de la piscine

ce long trajet — des efforts importants — les tours du château

Fiche 131 + et ++

Des mots qui ont plusieurs sens

Je réfléchis

1 **a. Lis ces définitions.**

- **Décrocher :** **1.** Détacher quelque chose qui est accroché. **2.** Prendre un appel téléphonique. **3.** Obtenir.
- **Débiter :** **1.** Couper en morceaux. **2.** Faire s'écouler régulièrement du liquide. **3.** Dire en public.
- **Écorcher :** **1.** Enlever la peau d'un animal mort. **2.** Déchirer légèrement la peau. **3.** Écorcher un mot, le déformer en le prononçant mal.
- **Isolé :** **1.** Éloigné, à l'écart. **2.** Seul, sans famille ni amis.
- **Agent (un) :** **1.** Personne qui règle la circulation. **2.** Personne chargée d'une mission secrète.

b. Indique dans quel sens chaque mot en couleur est employé.

1. Blandine décroche une mission secrète.
2. Elle m'a débité son histoire d'une traite.
3. Elle m'avait indiqué l'endroit en écorchant le nom.
4. M. Étienne cherche une maison isolée.
5. Je pense que d'autres agents cherchent aussi.

2 **L'adjectif juste, selon son sens, a des synonymes différents :**

Sens 1. Exact. – **Sens 2.** Petit.

Indique le synonyme qui convient dans les phrases suivantes.

Ton opération est juste. Ce pull est trop juste.

3 **Le verbe partir, selon son sens, a des contraires différents :**

Sens 1. Arriver. – **Sens 2.** Rester.

Indique le contraire qui convient dans les phrases suivantes.

La tache va partir au lavage. Il doit partir à 8 heures.

Je m'entraine

4 **Remplace l'adjectif frais/fraiche par le contraire qui convient : doux/douce – dur/dure – ancien/ancienne.**

1. La trace de l'animal est fraiche.
2. En montagne, la nuit est fraiche.
3. Le pain est frais.

D'où viennent les mots

L'adjectif **isolé** vient du mot italien *isola* qui signifie *ile*. Quelque chose d'isolé est comme une ile, séparé du reste du monde.

Fiche 132 + et ++ Mémo Des synonymes - Des contraires

Décrire un lieu

Je repère l'organisation du texte

Visite à Montlévrier

Nous arrivions à Montlévrier et découvrions la maison. Elle était bâtie sur le coteau d'une vallée profonde. Assez bien cachée au milieu des arbres, elle dominait un peu les environs.

À travers les branches, nous avons distingué un toit de vieilles tuiles grises et une façade aux volets clos. La maison était vide. Elle ressemblait à une caserne abandonnée. Elle avait deux étages, quelques mansardes, des volets à la peinture écaillée, une façade verdie par la vigne vierge.

Nous sommes entrés dans la cour par les grilles ouvertes. Un double escalier montait jusqu'au perron où se trouvait la porte d'entrée. J'ai montré à Blandine une porte de cave, sous la terrasse. Depuis le sous-sol, une sortie secrète menait en bas, au ruisseau qui traversait la vallée.

Une maison isolée, abandonnée, c'était l'endroit idéal pour se cacher et fuir sans être vu.

1 **Indique** l'organisation du texte :

1. la présentation du site ;
2. l'aspect extérieur de la maison vue de loin, puis de plus près ;
3. la conclusion qui résume l'impression donnée par la maison.

Je relève le vocabulaire

2 a. **Relève** le vocabulaire utilisé :

1. les noms pour décrire le relief, la végétation, la maison ;
2. les adjectifs, les verbes qui indiquent ce que font Thomas et Blandine et ceux qui permettent de parler de la maison ;
3. la comparaison ;
4. les prépositions qui situent la maison dans l'espace.

b. **Souligne** les mots relevés qui montrent que la maison est isolée et abandonnée.

Je cherche des idées, je les organise, je rédige

3 a. **Choisis** un lieu : monument gallo-romain, château, ferme, moulin…

b. **Décris**-le au fur et à mesure que tu le découvres, comme dans *Visite à Montlevrier*.

c. **Cherche** le vocabulaire dont tu as besoin en fonction de l'impression que tu veux donner du lieu : noms, adjectifs, verbes, prépositions, comparaison.

d. **Écris** un titre puis **rédige** plusieurs paragraphes. **Termine** en indiquant l'impression que laisse le lieu.

Je révise et j'améliore

4 **Relis** ton texte et **vérifie** que :

– tu as mis les majuscules et la ponctuation ;

– tu as écrit plusieurs paragraphes ;

– tu as utilisé le vocabulaire recherché.

Fiche 133 + et ++

› Identifier les caractéristiques du roman historique
› Rappeler un récit

Le printemps de Thomas (2)

J'avais entendu les maquisards qui venaient au charbon parler d'un terrain près d'Issigeac. J'ai examiné la carte du département sur le calendrier des postes. Je n'ai pas trouvé d'étincelle… lorsqu'elle s'est faite brusquement dans mon esprit : c'était Les Trois pins seuls, un lieu-dit, de l'autre côté de la route nationale ! La bonne quinzaine de kilomètres que je devrais faire à vélo pour m'y rendre ne me faisait pas peur, de nuit comme de jour !

Mes parents se couchaient tôt. Je n'ai eu aucun mal à leur fausser compagnie, sitôt ma salade de chicorée et mon omelette au lard englouties. La lune, large et douce, auréolait mon équipée nocturne, tandis que je fonçais sur les routes, à la lueur de mon phare camouflé d'un coup de peinture bleue. Pour rien au monde je n'aurais manqué cet événement ! J'allais enfin voir un parachutage !

Ce pays, je le connaissais comme le fond de ma poche. Après avoir traversé la route de Rivièrac, puis celle de Castillonnès, et roulé un peu plus d'une heure et demie, j'ai repéré une colline qui se voyait comme le nez au milieu de la figure : Les Trois pins seuls. Si je ne me trompais pas, le terrain du parachutage devait se trouver à proximité. J'ai caché mon vélo au bord d'un sentier bordé de cytises en fleur. Les grappes d'or luisaient sous la lune. Le pré choisi par le maquis était sûrement par là. Je me suis coulé dans un taillis. Il était à peine minuit, heure allemande. Mes parents me croyaient au lit. Si ma mère s'apercevait de mon

Oral — Je me souviens et je raconte

1 **Souviens**-toi des lieux, de l'époque, des personnages, des actions et **raconte** l'essentiel de l'histoire.

Je comprends

Oral **2** **Échange** avec tes camarades les questions que tu te poses sur le texte.

3 **Émets** des hypothèses sur le sens des mots maquisard, parachutage, taillis, scruter, égrenées, cytises en t'aidant du contexte et de la formation des mots et **vérifie** dans le lexique.

4 **Explique** le sens des phrases en vert.
La lune, large et douce, auréolait mon équipée nocturne.
Les grappes d'or luisaient sous la lune.

5 **Réponds** aux questions par une phrase.
a. Où va avoir lieu le parachutage ?
b. Pourquoi les différents engins roulent-ils phares éteints ?
c. À quoi servent les trois lumières rougeoyantes ?

6 **Relève** le groupe nominal qui indique ce que représente le parachutage pour Thomas.

7 **Relève** des mots qui appartiennent au champ lexical de la guerre.

8 **Lis** la phrase en vert et **explique** ce que ressent Thomas.
Je tremblais de fatigue, de froid et d'excitation.

absence, elle me croirait à la chasse aux escargots, car il avait plu un peu dans la soirée. À force de scruter de tous côtés, j'ai aperçu des silhouettes qui avançaient juste en face de moi. Mon cœur s'est mis à cogner. Les secondes, lourdes, glacées, se sont égrenées dans ma tête. Bon Dieu, je n'avais pas prévu qu'il ferait aussi froid ! Je frissonnais de la tête aux pieds, avec ma veste légère et mes culottes courtes.

Après une éternité, le bruit d'un gazo qui montait une côte en ferraillant m'a fait l'effet d'une délivrance. Un second puis un troisième ont suivi, et enfin, une moto. Tous ces engins roulaient les phares éteints. Mais un gazogène crachait des étincelles dans la nuit. C'était bien là, un peu plus loin, sur le plateau en bas de la colline. Je me suis lancé à travers un pré à l'herbe haute.

Après dix minutes, j'ai trouvé une autre cache à proximité du terrain, juste au moment où les lampes rouges se sont allumées. J'ai distingué les masses sombres de plusieurs véhicules arrêtés à une croix de chemins, puis des silhouettes d'hommes armés. Les canons des fusils et des mitraillettes brillaient au clair de lune. J'ai rampé à l'abri d'une touffe de hautes plantes. Je tremblais de fatigue, de froid et d'excitation.

De ma position, je voyais distinctement la forme en L que dessinaient les trois lumières rougeoyantes. Elles indiquaient au pilote de l'avion les dimensions du terrain, limité par deux bordures de peupliers. J'ai oublié la fatigue et le froid. L'avion n'allait pas tarder à arriver… Oui, c'était bien un ronronnement de moteur, encore lointain. L'appareil semblait venir de l'ouest, vers Bergerac, comme s'il remontait le cours de la Dordogne.

9 **Relève** dans cet extrait de roman historique ce qui relève de la réalité historique et ce qui est inventé.

10 **Reprends** les questions émises dans l'activité 2 et **vérifie** si tu peux maintenant y répondre.

Pour aller + loin

11 **Écris** quelques lignes pour indiquer pourquoi Thomas, à un moment, oublie la fatigue et le froid.

Oral **12** **Échange** avec tes camarades en répondant aux questions.

a. Avais-tu déjà lu un roman historique ?

b. Aimes-tu ce genre de roman ? Pourquoi ?

Oral **Je lis à voix haute**

- **Lis de *Ce pays* (ligne 12) à la fin du texte.**
- **Lis très vite la phrase suivante.**

La lune, faisant luire les grappes d'or des cityses, auréolait mon équipée nocturne qui devenait tout à la fois prestigieuse, extraordinaire et mystérieuse.

Fiche 134 + et ++

Au bout d'un moment, un bimoteur, lourd et lent, a enfin crevé le ciel au-dessus de ma tête. J'en ai oublié de respirer un instant.

Il a piqué vers le sol. Je voyais ses hélices battre l'air, tandis que ses moteurs cliquetaient, tournant au ralenti. Avec un râle farouche, il s'est ensuite relancé, il a viré très lentement et s'est éloigné vers le sud-ouest. J'ai deviné : simple passage de reconnaissance. [...]

L'ombre grondante de l'avion a plané une nouvelle fois au-dessus du champ investi par le groupe de Résistants. Dans le ciel, j'ai soudain découvert une pluie de taches noires. Le bruit du moteur s'est éloigné. Puis les parachutes blancs se sont déployés au-dessus de la campagne. J'ai scruté chaque corole, chaque ombre jusqu'à ce qu'elle touche le sol, se transformant aussitôt en immense méduse. L'homme était là ! Dernier parachuté, la toile plus grise, plus large. Une forme humaine bien différente des tubes. J'ai vu ses bras s'accrocher aux cordes.

En bas, tout le monde s'agitait, à la recherche des tubes contenant les armes et les munitions. Le parachutiste a atterri non loin d'une haie de peupliers. Des hommes se sont avancés vers lui. [...]

Les lumières rouges se sont éteintes aussitôt. Les hommes ont chargé les tubes en toute hâte. Quelques minutes encore et une camionnette a démarré, emportant son précieux chargement. Une autre l'a suivie un peu plus tard. J'ai eu envie de courir vers le pré. Mais à quoi bon ? La tête encore pleine d'une vision magique, j'ai remonté la colline vers Les Trois pins seuls, puis dévalé le sentier qui me ramenait à ma bécane.

Dany et Michel Jeury, *Les maquis du Périgord, 1944 : Le printemps de Thomas*, Nathan, 2004.

Oral

Je me souviens et je raconte

1 **Rappelle** le récit en respectant la chronologie.

2 **Indique** les caractéristiques du roman historique.

Je comprends

3 **Trouve** comment est nommé l'avion.

4 **Émets** des hypothèses sur le sens des mots un râle farouche, investi et **vérifie** dans le lexique.

5 **Lis** la phrase lignes 52-53. **Explique** ce que voit le narrateur.

6 **Choisis** la définition qui convient au nom familier bécane.

1. Machine-outil. - **2.** Ordinateur. **3.** Vélo.

7 **Réponds** aux questions.

a. Qui est parachuté en dernier ?

b. Quel est le précieux chargement de la camionnette ?

Oral 8 **Partage** tes impressions de lecture en donnant ton avis sur ce roman.

Pour aller + loin

9 **Écris** quelques lignes pour répondre à la question suivante.

À ton avis, à quoi l'auteur doit-il faire attention lorsqu'il écrit un roman historique ?

Oral

Je lis à voix haute

- **Lis** l'intégralité du texte.

Fiche 135 + et ++

Les noms masculins finissant par [e]

Je mémorise

1 **Lis** les noms à mémoriser puis **écris**-les au pluriel.

le gibier / un rocher / un métier / un musée / le danger

2 **Recopie** les noms à mémoriser puis **souligne** ceux finissant par -er.

un accusé / un atelier / un fossé / un corrigé / un quartier

Je fais le point

3 **Recopie** les noms et **entoure** les lettres qui transcrivent [e] à la fin de chacun.

1. un boulanger un charcutier un fermier un boucher un cordonnier un olivier un murier un châtaignier un manguier un amandier
2. un sentier l'acier un bouclier un calendrier un voilier

4 a. **Indique** comment s'écrit [e] à la fin de ces noms.

1. un bébé un congé un canapé un pré l'été un carré un côté un musée un lycée un trophée le pied le nez
2. le blessé un défilé ce résumé le marié le condamné son protégé

b. **Écris** à l'infinitif le verbe correspondant à chaque nom de la ligne 2.

5 **Complète** les phrases suivantes.

- Les noms masculins finissant par [e] se terminent généralement par ... ; c'est le cas des noms de métiers et d'arbres mais également d'autres noms.
- Les autres noms se terminent par ..., mais on écrit le musée, un pied, le nez, ...
- Les noms formés à partir de verbes du ... groupe, se terminent par ....

Je m'entraine

6 **Écris** les noms des arbres qui donnent les fruits suivants.

les bananes les cerises les abricots les pêches les mirabelles les olives

7 **Écris** les noms de métiers qui correspondent aux définitions.

Il vend des bijoux. Il pose des vitres. Il fabrique le chocolat. Il fait des pâtisseries. Il éteint les incendies. Il conduit une ambulance. Il fait la cuisine. Il vend des épices.

8 **Écris** l'infinitif du verbe à partir duquel est formé chaque nom.

un associé – un exposé – un traité – un brulé – un assuré – un employé

9 **Recopie** les noms en les complétant avec -er, -é ou -ée.

un noiseti• – le lyc• – un infirmi• – un pât• – du th• – un poiri• – un fromag•

10 **Classe** les dix mots mémorisés selon la manière dont est écrit le son [e] final.

Les relations dans un texte (16)

Je lis et je transpose

Une longue attente

Thomas était à l'abri d'une touffe de hautes plantes. Il tremblait de froid et de fatigue. Il avait faim. Ce soir, pourtant, il avait bien mangé. Heureusement, il avait pris le sac qu'il emportait toujours en balade. Il y a trouvé un morceau de sucre et une figue sèche. Un morceau entier de sucre ! Avec le débarquement maintenant en vue, il pouvait se permettre d'en manger un morceau entier. Le sucre, un peu humide, a fondu trop vite dans sa bouche. Il a bu une gorgée d'eau à sa gourde. Il s'est senti tout de suite mieux.

Il pensait avec fierté : « J'ai aidé la Résistance ! J'ai eu l'idée de la cachette, c'est grâce à moi si ce parachutage peut avoir lieu ! Je suis allé chez le propriétaire de la maison pour obtenir son autorisation. »

Il est resté de longues minutes à attendre l'avion. Puis, enfin, il a entendu, au loin, un ronronnement de moteur.

1 a. **Dis** le texte en remplaçant Thomas par Blandine et Thomas et **récris** les groupes de mots soulignés.

b. **Explique** les changements.

2 a. **Indique** les auxiliaires utilisés pour les verbes conjugués au passé composé.

b. **Relève** les deux verbes conjugués à un temps composé avec l'auxiliaire avoir à l'imparfait.

3 **Donne** l'infinitif de tous les verbes conjugués. **Trouve** les verbes qui sont à l'infinitif dans le texte.

4 **Relève** une phrase complexe contenant deux verbes conjugués dans le premier paragraphe.

Je collecte

5 **Colle** les étiquettes aux bonnes pages de ton cahier de grammaire.

Je m'entraine

6 **Recopie** le texte en remplaçant Selma et Nordine par Selma.

Selma et Nordine ont fait leur premier saut en parachute il y a deux ans.
Ils ont enfilé une combinaison de saut et ils ont mis un casque et des lunettes.
Ils ont eu un peu peur lorsqu'ils ont sauté pour la première fois.

7 a. **Recopie** le texte en remplaçant Le Résistant par Les Résistants.

Le Résistant a préparé le terrain de parachutage. Il a placé des lampes rouges pour le baliser. Quand il a vu les parachutes se déployer, il a couru pour ramasser les armes et les munitions.

b. **Écris** deux phrases au passé pour terminer le texte.

Fiche 137 + et ++

Le complément d'objet indirect

Je réfléchis

1 **Lis** la page 14 de ton cahier de grammaire.

a. Dans chaque phrase, **souligne** le verbe et **entoure** les compléments d'objet.

b. **Indique** les compléments d'objet direct quand il y en a.

c. **Lis** les autres compléments d'objet : ce sont des compléments d'objet indirect (COI).

d. **Liste** les petits mots qui séparent les COI du verbe. **Repère** les prépositions.

e. **Indique** les verbes complétés et quel renseignement donne chaque COI.

f. **Relève** la phrase qui contient deux COI.

g. **Donne** la nature des COI.

2 **Lis** les phrases suivantes.

1. Dans l'écurie, vous leur parliez pour les rassurer.
2. L'ingénieur lui raconte sa descente dans la mine.
3. Une fillette de 11 ans lui raconte ses conditions de travail.
4. Je leur fais confiance.

a. **Trouve** le sujet, le verbe et le complément d'objet indirect dans chaque phrase.

b. **Indique** la nature de chaque COI. Où est placé le pronom COI par rapport au verbe ?

c. **Liste** les pronoms COI.

Je conclus

3 a. **Écris** le titre de la page 14 de ton cahier de grammaire : *Des compléments d'objet indirect.*

Oral b. **Explique** comment tu reconnais un complément d'objet indirect, **indique** quelle peut être sa nature.

c. **Lis** dans le mémo ce qu'il faut retenir des compléments d'objet indirect.

Je m'entraine

4 **Trouve les** compléments d'objet indirect et **recopie**-les en les classant suivant leur nature. **Entoure** les prépositions utilisées.

1. Vous rêvez d'une voiture électrique.
2. Tu crois à cette histoire.
3. Ma sœur se réjouit de mon succès.
4. Le jeune enfant leur donne des miettes de pain.

5 **Trouve** le groupe nominal COI dans chaque phrase. **Remplace**-le par un pronom.

1. Le facteur a remis une lettre à la vieille dame.
2. Depuis notre dispute, je ne parle plus à mes voisins.
3. Le chien rapporte le bâton à son maitre.
4. Le maitre explique la leçon aux élèves.

Fiche 138 + et ++

Des mots du roman

Je réfléchis

1 a. **Associe** chaque expression à son sens.

1. fausser compagnie à quelqu'un
2. faire ses preuves
3. mettre sa honte dans sa poche
4. se voir comme le nez au milieu de la figure

a. cacher qu'on n'est pas fier de ce qu'on a dit
b. quitter brusquement une personne
c. qui est bien visible
d. prouver que l'on est capable de quelque chose

b. **Choisis** une des expressions et **écris** une phrase la contenant.

2 a. **Lis** les différents sens du nom **étincelle**.

1. Minuscule partie brulante et brillante qui se détache d'un feu.
2. Petit éclair **3.** Compréhension soudaine de quelque chose

b. **Indique** dans quel sens le nom **étincelle** est employé dans les phrases suivantes.

1. L'étincelle s'est faite brusquement dans mon esprit.
2. Un gazogène crachait des étincelles dans la nuit.

3 **Recopie** les phrases en remplaçant les mots en gras par un verbe synonyme tiré de cette liste : **scrute** – **engloutit** – **pique** – **se déploient** – **auréolait**.

1. Thomas **avale rapidement** sa salade et son omelette.
2. L'avion **descend brusquement** vers le sol.
3. Thomas **observe attentivement** les coroles qui tombent du ciel.
4. La lune **rendait plus belle et importante** mon aventure nocturne.
5. Les parachutes **se déplient complètement**.

Je m'entraine

4 **Écris** deux phrases pour employer le nom **étincelle** (activité 2) dans chaque sens.

5 a. **Lis** les différents sens du verbe **piquer**.

1. Enfoncer une aiguille. **2.** Enfoncer son dard dans la peau de la victime. **3.** Donner une sensation de piqure.
4. Percer pour attraper.
5. Tomber, descendre brusquement.

b. **Indique** dans quel sens le verbe **piquer** est employé dans les phrases suivantes.

1. La fumée pique les yeux.
2. L'abeille a piqué la fillette.
3. L'infirmier pique le bébé dans le bras.
4. Tu piques le morceau de viande avec ta fourchette.

D'où viennent les mots

Le nom **parachute** est composé de *para*, qui vient du latin, puis de l'italien, *parare* et signifie *protéger contre*, et de *chute*, qui vient du verbe *choir*. C'est un dispositif destiné à ralentir la chute d'une personne ou d'un objet.

Fiche 139 + et ++ Mémo Des synonymes

Écrire le récit d'un évènement

Imagine que tu es journaliste. Tu as assisté au parachutage et, le lendemain, tu rédiges un article pour le raconter.

Je prends des notes

1 **Prélève** dans le texte des pages 158 à 160 les informations dont tu as besoin ainsi que le vocabulaire employé par l'auteur du texte.

1. Le nom du lieu du parachutage, l'endroit (pré, champ...).

2. Le moment et ses caractéristiques : jour ou nuit, température, présence de la lune.

3. Les objectifs d'un tel parachutage alors que des rumeurs de débarquement se font entendre.

4. Ceux qui y ont participé : qui étaient-ils ? Les moyens de transport utilisés pour arriver sur les lieux, les actions avant le parachutage, les armes.

5. L'attente puis l'arrivée de l'avion : les bruits, ce que l'on voyait.

6. Le déroulement du parachutage : ce que l'on voyait, ce que faisaient les Résistants.

7. Le départ.

J'organise mon texte

2 **Classe** les notes que tu as prises en trois parties.

1. L'introduction du texte pour situer le lieu, le moment et l'objectif du parachutage.

2. Le déroulement du parachutage dans l'ordre chronologique des actions.

3. Le départ des Résistants.

Je rédige mon texte

3 a. **Écris** un titre puis **rédige** trois paragraphes correspondant aux trois parties de l'activité 2.

b. **Emploie** un vocabulaire précis et imagé pour évoquer les bruits et décrire tout ce que l'on voyait : le lecteur de l'article doit avoir l'impression d'assister au parachutage.

c. **Écris** les phrases au passé (passé composé et imparfait) à la troisième personne.

Je révise et j'améliore

4 **Relis** ton texte et **vérifie** que :

– tu as mis les majuscules et la ponctuation ;
– tu as écrit trois paragraphes ;
– tu as raconté le parachutage dans l'ordre chronologique des actions ;
– tu as utilisé un vocabulaire précis pour indiquer les bruits et ce que l'on voyait ;
– tu as employé l'imparfait et le passé composé comme il convient ;
– tu as rédigé des phrases correctes et bien orthographiées.

Fiche 140 + et ++

Les enfants d'Izieu

> Repérer des informations
> Mettre les informations en relation

La Maison d'Izieu

La maison d'Izieu.

Jusqu'à la Seconde Guerre mondiale (1939-1945) cette grande maison accueillait des colonies de vacances. Elle est située loin des routes principales, au hameau de Lélinaz, sur une montagne qui domine la vallée du Rhône. Depuis le 24 avril 1994, inaugurée par le Président de la République François Mitterrand, la « Maison d'Izieu » est devenue le « Musée mémorial des enfants d'Izieu ». Dans son discours d'inauguration, le Président déclarait : « *Cette maison sera un lieu de vie, comme une sorte de défi à ce qui s'est passé dans ces lieux. Elle accueillera des classes et des groupes qui trouveront ici des espaces de travail, d'activité et de rencontre. Des groupes de toutes origines, de tous horizons, de toutes formations et de toutes religions.* »

Un refuge pour les enfants juifs

Dès le début de la guerre, en 1940, l'État Français, dont le chef est le maréchal Pétain, collabore avec la police de l'Allemagne nazie, la Gestapo. Les personnes de religion juive, adultes puis enfants, sont persécutées. Rapidement, des organisations clandestines se créent pour cacher les enfants afin qu'ils ne soient pas arrêtés et envoyés en Pologne.
Izieu se situe dans une région alors occupée par les Italiens, qui refusent de pourchasser les juifs. Le bâtiment semble donc un endroit idéal pour mettre des enfants à l'abri de la Gestapo.
Entre mai 1943 et avril 1944, la Maison d'Izieu, dirigée par Miron et Sabine Zlatin, a accueilli plus d'une centaine d'enfants. Ce lieu leur permet de faire étape avant qu'ils ne soient pris en charge par des familles d'accueil.
À Izieu, les enfants réapprennent à vivre car beaucoup ont été brutalement séparés de leurs parents. Une institutrice nommée à la rentrée 1943 les fait travailler le temps de leur séjour.

Je fais appel à mes connaissances

1 Que sais-tu de la Seconde Guerre mondiale et de la déportation des enfants juifs ?
Y a-t-il dans ta région des lieux où se sont déroulés des faits de cette guerre ? Quelles personnalités de cette guerre connais-tu ?

Je repère l'organisation des informations

2 **Relève** le titre du documentaire, le nombre de parties et leur titre.

Je comprends

3 **Émets** des hypothèses sur le sens des mots Mémorial, persécutent, clandestines, détachement, déportés, à l'aide du contexte et de leur formation. **Vérifie** dans le lexique.

4 **Indique** la nature des documents.

5 a. **Relève** les noms des personnes citées dans ce documentaire et indique leur fonction.
b. **Relève** les noms de lieux et **situe**-les sur une carte.

6 **Réponds** aux questions suivantes en t'aidant du texte et des documents.
a. Qui était hébergé à Izieu ? D'où venaient les enfants ?
b. Que s'est-il passé le 6 avril 1944 ?
c. Pourquoi a-t-on fait de la Maison d'Izieu un mémorial ?

7 **Relève** les propos de F. Mitterrand qui montrent que ce Mémorial permet d'agir contre l'intolérance et le racisme.

Que s'est-il passé en 1944 à la Maison d'Izieu ?

Le 6 avril 1944, le premier jour des vacances, sur dénonciation, un détachement allemand venu de Lyon met fin à l'existence du refuge d'Izieu où 45 enfants et 7 éducateurs essayaient de vivre paisiblement, loin de la guerre.
Avec brutalité, trois hommes de la police allemande et une quinzaine de soldats rassemblent les occupants de la maison sur la terrasse. Ensuite, au milieu des cris et des pleurs, ils font monter les enfants, les éducateurs et le directeur Miron Zlatin dans des camions qui partent vers Lyon. Seul un enfant non juif sera libéré à la sortie du village. Les enfants et les adultes seront envoyés au camp de Drancy, près de Paris, avant d'être déportés au camp de concentration d'Auschwitz, en Pologne. Ils n'en reviendront pas.

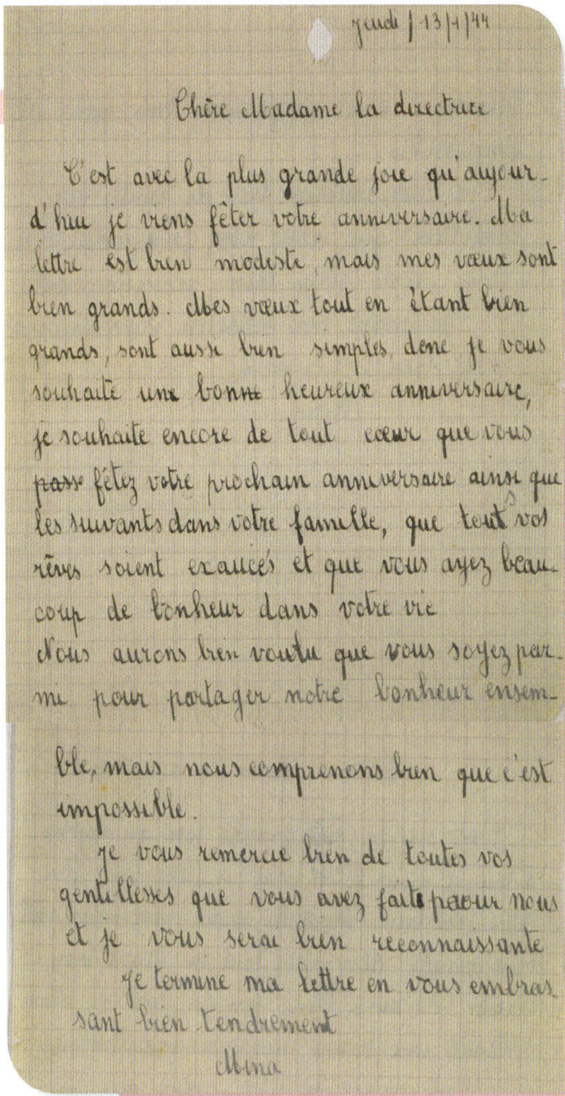
Jeudi 13/4/44

Chère Madame la directrice

C'est avec la plus grande joie qu'aujourd'hui je viens fêter votre anniversaire. Ma lettre est bien modeste, mais mes vœux sont bien grands. Mes vœux tout en étant bien grands, sont aussi bien simples, donc je vous souhaite une bonne heureux anniversaire, je souhaite encore de tout cœur que vous ~~pass~~ fêtez votre prochain anniversaire ainsi que les suivants dans votre famille, que tout vos rêves soient exaucés et que vous ayez beaucoup de bonheur dans votre vie
Nous aurons bien voulu que vous soyez parmi pour partager notre bonheur ensemble, mais nous comprenons bien que c'est impossible.

Je vous remercie bien de toutes vos gentillesses que vous avez faits pour nous et je vous serai bien reconnaissante

Je termine ma lettre en vous embrassant bien tendrement

Mina

Lettre de la jeune Mina à la directrice, conservée à la Maison d'Izieu.

8 **Lis** la lettre de Mina et **recopie** ce qui est vrai.

a. Mina écrit à ses parents.

b. Mina souhaite l'anniversaire de la directrice.

c. Mina aurait voulu que la directrice soit présente à Izieu pour son anniversaire.

Oral

Je formule ce que j'ai appris

9 **Récapitule** les informations essentielles de cette double page.

Pour aller + loin

10 Sur le site web du Mémorial, **lis** des informations sur la vie quotidienne à Izieu et **rédige** quelques lignes pour l'évoquer.

Oral

Je lis à voix haute

- **Lis les textes du documentaire.**
- **Lis très vite la phrase suivante.**

Le Mémorial des enfants juifs exterminés d'Izieu participe à la construction d'une mémoire permettant de comprendre le crime contre l'humanité et d'agir contre toute forme de discrimination.

Fiche 141 + et ++

La « dame » d'Izieu

Photo de Sabine Zlatin en tenue d'infirmière.

Sabine Zlatin est née à Varsovie en 1907. Elle quitte la Pologne vers 1925 pour étudier l'histoire de l'art à Nancy où elle rencontre son mari. En 1939, elle décide d'être infirmière mais elle est congédiée parce qu'elle est juive. Elle devient alors assistante sociale et aide à libérer les enfants enfermés.

En 1943, avec l'aide du sous-préfet de la ville de Belley dans l'Ain, Sabine et son mari installent à Izieu « la colonie d'enfants réfugiés de l'Hérault » pour sauver des enfants juifs orphelins et les faire passer en Suisse. Sabine, qui dirige la colonie avec son mari Miron, pense qu'ainsi ces enfants seront à l'abri de la police allemande. Au moins 105 enfants, juifs pour la plupart, y sont accueillis. Certains ne restent que quelques semaines ou quelques mois.

Elle se rend souvent dans l'Hérault, à Montpellier, pour conduire des activités d'aide et de sauvetage auprès d'enfants qu'elle amène ensuite à Izieu. C'est alors Miron qui assure au quotidien le fonctionnement de la colonie. Le ravitaillement, difficile en cette période, est assuré par plusieurs commerçants des villages voisins. C'est durant un des voyages de Sabine que se déroule le drame des 44 enfants d'Izieu le 6 avril 1944. Elle l'apprend par un télégramme de la sous-préfecture : « Famille malade, maladie contagieuse ». Elle essaie en vain de sauver les enfants en se rendant à Vichy. Elle rejoint alors Paris et s'engage dans la Résistance.

Sabine Zlatin est décédée en 1996. Aujourd'hui, le collège de Belley, près d'Izieu, porte son nom.

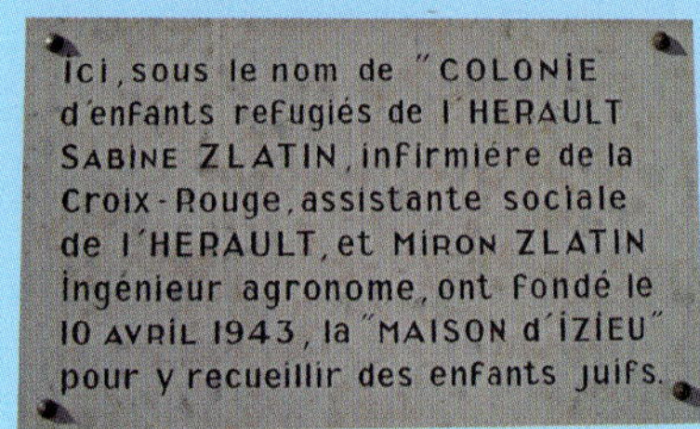

Plaque apposée en 1990 sur un mur de la Maison d'Izieu pour évoquer l'histoire du lieu et la vie de la colonie avant la rafle.

Je me souviens

1 **Rappelle** ce que tu as appris sur le Mémorial d'Izieu.

Je comprends

2 **Émets** des hypothèses sur le sens des mots rafle, orphelin, ravitaillement et de l'expression en vain à l'aide du contexte. **Vérifie** dans le lexique.

3 **Trouve** le sens du verbe congédier grâce à sa formation et le sens du nom télégramme à l'aide de sa formation et de la rubrique « D'où viennent les mots ? » page 172.

4 **Donne** la nature et la source des documents.

5 **Indique** le rôle de la plaque apposée sur un mur de la Maison d'Izieu.

6 **Réponds** aux questions par une phrase.

a. Combien d'enfants ont été accueillis à la Maison d'Izieu ?

b. Pourquoi le ravitaillement est-il difficile ?

c. Pourquoi le télégramme reçu par Sabine Zlatin est-il codé ?

d. Réussit-elle à sauver les enfants ?

Pour aller + loin

7 **Écris** quelques phrases pour dire ce que tu penses de l'action de Sabine Zlatin pendant la Seconde Guerre mondiale.

Oral — Je lis à voix haute

- **Lis** l'ensemble du texte.

Fiche 142 + et ++

Les noms féminins finissant par [i], [y], [u]

Je mémorise

1 **Lis** les mots à mémoriser puis **recopie** les noms.

une bougie / étendre / une statue / la monarchie / moindre

2 **Recopie** les mots à mémoriser puis **souligne** le verbe et les adjectifs.

une prairie / boueux / une librairie / copier / précieux

Je fais le point

3 **Par quelle lettre s'achèvent le plus souvent les noms finissant par [i] ?**

la librairie — une mélodie — la série — l'otarie
une confiserie — la vie — la pluie — la scie
une brebis — une perdrix — la fourmi — la nuit

4 **Par quelle lettre s'achèvent le plus souvent les noms finissant par [y] ?**

une rue — une grue — la vue — une avenue — de la morue
une tortue — une tenue — une entrevue — une verrue — la venue
la bienvenue — une tribu — de la glu — la vertu — une bru

5 **Par quelle lettre s'achèvent le plus souvent les noms finissant par [u] ?**

la boue — la moue — une roue — la joue — la toux

6 **Complète** les phrases suivantes.

- La plupart des noms féminins finissant par [i] se terminent par ... . Mais on écrit : ... .
- Les noms féminins finissant par [y] se terminent par .... Mais on écrit ....
- Tous les noms féminins finissant par [u] se terminent par ... sauf ... .

Je m'entraine

7 **Écris** les noms féminins finissant par -ie de la famille de chaque mot.

mélodieux — un pot — malade — un maire
le pharmacien — un pâtissier — laver — copier
sortir — souffler — parfumer — pleuvoir

8 **Complète** les noms avec -ue ou -u.

une lait• — une rev• — une trib• — une charr•
une iss• — une vert• — une étend• — une reten•

9 **Complète** les noms avec -e ou -x.

une rou• — la tou• — la mou• — une bajou•

10 **Classe** les dix mots mémorisés selon leur nature.

Fiche 143 + et ++

Le passé composé des verbes conjugués avec l'auxiliaire *avoir*

Je réfléchis

1 **Lis** la page 5 de ton cahier de grammaire.

a. **Trouve** le verbe et son sujet dans chaque phrase.

b. **Indique** le temps de chaque verbe, son infinitif, son groupe ou si c'est un auxiliaire.

c. **Explique** la formation du passé composé de ces verbes.

d. **Indique** la terminaison du participe passé.

2 **Lis** la page 6 de ton cahier de grammaire.

a. **Trouve** le verbe et son sujet dans chaque phrase.

b. **Indique** le temps de chaque verbe et **explique** sa formation.

c. **Recopie** les participes passés selon leur terminaison :
finissant par -i / finissant par -it / finissant par -is / finissant par -u

d. **Indique** l'infinitif de chaque verbe, son groupe ou si c'est un auxiliaire.

e. **Entoure** la lettre muette présente à la fin de certains participes passés.

Je conclus

3 a. **Écris** le titre des pages 5 et 6 de ton cahier de grammaire : *Le passé composé des verbes du 1er groupe et du verbe* être. *Le passé composé des verbes du 2e groupe et des autres verbes conjugués avec l'auxiliaire* avoir.

b. **Lis** la conjugaison de ces verbes au passé composé page 250.

Oral **4** a. **Indique** la régularité que tu observes dans la terminaison du participe passé des verbes du 1er groupe et du verbe **être**.

b. **Indique** la terminaison du participe passé des verbes du 2e groupe, de chacun des verbes du 3e groupe et du verbe **avoir**.

Je m'entraine

5 a. **Recopie** les phrases en conjuguant les verbes au passé composé.

1. Des oiseaux volent au-dessus de la ville et salissent les trottoirs.
2. Vous courez et vous pouvez attraper le bus.
3. Le joueur marque un but et tu bondis de joie.
4. Je suis malade et je manque l'école.

6 **Recopie** les phrases en conjuguant les verbes au passé composé.

1. Elles [faire] du sport et elles [avoir] chaud.
2. Tu [vouloir] des rollers et tu [réussir] tout de suite à rouler avec.
3. Vous [dire] des bêtises et vos camarades [éclater] de rire.
4. J'[prendre] un panier et avec mon frère, nous [ramasser] des pommes.

Fiche 144 + et ++

L'attribut du sujet

Je réfléchis

1 **Lis** la page 15 de ton cahier de grammaire.

a. Dans chaque phrase, **souligne** le verbe, **indique** son infinitif.

b. **Entoure** le mot ou groupe de mots proche du verbe que l'on ne peut ni supprimer ni déplacer. C'est un **attribut du sujet**.

c. **Explique** pourquoi on le nomme ainsi.

2 a. **Trouve** le sujet, le verbe et l'attribut du sujet dans chaque phrase.

1. Albert et Firmin étaient de jeunes garçons.
2. Isabelle était une fillette de douze ans.
3. Nous étions heureuses loin du travail harassant de la mine.
4. Le barreau de l'échelle était glissant.

b. **Indique** la nature de chaque attribut du sujet.

3 a. **Trouve** le sujet, le verbe et l'attribut du sujet dans chaque phrase.

1. Isabelle devient chanteuse d'opéra.
2. Le magasin reste fermé.
3. La souris demeure immobile.

b. **Liste** les verbes après lesquels on trouve un attribut du sujet.
Ajoute ceux des phrases de la page 15 de ton cahier de grammaire.

c. **Recopie** les phrases en remplaçant **Isabelle** par **Louis**, **Le magasin** par **La boutique**, **La souris** par **Les souris**.

d. **Explique** l'accord des attributs.

Je conclus

4 a. **Écris** le titre de la page 15 de ton cahier de grammaire : *L'attribut du sujet.*

Oral

b. **Explique** comment tu reconnais un attribut du sujet, **indique** quelle peut être sa nature.

c. **Lis** dans le mémo ce qu'il faut retenir de l'attribut du sujet.

Je m'entraine

5 **Recopie** les phrases. **Souligne** le verbe, **entoure** les sujets et les attributs de couleurs différentes.

1. Cette boite de chocolat est vide.
2. Le soir, le conducteur du car est fatigué.
3. Les panthères blanches sont des animaux rares.
4. Les enfants sont seuls à la maison.

6 a. **Recopie** chaque phrase de l'activité 5 en remplaçant le verbe **être** par un autre verbe : **devenir**, **paraitre**, **sembler**, **rester**.

b. **Recopie**-les ensuite en changeant le nombre des sujets.

Fiche 145 + et ++

Des mots du documentaire

Je réfléchis

1 a. **Écris** les noms communs que l'on peut former à partir de ces verbes.

résister – déporter – collaborer – inaugurer – persécuter – ravitailler

b. Dans chaque nom, **souligne** le radical et **entoure** le suffixe utilisé.

c. **Cherche** le sens de ces mots dans le dictionnaire.

d. Certains de ces noms sont également des noms propres. **Indique** lesquels et leur sens lorsque ce sont des noms propres.

2 a. **Lis** les différents sens du nom **colonie**.

1. Pays occupé par un pays plus fort et plus développé qui en tire profit. **2.** Groupe d'enfants réunis pour passer leurs vacances sans leurs parents. **3.** Groupe d'animaux vivant ensemble.

b. **Indique** dans quel sens le nom **colonie** est employé dans les phrases suivantes.

1. Cette grande maison accueillait des colonies de vacances.
2. Des colonies d'oiseaux nichent dans ces rochers.
3. Certains États d'Afrique étaient autrefois des colonies françaises.

3 a. **Lis** l'article de dictionnaire ci-contre.

b. **Donne** les deux natures du mot **vain**.

c. **Indique** par quels mots on peut remplacer **en vain** dans la phrase du texte :

Elle essaie en vain de sauver les enfants en se rendant à Vichy.

d. **Complète** les phrases suivantes avec des homonymes de l'adjectif **vain**.

1. Le ... est une boisson alcoolisée fabriquée avec du raisin.
2. Deux fois dix font ....

> **vain, vaine** adj. **1.** Sans efficacité, inutile. *Tous nos efforts ont été vains,* ils n'ont servi à rien. **2.** Qui ne repose sur rien. *Ses espérances étaient vaines.* ➜ **illusoire.** ▮ contraire : **fondé.** ▮ homonymes : vin, vingt.
>
> ▶ **en vain** adv. Sans résultat. ➜ **inutilement, vainement.** *J'ai cherché mes clés partout, en vain.*
>
> ▶ Autre mot de la famille : vainement.

Le Robert Junior 2020 © Le Robert.

Je m'entraine

4 a. **Écris** les noms avec des déterminants correspondant aux verbes ci-dessous en utilisant les suffixes que tu as employés dans l'activité 1.

insister – séparer – organiser – fonctionner

b. Dans chaque nom, **souligne** le radical et **entoure** le suffixe utilisé.

c. **Choisis** un des noms et **écris** une phrase le contenant.

D'où viennent les mots

Le nom **télégramme** est composé de *télé*, du grec *têle* qui signifie *loin, au loin* et de *gramme*, élément grec signifiant *lettre, écriture*.
Un télégramme est un court message écrit qui était transmis rapidement par les services de la poste.

Fiche 146 + et ++ Mémo Des homonymes - Des suffixes

Écrire le résumé d'un texte documentaire

Je repère les idées essentielles

1 **a. Relis** les textes des pages 166 à 168.

b. Lis les questions ci-dessous et **recopie** les éléments des textes qui te permettent d'y répondre. **Note-les** : ce sont les idées essentielles du documentaire.

1. Qui a fondé la colonie d'enfants réfugiés de l'Hérault ?
2. Où et à quelle date cette colonie a-t-elle été fondée ?
3. Pourquoi a-t-elle été fondée ?
4. Que s'est-il passé le 6 avril 1944 ?
5. Où les enfants et les adultes ont-ils été emmenés ?
6. Où était la « dame » d'Izieu pendant la rafle ? Qu'y faisait-elle ?
7. Qu'est devenue aujourd'hui la Maison d'Izieu ?
8. Comment se nomme-t-elle ?
9. Quand et par qui a-t-elle été inaugurée ?
10. Pourquoi est-ce important de garder ce lieu de mémoire ?
11. Comment se nomme le collège de Belley ?

J'organise le résumé

2 **Classe les notes que tu as prises en trois parties.**

1. La création de la colonie : où (commune, département), quand, qui l'a créée, dans quel but.
2. La rafle : date, personnes arrêtées, déroulement.
3. La Maison d'Izieu aujourd'hui : son nom, inauguration, ses objectifs.

Je rédige le résumé

3 **a. Écris** un titre puis **rédige** trois paragraphes correspondant aux trois parties de l'activité 2.

b. Emploie des mots de vocabulaire de l'activité 1 page 172.

c. Écris les phrases au passé (passé composé et imparfait) à la troisième personne.

Je révise et j'améliore

4 **Relis** ton texte et **vérifie** que :

- tu as mis les majuscules et les points ;
- tu as écrit trois paragraphes ;
- tu as écrit les idées essentielles sélectionnées dans l'activité 1 ;
- tu as rédigé des phrases correctes et bien orthographiées ;
- tu as utilisé le vocabulaire qui convient ;
- tu as employé l'imparfait et le passé composé comme il convient.

Fiche 147 + et ++

L'Imparfait (1)

› Anticiper le contenu de l'histoire
› Identifier les caractéristiques du genre théâtral
› Partager ses impressions de lecture

Premier épisode : LE MEILLEUR DES MONDES POSSIBLES

VICTOR *(au public)*. Il était une fois… un royaume. Dans ce royaume, il y avait un roi. Le roi Papa Ier.

(Le père entre avec une couronne sur la tête.)

Il y avait aussi une reine. La reine Maman Ire.

(La mère entre à son tour avec une couronne sur la tête.)

Et un petit prince. Moi. […] "Parfait", c'est le mot préféré de Papamaman. Ils ne cessent de le répéter. Surtout maman. Lorsque tout est parfait, elle sourit, elle est contente. Du coup, papa aussi. Et moi, je suis content qu'ils soient contents. C'est comme un jeu. Un jeu très facile puisque je connais d'avance toutes les bonnes réponses. […]

Victor s'assoit et dessine. […]

MAMAN Ire. Qu'est-ce que tu fais ?

VICTOR. J'ai dessiné une grande maison avec une cheminée qui fume, un grand soleil au-dessus, Papamamanvictor et plein de cœurs autour. Et j'ai tout colorié sans dépasser.

MAMAN Ire *(extasiée)*. Chéri ! Chéri, viens voir ! Contemple le nouveau chef-d'œuvre de Victor ! Je l'ai toujours su, ce sera un artiste. Un grand artiste !

PAPA Ier. Que c'est beau, bravo mon grand !

Le dessin de Victor apparait instantanément dans un cadre.

MAMAN Ire. C'est par-fait !

[Un jour Victor se demande comment ses parents ont su qu'ils étaient parfaits. Ils lui expliquent qu'ils se sont choisis sur un site de rencontres, en sélectionnant les qualités de l'autre. Victor se demande comment ils ont fait pour savoir que lui, Victor, qu'ils n'avaient pas choisi, était parfait. Comme il a souvent très envie de faire des choses vraiment pas parfaites du tout, il s'interroge : serait-il imparfait ?]

J'anticipe

1. **Observe** la couverture du livre et **émets** des hypothèses sur le sens du titre L'Imparfait.

Je comprends

2. **Écris** les questions que tu te poses après avoir lu le texte.
3. **Indique** à quel genre de récit te fait penser la première réplique de Victor.
4. **Émets** des hypothèses sur le sens des mots chef-d'œuvre et illusions. **Vérifie** dans le lexique.
5. **Nomme** les personnages.
6. **Relève** trois didascalies (voir en marge) qui concernent Maman Ire et **émets** des hypothèses sur le sens du mot extasiée. **Vérifie** dans le lexique.
7. **Trouve** le mot préféré de Papamaman et **explique** ce que doit faire Victor pour rendre ses parents heureux.

Deuxième épisode : LA FIN DES ILLUSIONS

[Victor a bien rangé sa chambre, il s'est bien lavé les mains et il dessine comme d'habitude une grande maison, un grand soleil, Papamamanvictor mais…]

MAMAN Ire. *(intriguée).* Et ça, qu'est-ce que c'est ? Je vois bien la maison, le soleil, Papamamanvictor… Mais ça ? C'est un cœur ?

VICTOR. Non, c'est un gros chien très gentil. Là, ce sont les yeux. Et là, ce sont les poils.

MAMAN Ire. *(effrayée).* Chien ? Gros ? Poils ?

VICTOR. Oh, j'ai dépassé…

Maman Ire pousse un hurlement. Papa Ier accourt. […]

MAMAN Ire. Là, Là, une tache sur le mur !

PAPA Ier. Ne t'inquiète pas, je m'en occupe.

(Papa Ier revient en trombe avec des gants, des éponges, des seaux. Maman Ire est dans tous ses états.)

Ça y est, j'en suis venu à bout. Tout va bien.

MAMAN Ire *(tombant dans ses bras).* Merci mon chéri. *(Soudain).* Victor pas de chien !

Le dessin apparait instantanément dans un cadre. Le chien est barré d'une croix rouge.

VICTOR. D'abord, c'est pas un chef-d'œuvre !

Rageur, il prend ses pots de peinture, s'approche du dessin et le macule de taches. Papamaman sont estomaqués.

PAPA Ier. Victor ? Victor ? Qu'est-ce que tu fais ?

MAMAN Ire. Pourquoi abimes-tu la jolie maison ensoleillée de Papamamanvictor ?

VICTOR. Je l'abime pas, je rajoute des taches. Plein de taches. C'est pas grave, les taches. Il y en a bien une sur le soleil, c'est la maitresse qui l'a dit. […]

Victor leur tourne le dos et va au fond de la pièce.

[En plein désarroi, Maman Ire et Papa Ier vont voir Jean-Michel-corporate inc qui leur fournit un robot, réplique du Victor d'avant. Programmé, il servira de modèle à Victor.]

À savoir

Les **didascalies** sont des indications insérées par l'auteur dans un texte de théâtre pour guider les acteurs (jeu, ton…) et le metteur en scène (décor, accessoires…).

8 **Réponds aux questions ci-dessous par une phrase.**
a. Pourquoi Maman Ire se met-elle à hurler ?
b. Que penses-tu de sa réaction ?

9 **Trouve le synonyme du verbe familier estomaquer.**

10 **Relève ce qui caractérise un texte de théâtre.**

11 **Explique le sens du titre du deuxième épisode.**

12 **Vérifie si tu peux maintenant répondre aux questions de l'activité 2.**

Oral **13** **Échange avec tes camarades à propos des réactions des personnages.**

Oral **Je lis à voix haute**

- **Lis le deuxième épisode.**
- **Lis très vite la phrase suivante.**

Maman Ire s'extasie instantanément sur le dessin de Victor mais, horreur ! Est-ce une illusion ? Elle découvre, stupéfaite et effrayée, l'imperfection : Victor a dépassé !

Fiche 148 + et ++

Troisième épisode : Victor *vs* Victor

Cartable sur le dos, Victor est de retour de l'école. Il tombe nez à nez avec Victor 2.

Papa Ier. Surprise !

Victor 2. Bonjour, Victor.

Victor *(stupéfait)*. C'est qui celui-là ?

Victor 2. Il eut été plus correct de demander : "Papa, maman, qui est-ce ?"

Maman Ire. C'est très juste. *(À Victor.)* Il ne te rappelle pas quelqu'un ?

Victor. Non.

Maman Ire. Un tout petit peu ?

Victor. Non !

Papa Ier. Viens ; je te présente Victor 2.

Victor 2. Je suis ton nouvel ami. Ou ton double, si tu préfères.

Victor. Je ne préfère pas. Tu n'es pas mon ami et il n'y a qu'un Victor. Moi. [...]

[Un peu plus tard.]

Papamaman. Maintenant, c'est l'heure des devoirs. [...]

Victor et Victor 2 s'assoient côte à côte. [...]

Victor 2. Il y a trois grands temps du passé. On peut d'abord distinguer le passé simple et le passé composé qui décrivent une action terminée. Exemples : "j'ai fait mes devoirs", passé composé, "je fis mes devoirs", passé simple. Comme l'action a déjà eu lieu, on pourrait dire que ces deux temps sont "parfaits". Ils s'opposent donc à l'imparfait.

Maman Ire. Parfait.

Papa Ier *(à Victor)*. Victor, l'imparfait ?

Victor boude.

Papamaman. Victor, fais un effort !

(Victor boude. À Victor 2.) Victor ?

Victor 2. L'imparfait décrit une action qui n'est pas terminée dans le passé. Exemple : "Je faisais mes devoirs quand papa et maman sont entrés."

Victor. Je le savais.

Victor 2 L'imparfait est souvent utilisé pour décrire une scène dans une histoire. Exemple...

Victor *(le coupant)*. Il était une fois !

[Victor, avec le mode d'emploi du robot, programme Victor 2 pour qu'il soit odieux. Les parents font alors appel à Jean-Michel-corporate inc. qui règle à nouveau Victor 2 pour qu'il soit parfait. Comprenant que c'est Victor qui a déréglé le robot, ses parents le punissent.]

Oral

Je raconte

1 **Raconte** l'essentiel des deux premiers épisodes de la pièce.

Je comprends

2 **Explique** l'expression tombe nez à nez ligne 56 et **indique** quand Victor découvre Victor 2.

3 **Réponds** à la question en citant une phrase du texte : Victor et Victor 2 sont-ils amis ?

4 **Explique** la didascalie : le coupant (ligne 97).

5 **Relis** les didascalies concernant Victor et **explique** ce qu'il ressent dans cet épisode.

6 **Lis** la phrase en italique lignes 98-99 et **trouve** un synonyme d'odieux.

7 **Réponds** aux questions par une phrase.

a. Pourquoi Victor modifie-t-il le programme de Victor 2 ?

b. Pourquoi Victor est-il puni ?

8 **Lis** dans le lexique ce que signifie vs et **explique** le sens du titre du troisième épisode.

Oral

Je lis à voix haute

- **Lis** l'ensemble du texte.

Fiche 149 + et ++

L'accord de l'adjectif attribut du sujet

Je mémorise

1 **Lis** les mots à mémoriser puis **recopie** les noms et les adjectifs.

hésiter / une fourrure / étrange / un état / féroce

2 **Recopie** les mots à mémoriser puis **souligne** le verbe et l'adverbe.

gratuit / rechercher / un instrument / unique / absolument

Je fais le point

3 a. **Recopie** les phrases et **souligne** le sujet sur lequel l'adjectif attribut apporte des précisions.

1. L'océan est **beau**. La mer est **belle**.
2. La fillette reste **calme**. Les fillettes restent **calmes**.
3. Ce chêne devient **magnifique** ! Ces chênes deviennent **magnifiques** !
4. Les villages enneigés demeurent **isolés**. Les villes enneigées demeurent **isolées**.
5. Ces jeunes renardes semblent **gentilles**. Ce jeune renard semble **gentil**.
6. Le roi des animaux est **puissant**. Les rois de la jungle sont **puissants**.
7. La tour du château est **hantée**. Le château de la sorcière est **hanté**.

b. **Indique** le genre et le nombre de chaque groupe nominal sujet et **explique** l'accord de chaque adjectif attribut avec le sujet.

4 **Complète** la phrase suivante.

▷ L'adjectif attribut du sujet s'accorde en ... et en ... avec le ... du verbe.

Je m'entraine

5 **Recopie** chaque phrase en accordant l'attribut du sujet comme il convient.

1. Les chevaux semblent [fatigué].
2. Julie et sa sœur sont [obéissant].
3. L'air de cette usine reste [pollué].
4. Manon parait [content] de son cadeau.
5. Ces animaux deviendront [énorme].
6. La chienne est [affamé].

6 **Complète** chaque phrase avec un sujet de ton choix. **Fais attention aux marques d'accord de l'adjectif.**

... sont carnivores.
... devient sérieux.
... parait étroite.
... semblent épuisées.
... demeurent silencieuses.
... sont féroces.

7 **Complète** chaque phrase avec un adjectif attribut du sujet de ton choix. **Accorde-le** comme il convient.

1. Cette petite ville est devenue ...
2. Depuis quelques jours, le temps reste ...
3. Vos cousins paraissent ...
4. En ce moment, les nuits sont ...

8 **Classe** les dix mots mémorisés selon leur nature.

Fiche 150 + et ++

Les relations dans un texte (17)

Je lis et je transpose

Une sortie au théâtre

Des élèves de CM2 montent dans le car pour aller à la ville voisine assister à une représentation théâtrale. Ils arrivent devant le théâtre, une demi-heure plus tard. Ils sont un peu en avance. Ils restent quelques minutes devant la porte avant de pouvoir entrer.

Enfin, ils pénètrent dans la salle de spectacle. Ils s'installent dans les premiers rangs. Ils attendent avec impatience le début de la pièce. Tout à coup, les trois coups résonnent, la salle devient sombre, la scène s'éclaire. Une comédienne apparait. Les enfants applaudissent.

Pendant une heure, les enfants ne quittent pas les acteurs des yeux. Quand ces derniers reviennent sur scène pour saluer le public, les enfants se lèvent pour les applaudir.

Ce bel après-midi a passé trop vite. Les élèves sortent de la salle, des images du spectacle plein les yeux. Ils reprennent le car et retournent à l'école. Ils rentrent dans la classe en parlant du spectacle.

1 a. **Dis** le texte au passé. Commence ainsi : **Hier, des élèves de CM2 sont montés…** et **récris** les groupes de mots soulignés.

b. **Explique** les changements.

2 a. **Indique** les auxiliaires utilisés pour les verbes conjugués au passé composé.

b. **Relève** le verbe conjugué à un temps composé avec l'auxiliaire **avoir** à l'imparfait.

3 **Donne** l'infinitif de tous les verbes conjugués. **Trouve** les verbes qui sont à l'infinitif dans le texte.

4 **Relève** une phrase complexe contenant trois verbes conjugués dans le deuxième paragraphe.

Je collecte

5 **Colle** les étiquettes aux bonnes pages de ton cahier de grammaire.

Je m'entraine

6 **Recopie** les phrases en conjuguant les verbes au passé composé.

1. Nous avons de la chance ce matin, le vent souffle.
2. Sur la plage, vous faites un concours de cerfs-volants et toi, tu le gagnes.
3. Je circule d'un espace de jeu à un autre et je passe une bonne journée.

7 **Recopie** le texte en le mettant au passé. **Commence par : L'année dernière, …**

En juillet, cette ville accueille un festival. Elle devient une scène de spectacle. Des artistes arrivent de tous les continents. Ils s'installent dans les rues et sur les places. Des musiciens jouent de la musique près de la mairie. Des hommes perchés sur des échasses déambulent dans un parc. Un magicien présente ses tours devant des spectateurs ébahis.

Fiche 151 + et ++

COD ou attribut du sujet ?

Je fais appel à mes connaissances

1 a. Dans chaque phrase, **trouve** le verbe, le sujet et les mots et groupes de mots que l'on ne peut ni supprimer ni déplacer.

b. **Réalise** un tableau à deux colonnes. **Recopie** ces mots et groupes de mots, ainsi que le numéro de la phrase, selon leur fonction dans la colonne qui convient : attribut du sujet / complément d'objet direct.

1. Papamaman ont un garçon parfait.
2. Victor parait un garçon parfait.
3. Papamaman observent leur petit garçon.
4. Victor est un petit garçon.
5. Le fils de Papamaman a dessiné une grande maison avec une cheminée.
6. Le décor de la pièce est une grande maison avec une cheminée.

c. **Explique** comment tu distingues un COD d'un attribut du sujet.

d. **Indique** la nature des attributs du sujet et des COD.

Je m'entraine

2 **Indique** si le GN en gras est attribut du sujet ou COD.

1. La vache est **un mammifère**. L'enfant dessine **un mammifère**.
2. Vous admirez **cette station balnéaire**. En été, ce village devient **une station balnéaire**.
3. Ce parc est **un immense jardin**. On a **un immense jardin** derrière notre immeuble.
4. Cette grande maison est **un chalet**. Vous avez loué **un chalet** pour l'hiver.
5. Notre chat est **un animal calme**. Nous avons **un animal calme**.

3 **Recopie** seulement les phrases qui contiennent un attribut du sujet. **Entoure**-le et **indique** sa nature.

1. La vieille dame est une personne très gentille.
2. Ce magicien avait deux fils.
3. Les flocons de neige sont glacés.
4. Ces peintures sont des œuvres extraordinaires.
5. La baleine est un énorme animal.
6. Pour le dessert, j'ai préparé une salade de fruits.
7. Les rues de la ville sont animées.
8. Cet énorme engin creuse des tranchées.

4 **Complète** les phrases deux fois pour que le groupe nominal soit un attribut puis un COD.

1. ... un animal dangereux.
2. ... un bon dessert.
3. ... un sport de combat.
4. ... une belle fleur.

Fiche 152 + et ++

Les mots homonymes

Je réfléchis

1 **a. Lis** les phrases. **Lis** à voix haute les mots en gras puis **observe**-les. Que constates-tu à l'oral ? à l'écrit ?

1. L'enfant déchire les **menus** en **menus** morceaux.
2. Il faut **ménager** cette personne qui fait des travaux **ménagers**.
3. Dans le **chœur** de l'église, un **chœur** d'enfants interprète un chant appris par **cœur**.
4. C'est en **vain**, que **vingt** personnes actionnent le pressoir qui écrase le raisin destiné à faire du **vin**.

b. Indique le sens de chacun de ces homonymes. Que constates-tu ? Des mots homonymes sont-ils toujours de même nature ?

2 **a. Lis** ces phrases.

1. On a retrouvé un **vase** ancien dans la **vase** d'un étang.
2. Ce **chêne** centenaire est entouré d'une **chaine**.
3. Le **maire** est en vacances au bord de la **mer** avec sa **mère**.

b. Ces noms homonymes sont-ils tous du même genre ?

c. Relis, page 20, l'origine du nom **chêne** et lis celle des autres mots dans la rubrique « D'où viennent les mots ? » ci-dessous. Que constates-tu ?

3 **a. Cherche** dans le dictionnaire les mots homonymes en gras dans les phrases suivantes.

1. Son **cousin** a eu peur d'un **cousin** qui voletait dans la pièce.
2. Un **chant** d'oiseau s'élève au milieu du **champ**.

b. Comment le dictionnaire indique-t-il que ces mots sont des homonymes ?

Je m'entraine

4 **a. Trouve** les mots homonymes correspondant aux définitions suivantes.

b. Vérifie l'orthographe de ces mots dans le dictionnaire avant de les écrire.

1. Signe rond à la fin d'une phrase. Main fermée.
2. Fruit du pêcher. Action ou manière de capturer des poissons.
3. Femme qui gouverne un royaume. Courroie reliée à la bouche d'un cheval et qui permet de le diriger. Animal des régions froides du Nord qui ressemble à un cerf.
4. Chacun des filaments qui recouvre le corps d'un être vivant. Appareil de chauffage. Récipient que l'on utilise pour confectionner des crêpes.

D'où viennent les mots ?

- Le nom **vase** (masc.) vient du latin *vas* (récipient à liquides). Le nom **vase** (fém.) vient du néerlandais *wasa* (boue).
- Le nom **chaine** vient du latin *catena* (lien composé de maillons).
- Le nom **mère** vient du latin *mater* (femme qui a mis un enfant au monde).
- Le nom **mer** vient du latin *mare* (mare, marais).
- Le nom **maire** vient du latin *major* (plus grand).

Écrire un texte de théâtre

Tu vas transformer la fable « La Colombe et la Fourmi » en texte de théâtre que tu joueras avec tes camarades devant des élèves.

Je repère l'organisation d'un texte de théâtre

MAMAN Ire. *(intriguée)*. Et ça, qu'est-ce que c'est ? Je vois bien la maison, le soleil, Papamamanvictor… Mais ça ? C'est un cœur ?

VICTOR. Non, c'est un gros chien très gentil. Là, ce sont les yeux. Et là, ce sont les poils.

MAMAN Ire. *(effrayée)*. Chien ? Gros ? Poils ?

VICTOR. Oh, j'ai dépassé… […]

Maman Ire pousse un hurlement. Papa Ier accourt.

1 a. **Observe** les didascalies et les répliques.

b. Comment distingue-t-on les noms des personnages qui parlent, leurs paroles (les répliques) et les didascalies ? Où sont placées les didascalies par rapport aux répliques ?

c. **Observe** l'enchainement des répliques : réponses aux questions, reprise d'un élément de la réplique précédente.

d. **Relis** le texte pages 174 à 176 et **indique** l'information contenue dans chaque didascalie : les actions des personnages, à qui ils s'adressent, ce qu'ils ressentent, le décor.

Je cherche des idées.

2 a. **Relis** la fable « La Colombe et la Fourmi » page 134.

b. **Indique** le nombre de personnages, le lieu où se déroule l'histoire.

Oral c. **Échange** avec tes camarades pour imaginer :
- ce que voulait faire la Fourmi avant de tomber à l'eau, ce qu'elle pense au moment de sa chute et de ses efforts pour regagner la rive ; le dialogue avec la Colombe ;
- ce que pense le Croquant ;
- le dialogue entre la Colombe et la Fourmi et ce que ressentent le Croquant et la Colombe lorsqu'elle s'envole.

J'écris la saynète

3 a. **Écris** les didascalies qui donnent des renseignements sur les actions.

b. **Rédige** les dialogues et les pensées du Croquant.

c. **Ajoute** des didascalies pour indiquer ce que ressentent les personnages.

d. Pour jouer la saynète, **indique** les décors à réaliser.

Je révise et j'améliore

4 **Relis** ton texte et **vérifie** que :
- tu as respecté la présentation du texte de théâtre ;
- tu as écrit des didascalies pour les actions et ce que ressentent les personnages ;
- tu as enchainé les répliques.

Fiche 154 + et ++

› Identifier les caractéristiques du genre théâtral
› Partager ses impressions de lecture

L'Imparfait (2)

Du temps a passé. Victor est seul sur son lit. À ses pieds trainent une assiette et un verre d'eau à moitié consommés. Il écoute à travers la cloison.

VICTOR 2 *(de loin)*. Bonne nuit maman, bonne nuit papa.

PAPAMAMAN *(de loin)*. Bonne nuit Victor !

La lumière du couloir s'éteint. Victor 2 entre dans la chambre. [...]

VICTOR 2. L'histoire de ce soir était très bien. Veux-tu que je te la raconte ? Il était une fois un royaume...

VICTOR. Je la connais.

VICTOR 2. Comme tu voudras. *(Regardant l'assiette.)* Tu n'as pas fini les raviolis ? Je croyais que c'était ton plat préféré. [...]

VICTOR *(après un temps)*. Alors, ils ne m'aiment plus ?

VICTOR 2. Leur Victor ? Mais ils l'adorent, leur Victor ! Plus qu'eux-mêmes, plus que tout au monde. Bien plus que toi ou moi. Nous ne sommes rien en comparaison de leur Victor...

VICTOR. "Leur" Victor ? C'est qui encore celui-là ?

VICTOR 2. C'est Victor tel qu'ils se le représentent, tel qu'ils le rêvent. Le Victor parfait.

VICTOR. Et... ce serait lui, le vrai Victor ?

VICTOR 2. Il fait leur joie et leur fierté. Tu ne voudrait pas les en priver, n'est-ce pas ?

VICTOR. Euh... non.

VICTOR 2. Alors, pourquoi résister ?

VICTOR. Je ne comprends pas.

VICTOR 2. Ce Victor, pour exister, a besoin d'un seul corps. Je suis le meilleur support.

VICTOR. Et moi alors ?

VICTOR 2. On t'a remplacé, accepte ton sort. Tu as fait assez de mal, maintenant il faut te

Je me souviens

1 **Relis** les épisodes précédents. **Choisis** deux répliques que tu préfères dans les extraits précédents et **dis**-les à un camarade. Puis **inverse** les rôles.

Je comprends

2 **Émets** des hypothèses sur le sens du mot consommés grâce au contexte. **Vérifie** dans le lexique.

3 **Lis** la réplique en vert, **indique** qui parle et **explique** pourquoi ce personnage pose cette question.

Alors, ils ne m'aiment plus ?

4 **Indique** qui parle et qui est désigné par les pronoms en gras et **réponds** aux questions.

C'est Victor tel qu'**ils** se **le** représentent, tel qu'**ils le** rêvent. Le Victor parfait.

a. Victor parfait existe-t-il réellement ?

b. Quelle est la crainte de Victor ?

c. Victor 2 le rassure-t-il vraiment ?

5 **Émets** des hypothèses sur le sens des mots variante, pataud grâce au contexte. **Vérifie** dans le lexique.

6 **Trouve** la phrase qui indique que Papamaman sont fatigués.

faire oublier. Chaque soir, si tu es sage, je te raconterai la journée de Victor… […]

VICTOR. Mais si demain matin ils ne nous voient pas tous les deux, ils vont s'inquiéter !

VICTOR 2. Peut-être un vague souvenir, une pensée… Je parie qu'ils ne vont même pas le remarquer. […]

Du temps, encore du temps a passé. […] *Papamaman et Victor 2 sont à table. Les parents ont changé, ils ont les traits tirés. Ils ne portent plus leur couronne.* […]

MAMAN Ire. Tu as fait un dessin aujourd'hui ?

VICTOR 2. Oui, maman. Une grande maison avec une cheminée qui fume…

MAMAN Ire. Un grand soleil au-dessus, Papamamanvictor…

VICTOR 2. Oui. Et plein de cœurs autour.

MAMAN Ire. *(craquant soudain).* Encore !

PAPA Ier. Chérie, qu'est-ce qui te prend ? […]

VICTOR 2. Il suffit de demander, maman, je croyais que c'était ce que tu aimais. Quelle variante aimerais-tu voir ?

MAMAN Ire. N'importe quoi ! Tiens, un gros chien plein de poils… qui dévore les cheminées. Toutes les cheminées ! […] Des poils, des poils, des poils. Un gros chien pataud, qui fait des taches, des tas de taches…

VICTOR 2. Sur le mur blanc tout propre ?

MAMAN Ire. Eh bien, quoi ? Une tache, ça se nettoie ! On ne va pas en faire un drame, ça fait partie de la vie !

PAPA Ier. Oui, oui, oui, bien sûr…

MAMAN Ire. Hein, une petite tache ? *(Soudain, elle jette de la sauce sur le mur.)* C'est même joli, une petite tache, non ? *(Elle jette tout ce qui lui tombe sous la main.)* Ça met une touche de gaieté ! Un peu d'inattendu ! De la vie ! Même le soleil en a, des taches !

7 **Relis** les répliques de Maman Ire (de Tu as fait un dessin, ligne 50, jusqu'à la fin du texte), **décris** son comportement et **réponds** à la question.
Est-ce son comportement habituel ? Pourquoi a-t-elle changé ?

8 **Relis** la dernière réplique de Maman Ire, **explique** ce qu'elle ressent.

Oral **9** **Définis** ce qu'est pour toi la perfection et l'imperfection en donnant des exemples.

Pour aller + loin

10 **Exprime** avec tes propres mots la signification de cette pièce.

Oral **Je lis à voix haute**

- **Lis de *Tu as fait un dessin* (ligne 50) jusqu'à la fin du texte.**
- **Lis très vite la phrase suivante.**
Maman craque, elle ne veut pas une variante du dessin, elle veut de l'inattendu : un chien pataud qui fait plein de petites taches, des tas de taches, des touches de gaieté sur le mur blanc tout propre.

Fiche 155 + et ++

VICTOR 2 *(se détraquant).* Alerte, alerte autorisation… Je vais le dire à la maitresse… S'il vous plait, non merci. Puis-je me rendre aux toilettes ? Jeu de main, jeu de vilain. Bonjour madame, au revoir monsieur. Je ne comprends pas votre demande, veuillez retourner au menu ou contacter notre service clients.

Les parents ne l'entendent pas et hurlent de rire. Victor 2 fait des gestes incohérents et de la fumée s'échappe de sa tête.

MAMAN Ire. Oh, que c'est bon de t'entendre rire ! On ne riait plus jamais, pourquoi ?

PAPA Ier. On ne se regardait plus jamais, pourquoi ?

MAMAN Ire. On avait peur de tout tout tout, pourquoi ?

PAPA Ier. On avait mis la vraie vie au placard, pour quoi ?

Ils se serrent dans les bras l'un de l'autre.

MAMAN Ire. Qu'avons-nous fait pendant tout ce temps ?

PAPA Ier. Nous attendions de nous réveiller…

Tandis qu'ils s'enlacent, Victor 2 s'immobilise définitivement dans un bruit de ressort. Un nuage de fumée envahit la pièce.

MAMAN Ire. Euh, chéri, tu ne sens pas quelque chose de bizarre ?

PAPA Ier. Tu as raison, où est Victor ?

PAPAMAMAN *(à la cantonade).* Victor ! Victor ! Réponds-nous mon chéri ! Où es-tu ? Victor !

Victor apparait timidement.

VICTOR. Maman ? Papa ?

PAPAMAMAN *(couvrant Victor de baisers).* Il est là ! Oh, mon Victor, mon chou chéri ! Mon panda pâtissier ! Mon grizzly joli !

Olivier Balazuc, *L'Imparfait*, collection « Heyoka Jeunesse », Actes Sud Papiers, 2016.

À savoir

Une **interjection** est un mot invariable qui exprime une réaction affective (*bof, aïe, chut, ah*...).

Je me souviens

1 **Raconte** un épisode de la pièce en insistant sur ce que ressentent les personnages.

Je comprends

2 **Indique** les étapes de la destruction de Victor 2.

3 **Lis** les cinq dernières répliques. **Émets** des hypothèses sur le sens de l'expression **à la cantonade** et **vérifie** dans le lexique.

4 **Relève** une interjection (voir en marge) qui marque le doute.

5 **Réponds aux questions par une phrase.**

a. Pourquoi Victor apparait-il timidement ?

b. Comment ses parents l'appellent-ils ?

c. L'acceptent-ils maintenant tel qu'il est ?

Oral **6** **Échange avec tes camarades à partir des questions suivantes.**

Que penses-tu des personnages, de l'histoire ? As-tu envie de lire la pièce en entier ?

Pour aller + loin

7 **Écris quelques lignes en imaginant la vie de Papamaman et Victor une fois réconciliés.**

Je lis à voix haute

- **Lis l'ensemble du texte.**

Fiche 156 + et ++

Écrire *on* … ou *on n'*…

Je mémorise

1 **Lis** les mots à mémoriser puis **écris** les noms et l'adjectif au pluriel.

entrainer / la température / pâle / réveiller / une seconde

2 **Recopie** les mots à mémoriser puis **souligne** les verbes et l'adjectif.

sonore / éduquer / une attitude / élargir / isoler

Je fais le point

3 **a. Indique** à quelle forme sont les phrases suivantes.

1. On ne court pas. On n'a pas envie de tomber. – **2.** On ne jouera pas. On n'ira pas dans l'eau. – **3.** On ne prend pas le métro. On n'utilise pas le bus. – **4.** On ne fait pas de bruit. On n'entend plus rien. – **5.** On n'oublie pas les gants. On ne reste pas à l'intérieur. – **6.** On ne va pas dans la forêt. On n'habite pas à la campagne.

b. Indique la première lettre de chaque verbe puis **explique** la présence de l'adverbe de négation **n'** au lieu de **ne**.

4 **a. Lis ces phrases. Que constates-tu à l'oral ? à l'écrit ?**

On aime. / On n'aime pas. On écoute. / On n'écoute pas. On observe. / On n'observe pas.

b. Pourquoi risque-t-on d'oublier le n' dans les phrases à la forme négative ?

5 **Complète** les phrases suivantes.

▷ À la forme négative, on emploie **n'** quand le verbe commence par une … ou un ….
▷ Avec le pronom **on**, à l'écrit, il faut penser à mettre le … car on ne l'entend pas à l'oral.

Je m'entraine

6 **Récris chaque phrase à la forme négative.**

On organise la fête.
On imagine l'histoire.
On emporte le panier.
On arrose souvent.

7 **Récris chaque phrase au passé composé.**

On voit les chamois.
On attend le courrier.
On fait notre travail.
On regarde le film.

8 **Complète chaque phrase avec on ou on n'.**

… avertit tout le monde.
… ira pas au collège.
… applaudit pas.
… est souvent en retard !

9 **Récris chaque phrase en remplaçant le verbe souligné par le verbe indiqué entre crochets.**

On ne <u>regarde</u> pas la télévision [allume].
On <u>met</u> la radio [écoute].
On <u>reçoit</u> souvent des amis [invite].
On ne <u>salit</u> pas nos baskets [use].

10 **Classe les dix mots mémorisés selon leur nature.**

Fiche 157 + et ++

Le passé composé des verbes conjugués avec l'auxiliaire *être*

Je réfléchis

1 a. **Lis** la page 7 de ton cahier de grammaire.

b. **Trouve** le verbe et son sujet dans chaque phrase.

c. **Indique** le temps des verbes, leur infinitif et leur groupe.

d. **Entoure** l'auxiliaire utilisé, donne son infinitif et le temps auquel il est conjugué.

e. **Souligne** le participe passé de chaque verbe. **Explique** les accords.

f. **Liste** les verbes qui se conjuguent avec le verbe être au passé composé.

2 a. Dans les phrases suivantes, **indique** l'infinitif des verbes conjugués.

b. Avec quel auxiliaire chacun de ces verbes peut-il se conjuguer au passé composé ?

c. Quel auxiliaire est utilisé dans les phrases qui comportent un COD ?

1. Il **est monté** dans sa chambre. Il **a monté** quatre étages.
2. Le bus **est passé** par le stade. Le garçon **a passé** une bonne journée.
3. Il **est rentré** à la maison. Il **a rentré** la poubelle.
4. Il **est sorti** par la fenêtre. Il **a sorti** les affaires de son cartable.

3 **Explique** les accords des participes passés des verbes en gras.

1. Hier, je **suis allée** au musée voir une exposition, dit Louise à Enzo.
2. Nous **sommes montés** au sommet du donjon, disent Karim et Yacine à leur sœur.
3. Vous êtes **revenues** en bus ? demande Papa aux fillettes.
4. Tu **es arrivée** à l'heure pour prendre le train ? demande Jules à Alicia.

Je conclus

4 **Écris** le titre de la page 7 de ton cahier de grammaire : *Le passé composé des verbes conjugués avec l'auxiliaire* être.

Oral **5** a. **Explique** l'accord du participe passé avec le sujet quand le verbe est conjugué au passé composé avec l'auxiliaire être.

b. **Lis** la page de la conjugaison de ces verbes au passé composé page 250.

Je m'entraine

6 **Récris** ces phrases au passé composé.

1. La voiture passe très vite et freine un peu plus loin.
2. Les randonneurs marchent côte à côte et ils arrivent ensemble au sommet.
3. L'exploratrice entre dans la grotte et parvient jusqu'à une grande salle.

7 **Complète** chaque phrase avec un sujet qui convient.

1. ... est restée toute la journée sur le canapé.
2. ... sont revenus de voyage hier.
3. ... a lu plusieurs bandes dessinées.
4. ... sont parties avant la fin du film.
5. ... ont rencontré leur cousin dans la rue.
6. ... est retourné dans son terrier.

Fiche 158 + et ++

L'adjectif épithète et l'adjectif attribut

Je fais appel à mes connaissances

1 a. Dans la phrase ci-dessous, **trouve** les adjectifs qualificatifs épithètes du nom. **Indique** quels noms ils précisent et où ils sont placés par rapport à ce nom.

De nombreux robots interviennent à la place des hommes pour des travaux spécialisés dans des endroits dangereux.

b. **Trouve** les adjectifs qualificatifs attributs du sujet dans les phrases suivantes. **Indique** quels sujets ils précisent et où ils sont placés par rapport au verbe.

Dans les films, certains robots sont amusants. Parfois, ils sont effrayants.

2 a. **Lis** le texte suivant.

Désormais, les robots domestiques sont présents dans notre univers privé. Ils sont perfectionnés. Ils nous aident dans différentes tâches. La pelouse est haute, le robot la tond ! Les vitres sont sales, le robot les lave ! Le robot passe aussi l'aspirateur, il débouche les canalisations bouchées… Il assiste les personnes âgées, surveille les jeunes enfants. Dans un proche avenir, ces robots perfectionnés deviendront indispensables.

b. **Trouve** tous les adjectifs. **Recopie-**les en les classant suivant leur fonction : L'adjectif est épithète du nom / L'adjectif est attribut du sujet.

c. **Indique** quel même adjectif a la fonction attribut dans une phrase et épithète dans un groupe nominal.

d. **Explique** l'accord de chaque adjectif.

Je m'entraine

3 a. **Recopie** le texte ci-dessous. **Souligne** les adjectifs. **Trace** une flèche de l'adjectif vers le nom qu'il qualifie.

b. **Indique**, pour chaque adjectif, s'il est attribut du sujet ou épithète.

Certains dinosaures étaient géants. Ils déracinaient des arbres immenses. Ils avaient des griffes acérées et des dents coupantes. Ils étaient puissants. Ces monstres terrifiants ont régné sur la Terre pendant des millions d'années. Ces étranges créatures ont disparu avant l'apparition de l'Homme. Certaines de leurs empreintes restent mystérieuses pour les scientifiques.

4 **Écris** deux phrases avec, dans l'une, un adjectif attribut du sujet et dans l'autre, le même adjectif épithète du nom. **Utilise** les adjectifs suivants que tu accorderas comme il convient : vide, lourd, âgé, neuf, incroyable, triste.

Exemple : Je confectionne des tartes délicieuses. / Mes tartes sont délicieuses.

Fiche 159 + et ++

Des mots de la pièce de théâtre

Je réfléchis

1 **a. Lis ces deux articles de dictionnaires.**

① **imparfait, imparfaite** adj. Qui présente des défauts, des imperfections. *Sa connaissance de l'espagnol est imparfaite.* ▮ contraire : **parfait.** ▷ Mot de la famille de parfait.

② **imparfait** n. m. Temps du verbe que l'on emploie pour parler de ce qui est arrivé dans le passé et a duré un certain temps, ou qui s'est répété. *Dans la phrase «Léa aimait la bouillie quand elle était petite», les verbes «aimer» et «être» sont à l'imparfait.*

Le Robert Junior 2020 © Le Robert.

b. Indique lequel de ces homonymes est employé :

1. dans le texte page 175, ligne 25 : Serait-il **imparfait** ?

2. dans la réplique page 176, ligne 94-95 :
L'imparfait est souvent utilisé pour décrire une scène dans une histoire.

2 **Associe chaque groupe nominal à sa définition.**

1. un chef-d'œuvre — **a.** une idée fausse que l'on veut croire parce qu'elle fait plaisir
2. une illusion — **b.** grand trouble qui empêche de savoir ce qu'il faut faire
3. le désarroi — **c.** un ouvrage remarquable, parfait

3 **Remplace chaque groupe de mots en gras par une des expressions proposées :**
dans tous ses états – ont les traits tirés – jeux de mains, jeux de vilains – en trombe.

1. Papa Ier arrive **brusquement**.
2. Maman Ire est **particulièrement agitée, énervée**.
3. Les parents **paraissent physiquement fatigués**.
4. Le robot Victor 2, détraqué, dit : **Arrêtez de jouer brutalement**.

4 **a. Lis les différents sens du verbe craquer.**

1. Produire un bruit sec. **2.** Se déchirer. **3.** Ne plus résister (langage familier).

b. Indique dans quel sens il est employé dans les phrases suivantes.

1. Maman Ire (craquant soudain) : Encore !
2. Son pantalon a craqué quand il s'est assis.
3. Les feuilles mortes craquent sous nos pieds.

Je m'entraine

5 **a. Écris les adjectifs qui sont les contraires de :**
inattendu – incohérent.

b Cherche dans le dictionnaire le sens des adjectifs que tu as écrits.

D'où viennent les mots

Le nom **chef-d'œuvre** est un nom composé formé du nom *chef* qui vient du latin *caput* (tête) et du nom *œuvre* qui vient du latin *opus* (produit concret du travail). C'était autrefois un ouvrage capital et difficile que devait réaliser un apprenti pour devenir maitre.

Fiche 160 + et ++ Mémo Des homonymes

Écrire une quatrième de couverture

Quand on choisit un livre, on lit son titre, le nom de l'auteur, on regarde l'illustration de la première de couverture. Puis on lit le texte de la quatrième de couverture afin d'avoir une idée de l'histoire.

J'observe une quatrième de couverture

1 a. **Lis** cette quatrième de couverture d'un roman policier.

C'est l'été. Timéo est en vacances au bord de la mer. Hier c'était son anniversaire et Papa lui a offert un téléphone, un téléphone qui fait de très belles photos, lui a-t-il dit. Timéo est ravi.

Ce matin, il le montre à son amie Samia. Dans la rue, Timéo prend des photos quand soudain une moto coupe son champ de vision, renverse un cycliste et disparait.

Et voilà que le motard pense que Timéo l'a photographié !

b. **Repère** les informations que l'on y trouve : où et quand se passe l'histoire, les personnages principaux, la situation initiale et l'évènement déclencheur.

c. **Indique** quel est le rôle de la dernière phrase.

Je cherche des idées et je les organise

2 Tu vas écrire la quatrième de couverture du livre *L'imparfait*. **Relis** les extraits de la pièce pages 174 à 176, 182 à 184 et prends des notes pour répondre aux questions suivantes.

1. Où se passe l'histoire ? Qui est sur scène au début de la pièce ?
2. Quelle est la situation initiale ?
3. Quel est le problème ?

J'écris

3 **Écris** le titre du livre, le nom de l'auteur et de l'illustrateur puis **rédige** plusieurs phrases au présent à partir des notes que tu as prises dans l'activité 2.

4 **Termine** par une phrase qui donne envie de connaitre la suite de la pièce.

5 **Écris** maintenant, en suivant la même démarche, la quatrième de couverture du roman *Le lion blanc* (voir pages 70 à 72 ; 78 à 80 et 86 à 88).

Je révise et j'améliore

6 **Relis** tes deux textes et vérifie que :
- tu as mis les majuscules et les points ;
- tu as respecté l'organisation dégagée dans l'activité 1 ;
- ton texte est cohérent ;
- tu as écrit ton texte au présent ;
- tu as écrit les bonnes terminaisons aux verbes.

Fiche 161 + et ++

Je fais appel à mes connaissances

1 Connais-tu des pièces de théâtre ? Lesquelles ?

Je repère l'organisation de la double page

2 **Indique** à qui s'adresse cette leçon d'histoire des arts.

3 **Relève** le titre de la leçon, le titre du chapitre d'où elle est extraite (en bas à gauche).

4 **Repère** les trois parties de la leçon, et le titre de chacune.

5 **Cite** les éléments qui composent chaque partie et **indique** leur rôle.

Je comprends

6 **Lis** le texte d'introduction de la leçon et indique à quel siècle appartient le théâtre contemporain. **Lis** la définition du mot vaudeville dans le lexique.

7 **Indique** pourquoi certains mots sont écrits en bleu. **Lis** leur définition.

8 **Indique** la nature des documents et leur source.

9 **Relève** le titre et l'auteur des pièces de théâtre dont on parle dans les différentes parties.

10 **Lis** les textes des auteurs du manuel de la page de gauche. **Émets** des hypothèses sur le sens des mots interrompent et sobres à l'aide du contexte. **Vérifie** dans le lexique.

Le théâtre

Le théâtre contemporain

Au XXe siècle, le théâtre devient populaire. De grandes salles reçoivent des subventions. Le vaudeville existe toujours mais de nouveaux dramaturges et metteurs en scène inventent des spectacles engagés ou poétiques, mêlant des éléments de cultures et d'époques différentes.

1 Une pièce de théâtre engagé

Maître Puntila et son valet Matti, Bertolt Brecht – 1940 – mise en scène d'Omar Porras, 2008.

Le théâtre **engagé** de Brecht fait réfléchir sur la condition humaine. Au cours du spectacle, les comédiens interrompent les scènes pour présenter la suite en s'adressant au public ou en chantant les explications. Ici, Omar Porras propose une mise en scène avec des demi-masques et des **intermèdes** qui rappellent Molière ou la **commedia dell'arte** et donnent à l'histoire un aspect comique.

Questions

1 Qu'est-ce qui montre que la conversation n'est pas drôle entre le chauffeur Matti, à droite, et son maître, qui se tient dans la baraque ?

2 Matti semble-t-il se laisser dominer par Puntila ?

3 Décris la posture des autres personnages. Que semblent-ils faire ?

LE SAVAIS-TU ?

Brecht inventait des mises en scène simples et sobres dans lesquelles il y avait très peu de décors. Par exemple, pour une scène qui se passe dans la forêt, il propose qu'un comédien porte une pancarte où il y a simplement écrit « Forêt ». Le plus important pour lui, c'est le message que ses pièces délivrent aux spectateurs.

142 • Les XXe et XXIe siècles

11 a. **Lis** dans le lexique la définition de la *Commedia dell'arte*. En quoi la mise en scène d'Omar Porras rappelle-t-elle la *Commedia dell'arte* ?

b. **Réponds** aux questions sur le document 1.

12 a. **Lis** le texte des auteurs du manuel de la page de droite. **Émets** des hypothèses sur le sens du mot métisse à l'aide du contexte. **Vérifie** dans le lexique.

contemporain

2 Une scène de *Maître Puntila et son valet Matti*

Puntila est un riche propriétaire en Finlande. Il gère son domaine et ses gens parfois gentiment, parfois cruellement. Son chauffeur Matti l'accompagne partout.

PUNTILA, *apercevant Matti.* — Qui es-tu ?
MATTI. — Je suis votre chauffeur.
PUNTILA, *méfiant.* — Qu'est-ce que tu es ? Répète !
MATTI. — Je suis votre chauffeur.
PUNTILA. —Tout le monde peut dire ça. Je ne te connais pas.
MATTI. — Peut-être ne m'avez-vous jamais regardé, ça fait seulement cinq semaines que je suis chez vous.
PUNTILA. — Et maintenant d'où viens-tu ?
MATTI. — De dehors. J'attends depuis deux jours dans la voiture.
PUNTILA. — Dans quelle voiture ?
MATTI. — Dans la vôtre.
PUNTILA. — Ça me paraît drôle. Tu peux le prouver ?
MATTI. — Et je n'ai pas l'intention de vous attendre dehors plus longtemps, sachez-le bien. J'en ai jusque-là. Vous ne pouvez pas traiter un homme de cette façon.
PUNTILA. — Qu'est-ce que ça veut dire : un homme ? Tu es un homme ? Avant tu as dit que tu es un chauffeur. On nage dans les contradictions, avoue-le !

D'après Bertolt Brecht, *Maître Puntila et son valet Matti*, acte II, scène 1, 1940, © L'Arche Éditeur, Paris, 1983.

3 Le théâtre réinventé

Richard II, William Shakespeare –1595 – mise en scène d'Ariane Mnouchkine – 1981– Cartoucherie de Vincennes.

Ariane Mnouchkine **métisse** une pièce anglaise du XVIe siècle avec la culture traditionnelle japonaise.
Les comédiens portent ici le maquillage et le costume de guerrier du théâtre japonais.
Le grand voile de soie rouge et or et le parquet clair sont les seuls décors. Les déplacements des acteurs sur le plateau sont typiques du théâtre japonais.

Questions

4 **Doc 2.** Quel sorte de maître est Puntila ? Que veut faire Brecht en le montrant ainsi ?

5 **Doc 3.** Que reste-t-il du costume Renaissance sur les comédiens ?

Je compare les œuvres

6 **Docs 1, 2 et 3.** Quel est le point commun entre les deux mises en scène ?

Vocabulaire

- **engagé :** qui prend position sur des problèmes politiques ou sociaux.
- **un intermède :** une coupure et un divertissement entre deux parties.
- **un metteur en scène :** une personne qui dirige les acteurs.
- **une subvention :** de l'argent donné par l'État pour aider au fonctionnement du théâtre.

Le théâtre contemporain • 143

Histoire des arts, cycle 3, collection « Panorama », Nathan, 2014.

b. Comment Ariane Mnouchkine métisse-t-elle la pièce du XVIe siècle avec la culture japonaise ?

c. **Réponds** aux questions posées sur les documents 2 et 3.

Je formule ce que j'ai appris

13 **Indique** les caractéristiques du théâtre contemporain.

Oral

Je lis à voix haute

- **Lis le texte du document 2.**
- **Lis très vite la phrase suivante.**

Omar Porras, dans sa mise en scène, métisse Brecht avec la *Commedia dell'arte* en introduisant des masques et Mnouchkine métisse Shakespeare avec la culture traditionnelle japonaise.

Fiche 162 + et ++

L'Imparfait en scène

L'auteur

Olivier Balazuc, metteur en scène, comédien, écrivain est né en 1974.

Il a quinze ans quand il met en scène ses premiers spectacles. Il fait des études de lettres modernes puis, en 2001, il entre au Conservatoire national d'art dramatique pour suivre un enseignement théâtral.

Il collabore ensuite à la mise en scène de plusieurs spectacles dans lesquels il joue. Il fonde en 2005, avec Volodia Serre, une compagnie « La jolie Poupoise » avec laquelle il monte plusieurs pièces dont les siennes. Olivier Balazuc joue dans des films au cinéma et à la télévision, pour lesquels il écrit aussi des scénarios. Il rédige des articles dans des revues et il publie un roman. Depuis 2010, il écrit des pièces de théâtre pour la jeunesse. En 2015, il a été lauréat de la bourse d'écriture du Centre national du livre.

La représentation de *L'Imparfait*

L'Imparfait est une pièce pour les enfants mais qui s'adresse également aux adultes. Elle a été publiée aux éditions Actes Sud Papiers en 2016 et montée au théâtre l'année suivante, au Festival d'Avignon. Plusieurs scènes non verbales, uniquement visuelles sont présentes dans le spectacle. C'est ainsi qu'on assiste sur la scène à une danse dont la chorégraphie représente le combat entre les deux enfants : Victor, qui ne supporte plus la perfection et la rivalité avec son double robotique, le défie en combat. La musique marque l'intensité de cet affrontement.

L'Imparfait, texte et mise en scène d'Olivier Balazuc, festival d'Avignon, 2017.

Je me souviens

1 As-tu déjà assisté à une représentation théâtrale ? Dans une salle de spectacle ou à la télévision ? Raconte ton expérience.

Je comprends

Oral **2** a. **Observe** la photo prise lors d'une représentation de *L'Imparfait*. **Décris** le décor : la maison, le mobilier, la couleur dominante.

b. **Indique** à quoi sert l'écran sur le mur. Qu'y voit-on ?

c. À ton avis, quel moment de la pièce est représenté sur la photo ?

3 **Lis** les éléments de biographie d'Olivier Balazuc et **émets** des hypothèses sur le sens des mots compagnie, scénario, lauréat à l'aide du contexte ou de leur formation. **Vérifie** dans le lexique.

4 **Réponds** aux questions.

a. Quel âge Olivier Balazuc a-t-il aujourd'hui ?

b. Quand commence-t-il à faire de la mise en scène ?

c. Depuis quand écrit-il pour la jeunesse ?

5 **Lis** la deuxième partie du texte et émets des hypothèses sur le sens des mots représentation, chorégraphie à l'aide du contexte et de leur formation. **Vérifie** dans le lexique et dans la rubrique « D'où viennent les mots ? » page 196.

6 **Indique** ce qui est représenté sur scène et qui n'existe pas dans le livre.

Pour aller + loin

7 **Écris** quelques phrases pour indiquer si tu aimerais assister à la représentation de *L'Imparfait* et **explique** pourquoi.

Oral Je lis à voix haute

- **Lis** l'ensemble du texte.

Fiche 163 + et ++

L'accord du participe passé

Je mémorise

1 **Conjugue** chaque verbe au passé composé avec le pronom il, puis elle.

accrocher / disparaitre / devenir / prononcer / mentir

2 **Conjugue** chaque verbe au passé composé avec le pronom elles, puis ils.

se bruler / réfléchir / obtenir / mourir / créer

Je fais le point

3 a. Dans les phrases de chaque série, **recopie** les verbes conjugués au passé composé et leur sujet.

1. Elle a couru. – Vous avez joué. – Ils ont choisi. – Nous avons mangé. – Elles ont bu.
2. Je suis rentrée, crie Célia. – Tom est né hier. – Nous sommes revenues, disent Zaïa et Lina. – Les garçons se sont baignés. – Toi Zoé, tu es arrivée tôt. – Farid et Lucie, vous vous êtes endormis à quelle heure ?

b. Avec quel auxiliaire le verbe est-il conjugué au passé composé dans la série 1 ? dans la série 2 ?

c. **Indique** dans quelle série le participe passé s'accorde avec le sujet.

d. **Explique** les différents accords.

4 **Complète** les phrases suivantes.

▷ Lorsqu'un verbe est conjugué au passé composé avec l'auxiliaire ..., le participe passé ne s'accorde jamais avec le sujet du verbe.

▷ Lorsqu'un verbe est conjugué au passé composé avec l'auxiliaire ..., le participe passé s'accorde en ... et en ... avec le sujet du verbe.

Je m'entraine

5 **Récris** chaque phrase avec le sujet indiqué entre crochets.

Il a sauté du plongeoir [Les nageurs].

La mer a creusé la falaise [Les vagues].

Léa est restée deux jours [Mes cousines].

Les fillettes sont tombées [Martin].

6 **Récris** chaque phrase avec les terminaisons verbales qui conviennent.

1. Les chats ont miaul• toute la nuit.
2. Nous nous sommes tromp• disent Inès et Manon.
3. Tu es part• tard, hier, dit Alex à Maman.
4. J'ai cri• cette nuit, dit Lola.
5. Les chevaux sont rentr•.

7 **Récris** chaque phrase en changeant le genre (G) ou le nombre (N) du sujet.

Il est descendu du grenier (G).

Les premiers coureurs sont arrivés (N).

Mon voisin a déménagé hier (N).

Les actrices se sont reposées (G).

8 **Range** les dix verbes mémorisés dans l'ordre alphabétique.

Fiche 164 + et ++

Les relations dans un texte (18)

Je lis et je transpose

Une représentation de *L'Imparfait*

Les élèves assistent à la représentation de la pièce de théâtre *L'Imparfait*. Ils ont hâte de voir Victor et Victor 2 sur scène. Ils retrouvent les scènes lues mais ils découvrent aussi des scènes qui ne sont pas dans le livre. Ils aiment la chorégraphie des scènes de danse. Ils apprécient les changements de décors, de couleurs et la musique. Ils remarquent qu'un même comédien joue plusieurs personnages. Ils sont étonnés.

Le spectacle est réussi, le metteur en scène est satisfait. Plusieurs mois avant le spectacle, il a choisi les comédiens. Ces derniers ont appris leur rôle. Ils ont participé à de nombreuses répétitions. Un atelier a confectionné le décor et des techniciens sont venus sur scène faire les réglages des éclairages et du son.

1 a. **Lis** le texte. **Indique** à quels temps sont conjugués les verbes de chaque paragraphe.

b. **Dis** le texte en commençant par **Hier, les élèves ...** et **récris** les groupes de mots soulignés. **Explique** les changements.

2 a. **Indique** les verbes conjugués à l'imparfait dans le premier paragraphe puis ceux conjugués au passé composé.

b. **Relève** les verbes conjugués à un temps composé avec l'auxiliaire à l'imparfait.

3 **Donne** l'infinitif de tous les verbes conjugués. **Trouve** les verbes qui sont à l'infinitif dans le texte.

4 **Relève** une phrase simple et une phrase complexe.

Je collecte

5 **Colle** l'étiquette à la bonne page de ton cahier de grammaire.

Je m'entraine

6 **Récris** le texte suivant en mettant l'auxiliaire à l'imparfait.

L'astronaute a ramassé des kilos de cailloux avant de retourner sur Terre. Comme on pèse six fois moins que sur la Terre, les astronautes ont pu porter beaucoup de matériel sans se fatiguer. Jusqu'en 1972, douze astronautes ont marché sur la Lune.

7 a. **Récris** le texte en le mettant au passé. **Emploie** le passé composé et l'imparfait.

L'explorateur pénètre dans la jungle. Il découvre une forêt à la végétation dense et épaisse. Les arbres sont géants. Il passe à travers des bambous et des herbes hautes. Il avance au plus profond de la forêt. Il a de plus en plus chaud.

b. **Écris** deux phrases au passé pour continuer le texte.

c. **Recopie**-le en parlant de plusieurs explorateurs.

Fiche 165 + et ++

Des phrases et des groupes nominaux (14)

Je repère

1 a. **Relis** ces répliques et **indique** le type et la forme de chaque phrase.

MAMAN Ire : Chéri, viens voir ! Contemple le nouveau chef-d'œuvre de Victor !
PAPA Ier : Que c'est beau, bravo mon grand !
PAPA Ier : Ne t'inquiète pas.
PAPAMAMAN. Victor, fais un effort !
PAPAMAMAN *(à la cantonade)*. Réponds-nous mon chéri !
PAPAMAMAN *(couvrant Victor de baisers)*. Il est là !

b. **Indique** ce que les phrases à la forme exclamative expriment.

2 a. Dans les phrases suivantes, **trouve** le sujet, le verbe, le CC, le COD, le COI, l'attribut du sujet.

1. Pendant le spectacle, les comédiens s'adressent aux enfants. Ils leur demandent leur avis.
2. L'auteur de la pièce aime les décors de théâtre simples et sobres.
3. Au XIXe siècle, le théâtre devient populaire.
4. La semaine dernière Louis et Abdel ont assisté à un spectacle de théâtre. Ils l'ont aimé.

b. **Explique** comment tu identifies les différents compléments et l'attribut du sujet.

c. **Indique** la nature des sujets.

3 Dans les phrases de l'activité 2, **relève** les deux groupes nominaux qui comportent un complément du nom. **Indique** le genre et le nombre de chacun de ces groupes nominaux.

Je m'entraine

4 **Lis** les phrases ci-dessous et **recopie** les groupes de mots en gras en les classant au bon endroit dans un tableau à 5 colonnes :
sujet / complément circonstanciel / attribut du sujet / COD / COI

L'atmosphère entoure **la Terre**. **Elle la** protège **du Soleil**. **En ville**, **les voitures** sont **nombreuses**. **Les gaz d'échappement** polluent **l'atmosphère des villes**. **Des gens** sont **malades**. **Au cours de ce siècle**, **les glaces polaires et les glaciers** fondent.

5 a. **Classe** les groupes nominaux suivant leur genre et leur nombre.

les eaux souterraines — les forêts de notre planète — les nouvelles énergies
la vie quotidienne des Français — les ressources de la nature — le climat des différents pays

b. **Écris** une phrase dont le groupe nominal **les forêts de notre planète** sera le sujet.

Fiche 166 + et ++

Des mots autour du théâtre

Je réfléchis

1 **a. Lis ces définitions.**

• **Scène :** **1.** Endroit du théâtre où jouent les comédiens.
2. Mettre en scène une pièce, faire un spectacle d'après le texte de la pièce.
3. Partie d'une pièce de théâtre.
4. Action d'une pièce.

• **Compagnie :** **1.** Présence auprès de quelqu'un.
2. Groupe de personnes constitué dans un but précis.
3. Troupe de 120 à 180 soldats.

• **Monter :** **1.** Aller du bas vers le haut.
2. Porter vers le haut. **3.** Prendre place dans un véhicule ou sur un animal. **4.** Passer du grave à l'aigu.
5. Augmenter. **6.** Progresser. **7.** Se rapprocher du rivage.
8. Assembler les différentes parties d'un tout.
9. Créer et organiser.

b. Indique dans quel sens chaque mot en couleur est employé dans les phrases suivantes.

1. Olivier Balazuc met en **scène** ses premiers spectacles à quinze ans.
2. Plusieurs **scènes** non verbales sont présentes dans le spectacle.
3. Ce texte est extrait de la pièce : *Maitre Puntila et son valet Matti*, Acte II, **scène** 1.
4. On assiste sur la **scène** à une danse dont la chorégraphie représente un combat.
5. Olivier Balazuc fonde une **compagnie** avec Volodia Serre « La jolie Poupoise ».
6. Il **monte** plusieurs pièces, dont les siennes.

2 **a. Lis les définitions de ces homonymes.**

Pièce : **1.** Partie d'un logement. **2.** Petit disque de métal plat qui sert à payer.
3. Texte écrit pour être joué au théâtre. **4.** Morceau de musique.

b. Indique lequel de ces homonymes est employé dans la phrase suivante :

L'Imparfait est une **pièce** pour le jeune public.

3 **a. Relève, pages 174 à 176, 182 à 184, 190 à 192, les mots appartenant au champ lexical du théâtre.**

b. Trouve une manière de les classer : lieux, métiers, etc.

Je m'entraine

4 **Écris une phrase avec :**

- le nom scène dans son sens 1 ;
- le nom pièce dans son sens 3 puis dans son sens 4 ;
- le verbe monter dans un sens de ton choix.

D'où viennent les mots

Le nom **chorégraphie** est formé du mot grec *khorei* (danse) et de *graphein* (écrire).
Une chorégraphie est l'ensemble des pas de danse d'un ballet, d'un spectacle.

Écrire une notice biographique

J'observe une notice biographique

1 a. **Lis** la notice biographique d'Olivier Balazuc page 192.

b. Puis **lis** celle de Victor Hugo ci-dessous.

Victor-Marie Hugo est né à Besançon en 1802. Il est considéré comme l'un des plus importants écrivains français. C'est également un homme politique et un intellectuel engagé.

Victor Hugo fait ses études au lycée Louis-Le-Grand à Paris. Député en 1848, il s'oppose à Napoléon III et doit s'exiler. Après la proclamation de la République en 1870, il rentre à Paris. Pour le peuple français, il incarne la résistance républicaine au Second Empire. En 1871, il est élu à l'Assemblée nationale puis devient sénateur en 1876.

Victor Hugo a écrit de nombreux poèmes, des pièces de théâtre, des romans. Dans l'un d'eux, il dénonce la peine de mort. En 1831, son premier roman historique, *Notre-Dame de Paris* connait un très grand succès. En 1862, *Les Misérables* remporte également un franc succès auprès du public.

Il meurt à l'âge de 83 ans. Les funérailles de l'écrivain le plus populaire de son temps sont grandioses. Victor Hugo repose au Panthéon à Paris.

c. Combien de paragraphes chaque notice comporte-t-elle ?

d. **Indique** les informations données dans chaque paragraphe sur la naissance, la vie, l'œuvre et la mort de l'auteur (pour Victor Hugo).

e. **Relève** les repères temporels qui organisent les notices.

J'organise les informations

2 a. Tu vas écrire la notice biographique de Jean de La Fontaine à partir des informations ci-dessous. Tu peux relire le texte de grammaire page 138 et rechercher des informations supplémentaires sur le web.

b. **Classe** les informations suivantes en quatre rubriques correspondant aux quatre paragraphes de l'activité 1.

Jean de La Fontaine (1621-1695) – Naissance à Château-Thierry – Connu pour ses *Fables* – Études de droit, diplôme d'avocat en 1649 – Fréquente des artistes dans les salons parisiens – Vit entre Paris et Château-Thierry – Maitre particulier des eaux et forêts – 1668, premier recueil de *Fables* pour le Dauphin âgé de 8 ans, un immense succès. Deux autres recueils de *Fables* – Élu à l'Académie française en 1683

J'écris

3 a. **Rédige** plusieurs phrases au présent pour chacun des quatre paragraphes.

b. **Emploie** des indicateurs de temps. Aide-toi du mémo *Des indicateurs de temps.*

Je révise et j'améliore

4 **Relis** ton texte et vérifie que :

– tu as mis les majuscules et les points ;

– tu as respecté l'organisation dégagée dans l'activité 1 ;

– tu as employé des repères temporels ;

– tu as écrit ton texte au présent.

Fiche 168 + et ++

› Identifier les caractéristiques de la bande dessinée
› Connaitre le lexique de la bande dessinée

Philémon
Le naufragé du A (1)

Philémon est un jeune garçon qui vit à la campagne avec son père et son âne Anatole. Un jour, en allant puiser de l'eau au puits, il trouve deux bouteilles contenant des appels au secours. Philémon se penche au-dessus du puits, tombe dans l'eau et est entrainé vers le fond. Il perd alors connaissance. Quand il se réveille, il est sur une plage. L'endroit est étrange : deux soleils brillent dans le ciel. Il rencontre Barthélémy le puisatier qui a disparu, il y a quarante ans, en creusant un puits et qui envoie régulièrement des messages dans des bouteilles.

Oral

J'anticipe

1. **Lis** le titre et le sous-titre de la bande dessinée. **Émets** des hypothèses sur le sens de naufragé en t'aidant de la formation du mot et de l'illustration. **Vérifie** dans le lexique.
2. **Observe** la couverture et **imagine** l'histoire.

Je comprends

3. **Lis** ci-dessus le résumé des premières planches qui n'ont pas été reproduites ici. **Indique** les noms des personnages et les lieux de l'histoire.
4. **Trouve les** mots de la famille de puits et **explique** leur sens.
5. **Explique** comment Philémon et Barthélémy sont arrivés sur cette plage étrange.
6. **Observe** la planche de BD ci-contre et **indique** le nombre de vignettes.
7. **Lis** les bulles de la vignette 2 et **relève** l'interjection prononcée par Philémon. **Explique** son sens et ce que signifient les deux signes de ponctuation.
8. **Émets** des hypothèses sur le sens de consignées et solitude, puis **vérifie** dans le lexique.
9. **Reformule** avec tes propres mots tout ce qui parait étrange à Philémon sur cette ile.
10. **Réponds** aux questions.
    a. Philémon et Barthélémy parlent-ils de la même chose dans la vignette 4 ?
    b. Comment s'appelle l'endroit où se trouve Philémon ?
    c. Quel objet est évoqué par la plante en bas à droite de la dernière vignette ?
11. **Lis** les paroles en vert et **indique** de qui parle Philémon. **Explique** le sens du mot familier en gras. Par quoi pourrait-on le remplacer dans le langage courant ?
    Il **déménage**... Cette longue solitude sans doute...
12. **Indique** la vignette qui présente un plan d'ensemble et **explique** pourquoi le dessinateur a choisi ce type de plan.

19

À savoir

- **Planche** : une page entière de bande dessinée.
- **Vignette** : une image délimitée par un cadre.
- **Bulle ou phylactère** : une forme qui contient les paroles ou pensées des personnages.
- **Plan général** : vue d'ensemble sur le décor, avec peu de détails et dans lequel les personnages sont peu visibles.

Je comprends

1. **Observe** les vignettes 6 à 8, **indique** le moyen utilisé par l'auteur pour accentuer les propos d'un personnage. **Donne** un exemple.
2. **Relève** ce qui parait impossible à Philémon.
3. **Observe** la dernière vignette. **Indique** comment l'auteur exprime la colère de Barthélémy.
4. **Relève** les interjections, l'onomatopée et **explique** leur sens.
5. **Observe** les couleurs utilisées dans les différentes vignettes. Le dessinateur utilise-t-il toujours les mêmes couleurs pour les personnages ? Pourquoi ?
6. **Trouve** une vignette qui présente un gros plan et **explique** pourquoi le dessinateur a choisi ce type de plan.
7. **Réponds** aux questions.
   a. Que dessine Barthélémy sur le sol ?
   b. Que veut-il montrer à Philémon ?
   c. Pourquoi les bateaux ne peuvent-ils pas voir cette ile ?
8. Oral **Échange** avec tes camarades pour répondre aux questions.
   Que penses-tu de cette bande dessinée ? Des personnages ? De l'histoire ? Des dessins ?

Pour aller + loin

9. **Imagine** et **écris** la conversation entre les deux petits personnages situés sous des parapluies dans la vignette 10.

Oral Je lis à voix haute

- **Lis la planche entière.**
- **Lis très vite la phrase suivante.**

Philémon et Barthélémy le puisatier sont sur le « A » d'Atlantique, une ile qui n'existe pas et où, sur des arbres, poussent des bouteilles très fragiles qui, quand elles sont mures, tombent et se brisent.

20

À savoir

- **Un gros plan**
  Il cadre de près la scène pour attirer l'attention sur un détail ou montrer l'émotion d'un personnage.
- **Une onomatopée**
  Un mot dont le son imite le bruit de ce qu'il représente (ex. : boum, pan ! ...).

Période 5

Fiche 169 + et ++

Ils arrivent dans la demeure de Barthélémy, qui raconte à Philémon qu'il a rencontré une licorne. Celle-ci lui a indiqué le moyen de sortir de l'ile : « Qui est entré par le A, sortira par le A. La lumière viendra par les lampes naufrageuses. »

Oral

Je raconte

1 **Raconte** le début des aventures de Philémon en utilisant les mots suivants : un puits – une bouteille à la mer – un message – un puisatier – une ile.

Je comprends

2 **Lis** l'expression suivante : ôter une épine du pied et **explique** ses deux sens. **Trouve**, dans le texte, comment l'auteur l'a transformée.

3 **a. Lis** la phrase en vert. **Indique** qui parle.

Je ne t'ai pas présenté **Vendredi** !

b. Indique qui ou ce que désigne le mot en gras parmi les propositions ci-dessous. **Justifie** tes choix en t'appuyant sur le texte.

1. Le jour de la semaine **2.** Le prénom du centaure **3.** Une allusion à l'histoire de Robinson Crusoë.

4 **Décris** le centaure et **écris** une définition de cet être mythologique.

5 **Relève** l'onomatopée et **indique** son sens.

6 **Imagine** et **dessine** la demeure de Barthélémy.

7 **a. Lis** le texte en italique situé sous la planche et **indique** qui a prononcé ces paroles.

« Qui est entré par le A, sortira par le A. La lumière viendra par les lampes **naufrageuses**. »

b. Émets des hypothèses sur le sens du mot en gras et **vérifie** dans le lexique.

c. Explique le sens de ces paroles.

Oral 8 **Imagine** le repas pris par Philémon et Barthélémy.

Oral

Je lis à voix haute

- **Lis** la planche entière.

Fiche 170 + et ++

Écrire -é ou -er à la fin d'un verbe

Je mémorise

1 **Lis** les mots à mémoriser puis **recopie** les verbes.

réaliser / changer / un signal / pencher / tranquille

2 **Recopie** les mots à mémoriser puis **souligne** le nom et l'adjectif.

fidèle / posséder / réclamer / un risque / réserver

Je fais le point

3 **a.** **Lis** les phrases et **recopie** les verbes en rouge dans deux colonnes : participe passé / infinitif.

L'élève a effacé le tableau. Ils ont changé de voiture. Je vais préparer mon sac.
Il faut arroser le jardin. Nous avons glissé sur le verglas. Elle doit manger mieux.

b. Quand les verbes en rouge se terminent-ils par -é ? Quand se terminent-ils par -er ?

4 **a.** **Observe** les exemples qui montrent comment savoir s'il faut écrire -é ou -er à la fin d'un verbe.

Il a expos... un dessin. → Il a réussi, il a pris, il a fait un dessin. → participe passé, donc *exposé*.
Il va expos... un dessin. → Il va réussir, prendre, faire un dessin. → infinitif, donc *exposer*.

b. **Explique** pourquoi le remplacement par un verbe d'un autre groupe permet de savoir s'il faut écrire la terminaison du participe passé ou de l'infinitif.

5 **Complète** les phrases.

- Les terminaisons du participe passé (changé) et de l'infinitif (changer) des verbes du 1er groupe se prononcent de la même manière mais s'... différemment.
- Pour savoir s'il faut écrire -é ou -er à la fin du verbe, on peut ... le verbe du 1er groupe par un verbe d'un autre .... On « entend » alors si le verbe est au ... ou à l'....

Je m'entraine

6 **Recopie** les phrases avec la forme du verbe qui convient.

Je n'ai pas [aimer / aimé] ce film. On peut [imaginer / imaginé] la suite.
L'enfant sait [utiliser / utilisé] ce téléphone. Tu as trop [saler / salé] la soupe.

7 **Recopie** les phrases en complétant les verbes avec -é ou -er.

Le chat a griff... Maël. Elle veut remplac... son canapé. Il faut évit... de faire du bruit.
John désire chant.... La ville a organis... un défilé. Asma a gagn... la course.

8 **Récris** les phrases en remplaçant le verbe souligné par le verbe du 1er groupe indiqué.

1. Sarah a perdu ses clefs [oublier]. – **2.** On a mis les fauteuils à l'abri [ranger].
3. Il aime écrire [dessiner]. – **4.** À qui a-t-elle vendu son vélo [donner] ?
5. Où vas-tu dormir [manger] ? – **6.** Quand allez-vous revenir [rentrer] ?

9 **Classe** les dix mots mémorisés selon leur nature.

Fiche 171 + et ++

Les relations dans un texte (19)

Je lis et je transpose

Une curieuse rencontre

Ce jour-là, Barthélémy rencontra Philémon. Il était content de voir qu'enfin quelqu'un avait trouvé ses messages. Il allait pouvoir quitter l'ile ! Mais il fut très déçu quand il apprit que Philémon ne savait pas comment faire.

Cela faisait quarante ans que Barthélémy était tombé dans le puits qu'il était en train de creuser. Un tourbillon avait entrainé le puisatier vers le fond et, comme Philémon, il était arrivé sur l'ile. Depuis ce moment, il n'avait pas cessé de creuser des puits pour essayer de trouver la sortie et quitter l'ile. Mais impossible ! Il avait vu que sur des arbres poussaient des bouteilles, alors il avait envoyé des bouteilles avec des messages.

Barthélémy expliqua à Philémon qu'ils étaient sur le « A » d'Atlantique, et qu'il y avait d'autres lettres. D'ailleurs, il avait déjà vu le « T » et il savait qu'il y avait, un peu plus loin, le « L ».

1 a. **Lis** le texte. **Indique** si l'histoire se déroule dans le passé, dans le présent ou dans le futur.

b. Quand s'est passé ce qui est raconté dans le deuxième paragraphe par rapport à la rencontre entre Barthélémy et Philémon ?

c. **Dis** le texte en parlant de deux puisatiers Barthélémy et Émilien. **Récris** les groupes de mots soulignés et **explique** les changements.

2 a. **Distingue** les verbes conjugués à l'imparfait et les verbes conjugués à un autre temps simple du passé : le passé simple.

b. **Indique** les verbes conjugués au plus-que-parfait.

3 **Donne** l'infinitif de tous les verbes conjugués. **Trouve** les verbes qui sont à l'infinitif dans le texte.

4 **Relève** deux phrases complexes et une phrase simple.

Je collecte

5 **Colle** la première étiquette à la page 9 de ton cahier de grammaire, la deuxième à la page 10 et la troisième à la bonne page.

Je m'entraine

6 **Récris** le texte suivant en parlant d'une chèvre.

Quand les chèvres blanches arrivèrent dans la montagne, elles admirèrent les sapins. Elles avaient envie de courir partout. Elles gambadèrent dans les prés. Elles trouvèrent la ferme de M. Seguin si petite qu'elles se demandèrent comment elles avaient pu tenir dedans. Mais, le soir, elles pensèrent au loup.

Fiche 172 + et ++

Des phrases et des groupes nominaux (15)

Je repère

1 a. Dans chaque phrase, **trouve** le verbe, le sujet et les compléments.

b. **Réalise** un tableau à trois colonnes et **recopie** les compléments dans la colonne qui convient : compléments circonstanciels / compléments d'objet direct / compléments d'objet indirect.

1. Barthélémy parla à Philémon, à deux heures de l'après-midi.
2. Philémon pensa à son âne Anatole, à l'abri d'un arbre étrange.
3. À midi, les deux naufragés profitèrent de la plage.
4. De la plage, Barthélémy et Philémon aperçurent deux autres lettres de l'océan Atlantique.
5. Le jeune garçon aimait la nature bizarre de l'ile.
6. Le vieux puisatier présenta le centaure à Philémon.

c. **Indique** la nature des CC, des COD et des COI.

d. **Entoure** les prépositions qui introduisent les CC et les COI. Que constates-tu ?

2 a. Dans les phrases de l'activité 1, **relève** les quatre groupes nominaux qui comportent un complément du nom.

b. **Entoure** les prépositions qui introduisent ces compléments du nom.

c. **Indique** le genre et le nombre de chacun de ces groupes nominaux.

Je m'entraine

3 a. **Recopie** les phrases suivantes. **Souligne** le verbe, **entoure** le sujet, les CC, les COD et les COI de différentes couleurs.

1. Ces belles voitures de collection appartiennent à mon grand-père depuis de très longues années.
2. Pour son anniversaire, des amis ont apporté le cadeau de ses rêves à ma sœur.
3. Les champignons remplissent les paniers des jeunes promeneurs en automne.
4. Les grosses barques des pêcheurs quittent le port à l'aube.
5. Dans la forêt, le léger craquement des feuilles mortes avertit l'animal de la présence d'un randonneur.

b. **Remplace** les groupes nominaux sujets et COD par des pronoms personnels.

4 a. **Recopie** les six groupes nominaux de l'activité 3 qui contiennent un complément du nom.

b. **Souligne** le nom principal.

c. **Relève** les adjectifs épithètes dans les phrases de l'activité 3.

Période 5

Fiche 173 + et ++

Des préfixes

Je réfléchis

1 **a. Lis ces séries de mots.**

1. venir - survenir - provenir - revenir - parvenir - subvenir
2. connu - inconnu - méconnu - reconnu
3. le montage - le démontage - le remontage

b. Explique la formation de chaque mot en couleur en nommant le radical et le préfixe.

c. Liste les préfixes utilisés.

d. Indique la nature des mots en noir et celle des mots en couleur dans chaque ligne. Que constates-tu ?

2 **a. Trouve** le préfixe utilisé dans chaque liste de mots.

1. bicyclette – bicolore
2. périmètre – périurbain
3. intercaler – un interligne
4. triangle – tricolore
5. polygone – polycopie
6. imprévu – inutile – illisible – irréel
7. quadrilatère – quadrupède
8. encadrer – enterrer
9. désorienter – décharger
10. redire – rallumer
11. malheureux – maladroit
12. téléguider – télévision

b. Classe les préfixes en fonction de ce qu'ils expriment dans un tableau comportant les colonnes suivantes :
quantité / contraire / situation dans l'espace / répétition.

Je m'entraine

3 **a. Écris** le nom, le verbe ou l'adjectif qui correspond à chaque définition ci-dessous.
Utilise des préfixes de l'activité 2.

1. **des noms :**
la culture de plusieurs produits – un avion à deux moteurs – le manque de chance – un outil préhistorique à deux faces
2. **des verbes :**
mettre dans un cercle – défaire les boutons d'un manteau – enlever les habits – mettre dans un paquet
3. **des adjectifs :**
qui n'est pas adapté – qui n'est pas honnête – qui n'est pas régulier – qui n'est pas logique – qui n'est pas prudent – qui n'est pas tolérable

b. Entoure les préfixes.

D'où viennent les mots

Le nom **polygone**, qui désigne une figure géométrique, est formé de deux éléments d'origine grecque *polu* (nombreux) et *gônia* (angle).

Fiche 174 + et ++ Mémo Des préfixes

Raconter la BD sous forme d'un dialogue

J'observe le dialogue

1 a. **Observe** les vignettes ci-dessous et **lis** le texte.

Barthélémy et Philémon qui est pieds nus, marchent l'un derrière l'autre. Philémon demande :

– Mais où les trouviez-vous ces bouteilles pour envoyer vos messages ?

– Bah !... Sur l'arbre à bouteilles..., répond Barthélémy en continuant d'avancer, les mains derrière le dos.

– Hein ! ?, s'exclame Philémon étonné. Vous voulez dire qu'ici les bouteilles poussent sur les arbres ?

– Eh oui, quand elles sont mures, elles tombent de l'arbre... Il y en a pas mal qui se brisent mais heureusement, elles ne sont pas consignées.

Ils continuent à marcher.

b. **Repère** la ponctuation du dialogue (deux points, tirets, virgule avant le verbe qui introduit des paroles) et les retours à la ligne.

c. **Relève** les verbes introduisant les paroles, l'adjectif qui exprime ce que ressent Philémon, et ce qui est ajouté pour décrire ce qui est visible sur les vignettes et permet de visualiser la scène.

J'écris la suite du dialogue

2 a. **Observe** la suite de la planche page 199. Puis **continue** le texte de l'activité 1.

b. **Utilise** des verbes pour introduire les paroles des personnages. **Choisis-les** parmi ceux du mémo : *Des verbes du dialogue*.

c. **Ajoute** des éléments visibles sur la planche qui sont indispensables pour comprendre l'histoire et permettent de se représenter visuellement l'histoire.

Je révise et j'améliore

3 **Relis** ton texte et **vérifie** que :

– tu as respecté la ponctuation et la présentation du dialogue ;

– tu as utilisé des verbes pour introduire les paroles des personnages ;

– tu as formulé par écrit des éléments visibles dans les vignettes.

Fiche 175 + et ++

Philémon
Le naufragé du A (2)

› Identifier les caractéristiques de la bande dessinée
› Connaitre le lexique de la bande dessinée

Une nuit, Philémon aperçoit des lampes qui attirent vers les rochers une bouteille géante dans laquelle se trouve un bateau. Ce sont les lampes naufrageuses ! Philémon les débranche et le navire peut accoster sans encombres. Le capitaine accepte d'emmener Philémon et Barthélémy sur l'autre « A » d'Atlantique.

Je dis ce que je sais et je raconte

Oral

1 **Rappelle** les caractéristiques de la bande dessinée en définissant les mots suivants : dessinateur – planche – vignette – bulle– plan – onomatopée – interjection.

2 **Résume** l'essentiel de l'histoire en te concentrant sur les éléments étranges.

Je comprends

3 **Identifie** le détail que l'on trouve sur les vignettes 1, 3 et 6 qui montre que l'on se situe dans un monde irréel.

4 **Indique** si tu as déjà vu des bouteilles contenant une maquette de bateau et où.

5 **Réponds** aux questions.

a. Que doit faire Philémon pour que le navire-bouteille puisse accoster ?

b. Pour aller sur l'autre « A », devant quelles iles le bateau doit-il passer ?

6 **Observe** la planche et **explique** le sens des flèches blanches sur les trois premières vignettes.

7 **Liste** les éléments qui paraissent étranges, irréels.

8 **Relève** le moyen utilisé par le dessinateur pour montrer que les personnages sont à l'intérieur de la bouteille.

9 a. **Indique** qui est désigné par Ils dans la phrase ci-dessous.

Ils viennent en **radeau-mouche à la Foire du T.**

b. **Trouve** le sens des mots en gras en t'aidant des dessins et des questions suivantes.

1. Comment est formé le premier mot ? À quel type de bateau, que l'on trouve à Paris, fait-il penser ?

2. À quelle foire de Paris fait penser le deuxième mot ? Que voit-on sur le « T » ?

10 **Observe** la dernière vignette et **indique** le nom de l'œuvre picturale qui a inspiré le dessinateur.

Oral

11 **Choisis** une lettre du mot Atlantique et **imagine** l'ile qui y correspond. **Liste** tout ce que tu aimerais trouver si tu y accostais.

Pour aller + loin

12 **Écris** quelques lignes pour présenter cette ile et dire ce que tu y ferais si, comme Philémon, tu devais y passer plusieurs heures.

Je lis à voix haute

Oral

- **Lis la planche entière.**
- **Lis très vite la phrase suivante.**

Après avoir embarqué dans un bateau à l'intérieur d'une bouteille, Philémon vogue vers l'île du « T » où il voit des touristes sur un radeau-mouche qui s'exposent aux deux soleils.

DEVONS-NOUS NAVIGUER LONGTEMPS, CAPITAINE ?
NON. NOUS SOMMES DÉJÀ EN VUE DU "T".
?
MAIS... IL Y A DU MONDE SUR CETTE ÎLE ?!
PEUH !... DES TOURISTES !
ILS VIENNENT EN RADEAU-MOUCHE À LA FOIRE DU T.
NE T'EXPOSE PAS AUX SOLEILS, HENRI !
CLIC !
BAH !
C'EST TOUJOURS MOI QUI FAIS SIGNE QUAND ON TOURNE.
HOU HOU !
ÇA VA ?
LAISSE-MOI VOIR !
REGARDEZ, EN VOICI UN !
GLOU GLOU GLOU...

Période 5

Après quelques péripéties, le navire arrive sur l'autre « A ». Philémon et Barthélémy débarquent et entrent dans un labyrinthe. Barthélémy se perd tandis que Philémon trouve la sortie. Il sort du puits et retrouve son père, à qui il tente de raconter son histoire.

Fred, *Philémon Le naufragé du A*, Dargaud, 2003.

Voyant que son père ne le croit pas, Philémon se tourne vers son âne pour lui raconter son aventure.

Oral Je me souviens et je raconte

1 **Rappelle** l'histoire en t'appuyant sur les différents lieux (la campagne, la plage, l'ile, le bateau) et sur les différentes rencontres de Philémon (Barthélémy, le centaure, le capitaine).

Je comprends

2 **Émets** des hypothèses sur le sens des mots péripéties, labyrinthe et **vérifie** dans le lexique.

3 **Explique** comment Philémon parvient à rentrer chez lui.

4 **Relève** les indices qui montrent que Philémon est revenu dans le monde réel.

5 **Trouve** les onomatopées et **indique** leur sens.

6 **Indique** la vignette qui présente un gros plan.

7 **Réponds** aux questions en indiquant quelle vignette permet de répondre.

a. Philémon est-il parti plusieurs jours ?

b. Le père croit-il l'histoire de Philémon ?

8 **Donne** un titre à cette planche.

Oral **9** **Échange** avec tes camarades tes impressions de lecture et **donne** ton avis sur cette bande dessinée.

Pour aller + loin

10 **Écris** quelques lignes pour indiquer si tu aimerais lire d'autres aventures de Philémon et pourquoi.

Oral Je lis à voix haute

- **Lis** la planche entière.

Fiche 177 + et ++

Les noms finissant par [œr]

Je mémorise

1 **Lis** les noms à mémoriser puis **écris**-les au pluriel.

la douleur / une horreur / du beurre / une lueur / un ascenseur

2 **Recopie** les noms à mémoriser puis **souligne** les noms féminins.

un supérieur / une demeure / la sueur / l'ardeur / l'équateur

Je fais le point

3 **a. Lis ces noms. Quel son retrouve-t-on dans chaque mot ?**

1. un danseur	un malheur	un joueur	un auteur
un boxeur	un tracteur	un auteur	un admirateur
2. la chaleur	une odeur	une grandeur	la vapeur
une frayeur	la peur	la fureur	la couleur
3. du beurre	un leurre	un heurt	une heure
le facteur	un cœur	un chœur	la sœur

b. Indique leur genre. Comment s'écrit [œr] à la fin des noms masculins de la liste 1 ? À la fin des noms féminins de la liste 2 ? Combien de noms en [œr], liste 3, ne s'écrivent pas ainsi ?

4 **Complète** la phrase suivante.

▷ Presque tous les noms masculins ou féminins terminés par [œr] s'écrivent ....
Mais on écrit : le beurre - un leurre - un heurt - une heure - une demeure - un cœur - un chœur - la sœur.

Je m'entraine

5 **Écris** le nom masculin terminé par [œr] de la famille de chaque verbe.

dessiner – pêcher – gonfler – mentir – flotter – conserver – livrer – danser

6 **Écris** le nom féminin terminé par [œr] de la famille de chaque adjectif.

laid – maigre – pâle – long – froid – lent – rouge – splendide – profond

7 **Recopie** les mots en les complétant avec -**eure** ou -**eur**.

un chant•	l'hum•	la minc•	une h•
le bonh•	la grand•	la dem•	la rouss•

8 **Range** les dix mots mémorisés par ordre alphabétique.

Fiche 178 + et ++

Les relations dans un texte (20)

Je lis et je transpose

De découverte en découverte

À midi, Philémon va jusqu'à la cabane de Barthélémy. Là, **il** découvre un véritable palais. À ce moment-là, Barthélémy voit la stupéfaction de Philémon et **il lui** explique qu'au début, c'était une simple cabane en bois. Puis **elle** a poussé comme une plante. Il a arrosé la cabane tous les jours et elle est devenue un palais. Ce palais a désormais huit cent quatre-vingt-douze chambres.

Philémon veut rester au château jusqu'au lendemain. Pendant la nuit, un orage survient et, par la fenêtre, Philémon aperçoit des lumières. Il file vers la plage et se fait attaquer par les lampes naufrageuses. **Il** réussit à **les** éteindre et un navire à l'intérieur d'une bouteille peut accoster.

Philémon et Barthélémy ont de la chance, le capitaine du bateau accepte de **les** emmener vers l'autre « A ». **Ils** embarquent aussitôt. Le voyage s'annonce calme. Or, quelques heures plus tard, des courants entrainent la bouteille vers le fond. Alors, les marins **la** bouchent et **elle** remonte aussitôt à la surface.

1 a. **Lis** le texte. **Indique** qui ou ce qui est désigné par les pronoms en gras.

b. **Dis** le texte en le mettant au passé. Les verbes soulignés en bleu sont à conjuguer au passé simple, ceux soulignés en noir au plus-que-parfait et ceux soulignés en rouge à l'imparfait.

c. **Explique** les changements. Que remarques-tu pour le verbe du 2e groupe ?

2 **Donne** l'infinitif de tous les verbes conjugués. **Trouve** les verbes qui sont à l'infinitif dans le texte.

3 **Relève** deux phrases simples.

Je collecte

4 **Colle** les étiquettes aux bonnes pages de ton cahier de grammaire.

Je m'entraine

5 **Recopie** le texte en parlant d'un seul pompier.

Le téléphone sonna. Les pompiers arrêtèrent de manger. Ils enfilèrent leur veste et attrapèrent leur casque. Ils allèrent à l'extérieur en courant et sautèrent dans le camion qui démarra aussitôt.

6 **Recopie** le texte en le mettant au passé simple. Le dernier verbe est à conjuguer à l'imparfait.

L'intrépide jeune homme entre dans le parc. Au fond d'une allée rectiligne, il aperçoit un château délabré. Il peut franchir de hautes herbes piquantes et il découvre une ouverture sur le mur gauche du château. Sa sœur réussit alors à le rejoindre. Ils ont de la chance, la porte n'est pas fermée.

Fiche 179 + et ++

Le plus-que-parfait

Je réfléchis

1 a. **Lis** la page 11 de ton cahier de grammaire.
b. **Trouve** le verbe et son sujet dans chaque phrase.
c. **Indique** le temps des verbes, leur infinitif et leur groupe.
d. **Entoure** les auxiliaires utilisés, **donne** leur infinitif et le temps auquel ils sont conjugués.
e. **Souligne** le participe passé de chaque verbe. **Explique** les accords.
f. **Compare** le passé composé et le plus-que-parfait. **Indique** ce qui les différencie.

2 a. **Lis** les phrases suivantes.
1. Thomas **attendait** le parachutage et il **avait** faim. Pourtant, il **avait** bien **mangé** avant de partir.
2. Les comédiens **ont joué** devant les élèves. Ils **avaient appris** leur rôle depuis plusieurs semaines.
3. Barthélémy **raconta** son histoire à Philémon. Il **était tombé** dans le puits quarante ans auparavant.

b. **Indique** le temps des différents verbes.
c. **Quand ont eu lieu les actions exprimées par les verbes en bleu par rapport à celles exprimées par les verbes en gras noir ?**

Je conclus

3 a. **Écris** le titre de la page 11 de ton cahier de grammaire : *Le plus-que-parfait.*
b. **Lis** la conjugaison des verbes au plus-que-parfait page 251.

Oral 4 a. **Indique** ce qu'exprime le plus-que-parfait.
b. **Explique** la différence entre le passé composé et le plus-que-parfait.

Je m'entraine

Oral 5 a. Parmi les phrases ci-dessous, **recopie** uniquement celles dont les verbes sont conjugués au plus-que-parfait.
b. **Écris** l'infinitif des verbes.
1. Louisa avait fini ses devoirs. Alors, elle a joué avec son frère.
2. En se levant, il a vu la neige dans le jardin. Elle était tombée toute la nuit.
3. Tu avais appris ta poésie par cœur. Tu as pu la réciter sans problème devant la classe.

6 **Complète** les phrases suivantes en conjuguant les verbes entre crochets au plus-que-parfait.
Tout était prêt. Avant l'arrivée de mes amis, j'[ranger] ma chambre, j'[préparer] des jeux. J'[acheter] un gâteau pour le gouter et j'[placer] la boisson au réfrigérateur. Mes sœurs [installer] une table et des chaises dans le jardin sous un arbre. Mon frère [apporter] les verres, les assiettes et les couverts pour le gouter.

Fiche 180 + et ++

Des mots autour de la BD

Je réfléchis

1 a. **Lis** les phrases suivantes.

1. Le puisatier a disparu **il y a quarante ans** en creusant un puits.
2. **Quand elles sont mures**, elles tombent.
3. Nous sommes sur le « A ». J'ai mis des années **avant de** comprendre **mais maintenant**, j'en suis sûr **car** j'ai aperçu le « T ».
4. **Ici** se trouve l'Amérique, **là** l'Europe et **entre** ces deux continents, l'océan Atlantique.
5. Ces lettres n'existent pas, **pourtant** nous sommes sur l'une d'elles.
6. **Puisque** cette ile n'existe pas, personne ne peut la voir.
7. C'est ce que je me répète **depuis** quarante ans.
8. **Au fond du** puits, il y a l'océan Atlantique…

b. **Réalise** un tableau à trois colonnes et **recopie** les mots en gras dans la colonne qui convient, en fonction de ce qu'ils expriment :
situation dans le temps / situation dans l'espace / lien logique (cause, opposition).

c. **Relis** les phrases en remplaçant les mots en orange qui expriment un lien d'opposition par ceux-ci : **toutefois**, **néanmoins**.

d. **Relis** les phrases en remplaçant les mots en orange qui expriment un lien de cause par ceux-ci : **parce que**, **comme**.

2 a. **Trouve** des mots pour exprimer ce qui est étrange. **Cherche** dans le dictionnaire les adjectifs **bizarre**, **étonnant**, **mystérieux**. **Recopie** leurs synonymes.

b. **Complète** le texte ci-dessous avec les mots que tu as trouvés.

Philémon pense : « Deux soleils qui brillent dans le ciel, c'est …. Une cabane qui pousse comme une plante et devient un palais, c'est …. Être sur une ile qui n'existe pas, c'est …. Monter dans un bateau qui navigue à l'intérieur d'une bouteille, c'est …. »

c. **Compare** tes phrases avec celles de tes camarades.

Je m'entraine

3 a. **Relis** le texte *De découverte en découverte* page 212.

b. **Relève** les mots qui situent l'action dans le temps, dans l'espace, ou qui indiquent un lien logique.

c. **Écris-les** dans le tableau de l'activité 1 puis **vérifie** dans le mémo : *Des mots pour indiquer des liens logiques, des indicateurs de temps, d'espace.*

D'où viennent les mots

Le nom **puits** vient du latin *puteus* (trou). Il s'est d'abord écrit *puis* et au XVIe siècle, le *t* rappelant l'origine latine du mot a été inséré pour le différencier de l'adverbe *puis*.

4 **Complète** le texte suivant avec des mots donnant des indications de temps.

… quatre ans, nous sommes rentrés au CP. Nous sommes en CM2 … le mois de septembre. … nous serons en 6e, nous aurons plusieurs professeurs.

Fiche 181 + et ++

Mémo Des mots pour indiquer des liens logiques, des indicateurs de temps, d'espace – Des mots pour exprimer l'étrangeté.

Raconter une aventure

Quand Philémon retrouve son père, ce dernier ne comprend rien à ce qu'il lui dit. Alors Philémon se tourne vers son âne Anatole et il lui raconte sa rencontre avec Barthélémy et son voyage sur un navire à l'intérieur d'une bouteille.
Imagine ce que Philémon dit à Anatole. **Insiste** sur l'étrangeté de cette aventure.

Je cherche des idées

1 **Relis** les planches de la bande dessinée pages 199, 201, 202, 209 et 210.
Observe attentivement les vignettes.

Oral **2** a. **Indique :**

1. les actions des personnages visibles sur les vignettes ;
2. l'aspect physique des personnages : Barthélémy, Vendredi, le capitaine du navire ;
3. les lieux, les paysages, les plantes et leur étrangeté ;
4. ce qui étonne Philémon, ce qui est incompréhensible.

b. **Prends** des notes sur ce qu'il t'apparait important de raconter.

J'organise mon texte

3 a. **Organise** ton récit en rangeant les actions des personnages dans l'ordre chronologique de l'aventure vécue par Philémon :

1. la marche sur l'ile avec Barthélémy pour comprendre où il se trouve ;
2. le voyage dans la bouteille et la découverte du « T ».

b. **Insère** tes notes concernant les portraits, les descriptions, l'étrangeté, les impressions de Philémon au bon endroit de ton récit.

Je rédige mon texte

4 a. **Écris** ton texte au passé (passé composé et imparfait) à la première personne puisque c'est Philémon qui raconte.

b. **Utilise** les mots du mémo : *Des mots pour exprimer l'étrangeté* afin de montrer la surprise de Philémon, exprimer son étonnement…
Tu peux insérer des réactions d'Anatole.

c. **Commence** ton texte ainsi :

Anatole, tu sais qui j'ai rencontré en sortant de l'eau sur la plage ? J'ai rencontré…

Je révise et j'améliore

5 **Relis** ton texte et **vérifie** que :

– tu as mis les majuscules et la ponctuation ;
– tu as écrit l'aventure de Philémon dans l'ordre chronologique ;
– tu as utilisé des mots pour insister sur l'étrangeté de cette aventure ;
– tu as employé la première personne de l'imparfait et du passé composé comme il convient.

Fiche 182 + et ++

› Anticiper le contenu de l'histoire
› Rendre compte de sa compréhension d'un texte
› Repérer des informations implicites
› Partager ses impressions de lecture

Ruby tête haute (1)

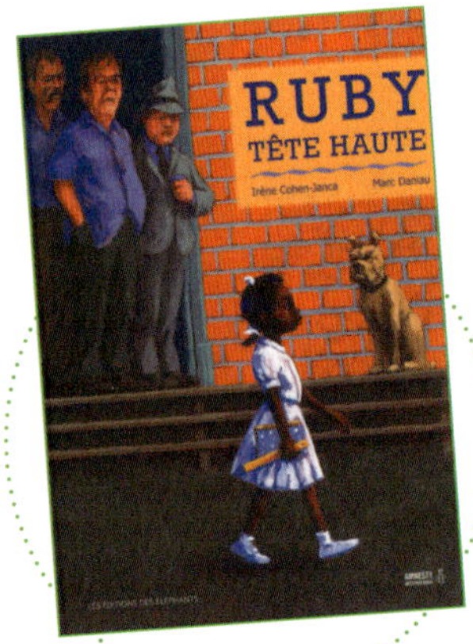

Je m'appelle Ruby Bridges et je suis née en Louisiane, un État du sud de l'Amérique.

Autrefois, la Louisiane était un pays étrange, avec des marais fantastiques remplis d'alligators, des marécages où poussaient des cyprès géants aux longues racines plongeant dans l'eau, des grandes forêts sombres où semblaient pendre aux branches des arbres de longues chevelures grises.

Beaucoup de marais ont été asséchés, des villes ont été construites, mais il reste encore de vastes forêts, des marais peuplés d'alligators, des arbres enveloppés de voiles de mousse, des grandes fleurs tropicales, des millions d'oiseaux qui traversent le ciel, et le grand fleuve Mississippi qui coule, puissant et terrible, sans faire plus de bruit qu'un petit ruisseau.

La Louisiane, c'est aussi le pays où longtemps les Blancs ont refusé d'habiter dans les mêmes quartiers que les Noirs, de manger dans les mêmes restaurants, de dormir dans les mêmes hôtels, d'envoyer leurs enfants dans les mêmes écoles. Ce refus s'appelle la ségrégation.

Et il a fallu beaucoup de temps et de peine avant que cela commence à changer.

Le président des États-Unis et les lois disaient bien qu'il fallait que la ségrégation cesse, mais beaucoup de Blancs refusaient de vivre avec des Noirs.

Alors a commencé une drôle de bataille. Et moi, à ma manière, j'y ai participé. C'était en 1960 et j'avais six ans.

Oral

J'anticipe

1. **Indique** le titre, le nom de l'autrice et celui de l'illustrateur.
2. **Décris** le personnage central de la couverture et **émets** des hypothèses sur l'histoire.

Je comprends

3. **Écris** les questions que tu te poses après la lecture.
4. **Trouve** la phrase qui te permet d'identifier la narratrice de l'histoire.
5. **Situe** l'époque à laquelle se déroule l'histoire en citant précisément le texte.
6. **Relève** des groupes de mots qui décrivent les paysages de la Louisiane.
7. **Explique** ce que l'on appelle la ségrégation.
8. **Réponds** aux questions en relevant la phrase du texte qui te permet de répondre.
   a. Dans quel type d'exploitation agricole travaillaient les grands-parents de Ruby ?
   b. Quels sont les métiers des parents de Ruby lorsqu'ils habitent à La Nouvelle Orléans ?

Je vivais alors heureuse avec mes parents, mes frères et sœurs, mes amis. C'était comme un monde à part, nous étions tous noirs et je trouvais normal de vivre ainsi. Même si l'école où j'allais était très éloignée de la maison, alors que, tout près de chez nous, il y avait l'école William Frantz. Mais seuls les enfants blancs avaient le droit d'y entrer.

Quand je suis née, mes parents habitaient avec mes grands-parents paternels, qui étaient métayers. Les métayers ne possèdent pas de terres, ils travaillent pour des propriétaires.

La vie était alors très difficile. Il arrivait que ma mère porte jusqu'à quarante kilos de coton sur son dos.

Quand j'ai eu quatre ans, nous sommes allés nous installer dans la grande ville de La Nouvelle Orléans pour chercher une vie meilleure.

Mon père était employé dans une station-service et ma mère faisait des ménages la nuit dans des hôtels de la ville.

Parfois elle exerçait des métiers bizarres. Elle nous racontait en riant comment elle avait fabriqué des cercueils dans une usine et comment, pendant leur pause du midi elle et les autres ouvrières faisaient une petite sieste dans un cercueil.

Nous avions peu d'argent mais beaucoup de joies.

Ma mère nous préparait d'énormes petits-déjeuners avec du gruau d'avoine, des œufs, du bacon et de délicieux gâteaux. Elle nous régalait de pudding à la banane, de riz au poisson-chat et de tant de bonnes choses encore qui embaumaient toute la maison. L'après-midi, après l'école, je jouais avec mes amies aux osselets, à la corde à sauter ou à grimper à l'arbre géant près de la maison.

9. **Trouve** le verbe ligne 45 qui signifie parfumer.
10. **Cite** un moment qui apporte de la joie à Ruby.
11. Oral **Vérifie** si tu peux maintenant répondre à tes questions de l'activité 3.

Pour aller + loin

12. **Écris** quelques lignes pour imaginer la drôle de bataille à laquelle va participer Ruby.

Oral **Je lis à voix haute**

- **Lis de *Je vivais alors heureuse* (ligne 21) à la fin du texte.**
- **Lis très vite la phrase suivante.**

À l'époque de la ségrégation aux États-Unis, les lois ségrégationnistes imposaient aux Noirs de ne pas habiter dans les mêmes quartiers que les Blancs, de ne pas fréquenter les mêmes restaurants, de ne pas envoyer leurs enfants dans les mêmes écoles.

Fiche 183 + et ++

L'été, nous allions tous chez les parents de ma mère qui tenaient une ferme d'élevage. Avec mes frères et sœurs, mes nombreux cousins, nous formions une véritable petite bande. Grand-mère ne nous laissait pas le temps de flâner ni de nous ennuyer. Il fallait récolter les légumes, préparer des conserves, et le soir nous nous couchions épuisés.

Mais ces vacances-là restent comme l'un des plus beaux souvenirs de ma vie.

Et puis tout a basculé…

Comme une petite feuille tombée de l'arbre en automne, le grand vent de l'Histoire m'a soulevée, emportée et jetée dans un incroyable tourbillon.

Un jour de l'été 1960, des gens sont venus frapper à notre porte. Depuis des années, ils se battaient pour l'égalité des droits entre les Noirs et les Blancs.

Ils ont expliqué à mes parents que les enfants noirs avaient le droit d'entrer dans des écoles de Blancs, à condition de réussir un examen de passage.

Mon père a refusé, car il ne croyait pas que l'égalité puisse un jour exister. Il a dit :

– Quand j'ai fait la guerre de Corée, le jour, j'étais en première ligne avec tous les soldats mais, la nuit, les soldats blancs et les soldats noirs ne dormaient pas au même endroit. Ce sera pareil pour l'école. Jamais il n'y aura de mélange.

Ma mère, elle, pensait qu'il fallait se battre pour qu'aujourd'hui j'aie une meilleure éducation et que demain tous les enfants noirs puissent aussi avoir une meilleure éducation.

Elle a réussi à convaincre mon père.

Oral

J'anticipe

1 **Souviens-toi** de l'histoire de Ruby, **écris** les mots qui te viennent à l'esprit et **raconte** ce dont tu te souviens.

Je comprends

2 **Réponds aux questions par une phrase.**

a. Quels métiers exercent les grands-parents maternels de Ruby ?

b. Pourquoi les vacances d'été sont-elles un des plus beaux souvenirs de la vie de Ruby ?

3 **Relève** la comparaison employée par la narratrice pour évoquer le basculement de sa vie.

4 **Réponds aux questions en citant le texte.**

a. Y a-t-il des gens qui croient à l'égalité entre les Noirs et les Blancs ? Que veulent-ils ?

b. Le père de Ruby croit-il à la fin de la ségrégation ? Pourquoi ?

5 **Reformule** avec tes propres mots les arguments de la mère de Ruby pour convaincre le père.

Oral **6** **Échange** avec tes camarades sur cette histoire. Qu'as-tu ressenti en lisant le texte ?

Pour aller + loin

7 **Écris quelques lignes pour répondre aux questions.**

a. Ruby va-t-elle passer et réussir l'examen d'entrée à l'école des Blancs ?

b. En quoi cela peut-il ou non changer sa vie ?

Oral

Je lis à voix haute

- **Lis** l'ensemble du texte.

Fiche 184 + et ++

Écrire se, s', s'est, se sont s'était, s'étaient

Je mémorise

1 **Lis** les verbes à mémoriser puis **recopie** les verbes du 1er groupe.

assoir (s') / perdre (se) / expliquer (s') / tromper (se) / excuser (s')

2 **Recopie** les verbes à mémoriser puis **souligne** les verbes du 3e groupe.

dresser (se) / confondre (se) / intéresser (s') / mêler (se) / enfuir (s')

Je fais le point

3 a. **Recopie** les verbes des phrases ci-dessous. **Indique** à quels temps et à quelles personnes ils sont conjugués.

1. Les lapins se sauvent. Ils se sauvaient. Le cerf se sauva. Il se sauvera.
2. Ils s'enfuient. Elles s'approchèrent. Elle s'isole. Il s'occupait de toi. Ta robe s'usera.

b. De combien de mots est formé chaque verbe ? Comment s'écrit le pronom devant le verbe ?

c. Quand utilise-t-on s' plutôt que se ?

d. **Écris** l'infinitif de ces verbes en employant se ou s'.

Oral

e. **Dis** la première phrase en remplaçant le sujet par Je, Tu, Nous, Vous. Que constates-tu ?

4 a. **Indique** à quels temps et à quelle personne sont conjugués les verbes ci-dessous. **Écris** leur infinitif.

Le chat **s'est caché** sous le lit.

Une mouette **s'était posée** à côté de moi.

Les chats **se sont cachés** sous le lit.

Des mouettes **s'étaient posées** à côté de moi.

b. Comment s'écrit le pronom employé dans ces verbes ? Quel auxiliaire est employé ?

5 **Complète** les phrases suivantes.

▷ Certains verbes comprennent le pronom ... ou ... si le verbe commence par une ....

▷ Quel que soit le temps, à la 3e personne, le pronom, devant un verbe, s'écrit toujours ... ou ....

Je m'entraine

6 **Récris** les phrases en les complétant avec se ou s'.

1. La température ... rafraichit.
2. Le directeur ... fâche.
3. Le promeneur ... abritera sous un pont.
4. Les skieurs ... élancèrent sur la piste.
5. L'oiseau ... nourrissait de graines.
6. Les piles ... usent vite.

7 **Récris** les phrases au passé composé puis au plus-que-parfait. Attention aux accords.

1. Le soleil se lève tôt.
2. La cliente se précipite dans le magasin.
3. Les touristes se promènent dans la ville.
4. Des tigres s'échappent du zoo.
5. Tes chiennes s'ennuient pendant ton absence.
6. La piscine se vide.

8 **Range** les dix verbes mémorisés dans l'ordre alphabétique.

Fiche 185 + et ++

Les relations dans un texte (21)

Je lis et je transpose

Ruby

Je vivais heureuse avec ma famille à la campagne en Louisiane. Mes parents travaillaient dans les champs de coton, c'était très dur. Mais quand j'ai eu quatre ans, mes parents ont voulu une vie meilleure et **nous** avons déménagé pour habiter dans une grande ville. J'allais dans une école très éloignée de la maison car **celle** proche de chez nous était réservée aux Blancs. Pendant les vacances, mes frères, mes sœurs et moi, **nous** allions chez les parents de ma mère à la campagne. **J'**étais heureuse quand, en 1960, tout a basculé.

J'avais six ans et j'ai participé à ma manière à une drôle de bataille. Un jour, des gens sont venus frapper à notre porte. **Ils** ont dit à mes parents qu'ils se battaient pour l'égalité des droits entre les Noirs et les Blancs et que j'avais le droit d'entrer dans une école de Blancs si je réussissais un examen. D'abord, mon père a refusé puis ma mère a pu **le** convaincre. Alors **il** a accepté et j'ai passé l'examen.

1 **Lis** le texte. **Indique** qui ou ce qui est désigné par les pronoms en gras.

2 a. **Trouve** les verbes et **indique** à quels temps ils sont conjugués.

b. **Dis** le texte en conjuguant au passé simple les verbes qui sont au passé composé.

c. **Écris** ces verbes au passé simple avec leur sujet. **Explique** les changements.

3 **Donne** l'infinitif de tous les verbes conjugués. **Trouve** les verbes qui sont à l'infinitif dans le texte.

4 **Indique** pour chaque phrase si elle est simple ou complexe.
Justifie ta réponse.

Je collecte

5 **Colle** les étiquettes aux bonnes pages de ton cahier de grammaire.

Je m'entraine

6 **Recopie** le texte ci-dessous en conjuguant les verbes soulignés au passé simple.

Mon père <u>a refusé</u> de m'acheter un vélo. Mon frère <u>a pu</u> le convaincre. Il <u>a accepté</u>. Mes parents <u>ont</u> bien <u>voulu</u> que j'aille à l'école à vélo.

7 **Recopie** le texte en conjuguant au passé simple les verbes qui sont au passé composé.

Autrefois, j'habitais à la ville. Quand j'ai eu six ans, mes parents ont voulu une maison à la campagne. Nous avons déménagé. Des voisins de mon âge sont venus tout de suite jouer avec moi. Cette année-là, j'ai passé de bonnes vacances.

Fiche 186 + et ++

Compléter un nom

Je réfléchis

1 a. **Lis ces groupes nominaux.**

1. un pays étrange
2. de grandes forêts sombres
3. des marais avec des alligators
4. une petite feuille d'arbre
5. les branches des arbres
6. de longues chevelures grises
7. du pudding à la banane
8. les parents de ma mère
9. des marais fantastiques
10. le grand fleuve puissant et terrible
11. les frères de Ruby
12. de vastes forêts

b. **Indique le nom principal de chaque groupe de mots. Quelles précisions sont apportées sur chaque nom principal ?**

c. **Classe ces mots ou groupe de mots qui complètent le nom principal dans un tableau à deux colonnes : adjectifs épithètes / groupes nominaux compléments du nom.**

Oral **2** **Ajoute un adjectif puis un complément du nom pour préciser chaque nom.**

un arbre – le chapeau – les animaux – un gâteau – les cahiers

3 a. **Observe le groupe nominal suivant.**

des cyprès géants aux longues racines

b. **Trouve le nom principal et la manière dont il est complété.**

c. **Quel autre nom de ce groupe est complété par un adjectif ?**

4 **Complète chaque nom de ces groupes nominaux avec un adjectif épithète.**

un bol de chocolat – le livre sur les animaux – une maison en pierre

Je m'entraine

5 **Complète chaque groupe nominal avec un adjectif et fais les accords nécessaires.**

1. Le Mississippi est un ... fleuve ... et ... . Il ne fait pas plus de bruit qu'un ... ruisseau.
2. Avec mes frères et sœurs, mes ... cousins, nous formions une ... bande.
3. Ma mère nous préparait d'... petits-déjeuners avec du gruau d'avoine, des œufs, du bacon et de ... gâteaux.

6 **Remplace l'adjectif épithète par un complément du nom.**

1. un oiseau nocturne
2. l'activité matinale
3. des températures hivernales
4. un village montagnard
5. la lumière solaire
6. le travail journalier
7. une journée estivale
8. la langue française
9. une personne retraitée
10. un bateau motorisé

Période 5

Fiche 187 + et ++

La formation des mots (2)

Je réfléchis

1 a. **Lis et observe** les noms suivants. De combien de mots est composé chaque nom ?

1. une station-service
2. mes grands-parents
3. une pomme de terre
4. un petit-déjeuner
5. une corde à sauter
6. un radeau-mouche
7. un poisson-chat
8. un portefeuille
9. une bande dessinée

b. **Classe** les mots selon leur composition : deux noms / nom, préposition et nom / nom, préposition et verbe / nom et adjectif / adjectif et nom / verbe et nom.

2 a. **Lis et observe** ces noms composés.

1. un rouge-gorge
2. une table à repasser
3. la bassecour
4. une salle à manger
5. un lave-vaisselle
6. un chien-loup
7. un porteclé
8. un trait d'union
9. un passeport

b. **Classe** les mots selon la manière dont ils sont écrits :
mots séparés par un trait d'union / mots séparés mais sans trait d'union / mots soudés.

Je m'entraine

3 **Recopie** les mots en ajoutant une préposition ou un trait d'union.

1. un sac ... dos
2. un sèche ... cheveux
3. une salle ... bain
4. une machine ... laver
5. un radio ... réveil
6. un pied ... nez

4 **Recherche** dans le dictionnaire les noms composés commençant par casse. **Recopie-les.**

5 **Écris** les noms composés correspondant à ces définitions. Ils s'écrivent tous avec un trait d'union.

1. Un chou dont on mange les fleurs blanches.
2. Appareil qui permet de sécher le linge.
3. Couverture qui sert à protéger un cahier.
4. Personne qui garde un malade.
5. Fenêtre qui descend jusqu'au sol et sert de porte.
6. Engin qui repousse la neige des routes.

6 **Complète** les phrases avec des noms composés.
Ils s'écrivent tous sans trait d'union.

1. Le serveur retire le bouchon de la bouteille avec un ....
2. Lorsque tu rentres à la maison, tu accroches ton manteau au ....
3. Je taille la mine de mon crayon avec un ....
4. Pour trouver sa route et lire les panneaux, il fait plusieurs fois le tour du ....

D'où viennent les mots

Le mot **déjeuner** vient du verbe latin *disjejunare* qui veut dire : arrêter le jeûne, c'est-à-dire arrêter de ne pas manger. Le déjeuner désignait autrefois le repas du matin. Au XIXe siècle, il a pris le sens de repas de midi. On a alors appelé petit-déjeuner le léger repas du matin.

Présenter une région

Tu vas écrire un texte pour présenter ta région.

J'observe l'organisation d'un texte

1 a. **Lis** ce texte qui donne des informations sur la Louisiane.

La Louisiane est un État situé dans le sud des États-Unis. Sa capitale est Baton Rouge et sa plus grande ville est La Nouvelle Orléans.

La Louisiane est un pays verdoyant et sauvage. Même si les marais étaient plus nombreux autrefois, il reste encore des marécages peuplés d'alligators, qui s'étendent à l'infini. Dans de vastes forêts sombres vivent des millions d'oiseaux et poussent de belles fleurs tropicales. La Louisiane est traversée par le Mississippi, un des plus grands fleuves du monde. Des promenades en bateau permettent de découvrir les marais avec leurs cyprès géants dont les racines plongent dans l'eau.

L'économie de la Louisiane est dominée par l'exploitation du gaz et du pétrole. Dans le sud de l'État, on compte de nombreuses plantations de riz, de canne à sucre et de coton.

Il subsiste quelques majestueuses demeures de riches planteurs blancs, qui cultivaient le coton ou la canne à sucre et qui, jusqu'en 1865, ont fait travailler une importante population d'esclaves noirs.

Alligator américain (*Alligator mississippiensis*) au repos sur une souche, Atchafalaya Basin, Louisiane (États-Unis).

b. Combien ce texte comporte-t-il de paragraphes ?

c. Quel titre pourrais-tu donner à chaque paragraphe pour en résumer le contenu ?

d. **Relève** les adjectifs utilisés pour décrire le paysage et les sites à visiter, puis les différents verbes employés dans le texte.

Je cherche des idées

2 **Cherche** des informations sur ta région dans un manuel de géographie ou sur le web. **Prends** des notes pour te permettre de :

a. situer ta région dans la France, nommer les grandes villes ;

b. décrire le paysage dominant de la région ;

c. parler de son économie ;

d. citer des lieux historiques et géographiques importants.

J'organise et je rédige mon texte

3 **Organise** ton texte en quatre parties : situation, paysage, économie, tourisme.

4 **Écris** ton texte au présent. **Varie** les verbes.

5 Tu peux accompagner ton texte d'une carte de France situant ta région et de photos pour illustrer le paysage ou un site typique.

Je révise et j'améliore

6 **Relis** ton texte et **vérifie** que :

– tu as mis les majuscules et la ponctuation ;

– tu as écrit quatre paragraphes ;

– tu as utilisé des adjectifs et tu as varié les verbes ;

– tu as employé le présent.

Fiche 189 + et ++

Ruby tête haute (2)

› Identifier actions et pensées des personnages
› Gérer sa compréhension d'un texte
› Repérer des informations implicites

C'était un examen très difficile. Et je l'ai réussi.

Ce dimanche-là, nous sommes allés à l'église comme tous les dimanches, mais nous avons prié plus longtemps et plus intensément encore pour avoir du courage et de la force.

Moi je ne comprenais pas pourquoi il fallait du courage et de la force pour aller dans une nouvelle école.

Nous étions cent trente enfants à passer l'examen, et six ont été retenus. Six filles.

Les parents de l'une, au dernier moment, ont renoncé à la faire changer d'école.

Quatre filles devaient aller à l'école McDonogh.

Et moi à l'école William Frantz. Seule.

En réalité, j'étais assez triste. Ce n'était pas une bonne nouvelle de quitter mes amies, ma maitresse, ma vieille école.

Et puis ma mère ne m'a pas dit ce qui m'attendait vraiment…

Elle m'a juste recommandé de bien me tenir, d'obéir.

Et, pour me consoler un peu, elle a ajouté que je ferais « honneur à notre peuple ».

Le 13 novembre 1960, jour de la rentrée, je me suis levée de bonne heure pour me préparer. J'ai mis ma plus belle robe, ma mère a soigneusement natté mes cheveux avec un joli ruban.

Soudain on a sonné à la porte. Quatre officiers de police se tenaient sur le seuil.

Ils nous ont annoncé qu'ils venaient nous accompagner à l'école William Frantz et nous protéger.

Sans poser de questions, nous sommes montées, ma mère et moi, dans leur grosse voiture noire.

Je me souviens

Oral **1** **Raconte** la vie de Ruby en t'appuyant sur les lieux de l'histoire : La Louisiane, la ferme, La Nouvelle Orléans, l'école, la ferme des grands-parents maternels.

Je comprends

2 **Explique** ce que ressent Ruby à l'annonce de son succès.

3 **Lis** la phrase et **explique** ce que veut dire la mère de Ruby.

Et, pour me consoler un peu, elle a ajouté que je ferais « honneur à notre peuple ».

4 **Indique** en quoi cette rentrée à l'école William Frantz est différente des autres pour Ruby.

5 **Réponds** aux questions par une phrase.

a. De quel étrange spectacle parle Ruby ?

b. À quoi Ruby compare-t-elle les pantalons des dames qui manifestent ?

6 **Relève** des mots qui évoquent l'atmosphère d'agressivité autour de l'école. **Explique** ce que souhaitent obtenir les gens autour de l'école et les actions qu'ils mènent.

En quelques minutes, nous étions arrivés, et un étrange spectacle nous attendait.

Juste en face de l'école, plein de gens, rassemblés sur le trottoir, tenaient des pancartes et hurlaient.

J'ai cru que c'était Mardi gras. Il y avait du vacarme comme un jour de carnaval, avec le bruit des sirènes, des motos, des cris.

Les dames portaient des pantalons serrés et brillants comme ceux des toréadors, des jupes colorées, des manteaux de fourrure. Leurs cheveux étaient coiffés en belles boucles, mais sur leurs visages aucun sourire ne fleurissait.

Entourée par les quatre grands officiers, j'essayais de ne pas regarder tous ces gens, mais j'entendais leurs cris, leurs piétinements et le bruit des objets qu'ils jetaient par terre.

Je tenais la main de maman en la serrant de toutes mes forces. Nous avons gravi quelques marches et pénétré dans l'école.

L'école William Frantz était bien plus grande et bien plus belle que mon ancienne école.

Mais j'étais la seule enfant noire.

Le premier jour, nous l'avons passé, ma mère et moi, dans un bureau, à attendre. Une grande horloge était accrochée au mur.

Toute la journée, des parents en colère sont venus et repartis aussitôt avec leurs enfants.

À trois heures, on nous a dit de partir.

Période 5

7 **Lis la phrase en vert et exprime ce que Ruby peut ressentir en la disant.**

Mais j'étais la seule enfant noire.

Oral **8** **Imagine la suite de l'histoire de Ruby en répondant aux questions.**

a. Ruby va-t-elle pouvoir retourner à l'école des Blancs ?

b. Va-t-elle vouloir y retourner ?

c. Qu'as-tu ressenti en lisant ce texte ?

Pour aller + loin

9 **Écris quelques lignes pour raconter une situation dans laquelle tu t'es senti(e) différent(e), injustement incompris(e).**

Oral

Je lis à voix haute

- **Lis de *Le 13 novembre* (ligne 16) jusqu'à la fin du texte.**
- **Lis très vite la phrase suivante.**

Des gens rassemblés sur les trottoirs faisaient un vacarme digne d'un carnaval, ils criaient, hurlaient, piétinaient, jetaient toutes sortes d'objets à terre et des sirènes retentissaient.

Fiche 190 + et ++

Dehors, la foule était encore plus grande, il y avait même des journalistes de radio et de la télévision.

Des barricades étaient dressées, des gens agitaient des drapeaux, et des enfants chantaient des petites comptines :

Two, four, six, eight, we don't want to integrate
Eight, six, four, two, we don't want a chigeroo

Une grosse femme avec de grandes boucles d'oreilles portait un petit cercueil avec un baigneur noir dedans.

Et cela m'a fait plus peur que tout le reste. Je ne comprenais pas bien ce qui se passait.

En fin d'après-midi, en bas de la maison, avec ma meilleure amie, nous avons joué et chanté la petite comptine :

Two, four, six, eight, we don't want to integrate
Eight, six, four, two, we don't want a chigeroo

On aimait bien la petite musique mais on ne comprenait pas vraiment les paroles.

Le lendemain, quand je suis arrivée devant l'école avec les policiers, la foule était encore plus grande, de grosses femmes au visage haineux criaient qu'elles voulaient m'empoisonner.

J'essayais de ne pas entendre, de regarder droit devant moi et d'avancer. Quand je suis entrée dans l'école, il n'y avait aucun enfant.

Mais en haut des marches il y avait une femme blanche, souriante, qui m'attendait.

Elle m'a prise par la main et emmenée au deuxième étage.

Elle a ouvert la porte d'une classe et m'a dit d'entrer et de m'installer.

La classe était vide. Il y avait des rangées de bureaux, des chaises, un tableau mais aucun enfant.

Nous étions seules, elle et moi.

Oral — Je me souviens et je raconte

1 **Choisis et raconte** un épisode de la vie de Ruby en te concentrant sur ce qu'elle ressent.

Je comprends

2 **Relève** la phrase qui montre que ce qui se passe devant l'école de Ruby va être connu dans toute la Louisiane et même au-delà.

3 **Lis ci-dessous les deux définitions du mot** baigneur **et indique** à laquelle correspond le mot du texte.

a. une personne qui se baigne dans la mer

b. une poupée représentant un bébé

4 **Réponds** aux questions par une phrase.

a. Ruby a-t-elle compris la comptine ?

b. Ruby est-elle la seule enfant dans l'école ? Pourquoi ?

c. Comment Ruby a-t-elle été accueillie par la femme blanche ?

5 **Indique** la phrase qui montre le courage et la détermination de Ruby face à l'agressivité.

Oral **6** **Exprime** ce que ressent Ruby à l'école.

Oral — Je lis à voix haute

- **Lis** l'ensemble du texte.

Fiche 191 + et ++

Écrire et, mais, car, ou

Je mémorise

1 **Lis** les mots à mémoriser puis **écris** les noms au pluriel.

l'espoir / regretter / une occasion / absent / l'environnement

2 **Recopie** les mots à mémoriser puis **souligne** les verbes et l'adjectif.

une épreuve / respirer / la veille / résoudre / nerveux

Je fais le point

3 a. Dans chaque liste ci-dessous, **indique** si les groupes de mots en gras reliés par les conjonctions de coordination en rouge sont des noms, des verbes, des adjectifs ou des propositions.

1. J'ai vu **des lions** et **des tigres** – Ta trousse est **verte** et **noire**. – Il **court** et il **tombe**.
2. Tu veux **un yaourt** ou **un fruit** ? – Tu préfères **courir** ou **marcher** ? – Tu préfères **le bleu** ou **le vert** ?
3. Elle **tombe** mais elle ne **pleure** pas.
4. Elle **tremble** car elle **a peur**.

b. **Explique** les relations logiques (réunion, succession, choix, opposition, cause) établies par les conjonctions en les remplaçant par puis, et aussi, ou bien, pourtant, parce qu'.

4 **Observe** l'orthographe des conjonctions. Laquelle se termine par une lettre muette ? Avec quel verbe ne faut-il pas confondre et ?

5 **Complète** la phrase suivante.

▷ Les conjonctions de coordination ..., ..., ..., ... relient deux ..., deux ..., deux ... ou deux propositions.

Je m'entraine

6 **Récris** les phrases en remplaçant les mots en rouge par des conjonctions de coordination de même sens.

1. Papi a cherché ses lunettes partout, pourtant il ne les a pas retrouvées.
2. Élodie est arrivée en retard parce qu'elle a raté son bus.
3. Un livreur apporte un colis puis il fait signer un reçu.

7 **Complète** chaque phrase avec la conjonction de coordination qui convient.

1. Choisis entre tes pulls : le rouge ... le bleu ?
2. Je vais me reposer ... je suis fatigué.
3. J'ai commandé une nappe ... des serviettes de table, ... rien d'autre.

8 **Complète** la phrase avec les conjonctions de coordination étudiées.

Entre ... sors ... ferme la porte, ... dehors il gèle ... la maison va se refroidir.

9 **Classe** les dix mots mémorisés selon leur nature.

Fiche 192 + et ++

Le passé simple des verbes du 1er groupe et du verbe *aller*

Je réfléchis

1 a. **Lis** la page 9 de ton cahier de grammaire.

b. **Trouve** le verbe et son sujet dans chaque phrase.

c. **Indique** le temps des verbes, leur infinitif et leur groupe. Quelles sont les deux personnes les plus utilisées au passé simple ?

d. **Souligne** le radical de chaque verbe. **Indique** la terminaison à la 3e personne du singulier et du pluriel.

2 a. **Observe** les verbes du 1er groupe et le verbe aller conjugués au passé simple page 249. Le radical du verbe change-t-il d'une personne à l'autre ? **Indique** la terminaison à chaque personne.

b. Quelles sont les particularités des verbes finissant par -cer et -ger ?

3 a. **Lis** ces phrases.

Le 13 novembre 1960, Ruby se leva de bonne heure. Elle mit sa plus belle robe. Soudain, des officiers de police sonnèrent à la porte. Ils étaient là pour accompagner Ruby à l'école. Ruby et sa mère montèrent dans leur grosse voiture noire. Devant l'école, un étrange spectacle les attendait.

b. À quel temps sont conjugués les verbes qui indiquent les actions des personnages ? À quel temps sont conjugués les autres ?

Je conclus

4 **Écris** le titre de la page 9 de ton cahier de grammaire : *Le passé simple des verbes du 1er groupe et du verbe* aller.

Oral **5** a. **Indique** ce qu'exprime le passé simple.

b. **Précise** à quelles personnes on emploie généralement le passé simple dans un récit.

c. **Indique** les terminaisons des verbes du 1er groupe à ces personnes.

Je m'entraine

6 **Recopie** uniquement les phrases dont les verbes sont conjugués au passé simple.

Ce matin, j'observais les skieurs dévaler la pente enneigée. Tout à coup, je vis un skieur inexpérimenté s'élancer. Il s'engagea prudemment. Mais il prit rapidement de la vitesse et tomba dans le premier virage. Je le regardai se relever. Il repartit très lentement.

7 **Complète** les phrases en conjuguant les verbes au passé simple.

1. Les randonneurs [marcher] de longues heures et [arriver] enfin au sommet.
2. Le cheval [sauter] l'obstacle et [continuer] sa course.
3. Je [lancer] le ballon à Julia qui l'[envoyer] dans le but et nous [gagner] le match.
4. La princesse [aller] dans la montagne, [retrouver] le prince, le [délivrer] et ils se [marier].

Fiche 193 + et ++

Nature et fonction

Je réfléchis

1 **Liste** les mots qui sont à la même place dans ces deux phrases.

1. Dans le salon, le chat mange des croquettes rapidement.
2. Sur la chaise, cet animal fait sa toilette soigneusement.

Ces mots appartiennent à la même **classe grammaticale**. C'est leur **nature**.

2 **Classe** chaque mot des phrases suivantes selon sa nature (ou classe grammaticale) : déterminant possessif / déterminant démonstratif / article / nom / adjectif / verbe / conjonction / pronom / adverbe / préposition.

1. J'aimais la musique de cette comptine mais je ne comprenais pas vraiment les paroles.
2. Ma mère a soigneusement natté mes cheveux avec un joli ruban.

3 **Indique** la nature des mots en bleu. Que constates-tu ?

1. À **l'**école, le premier jour, nous **l'**avons passé dans un bureau.
2. Dehors, **la** foule était grande, Ruby ne **la** regardait pas.
3. J'arrive devant l'école avec **les** policiers, je **les** quitte pour entrer dans l'école.
4. Dans ce conte, le **géant** est gentil. Je regarde ce film sur un écran **géant**.
5. Le chien **garde** la maison. Il y a un **garde** devant le château de la reine.

4 **Indique** la nature puis la fonction des mots en bleu. Que constates-tu ?

1. Les dames portaient des pantalons **brillants**. Ces pantalons sont **brillants**.
2. **Maman** est venue avec moi. Je tenais la main de **maman**. Les gens regardaient **maman**.
3. Avec **maman**, je n'avais peur de rien. Je parlais à **maman** tout le long du chemin.

Je conclus

Oral **5** **Indique** la nature des mots dans cette phrase.

Mais j'étais la seule enfant noire.

6 **Dis** deux phrases dans lesquelles l'adjectif **immense** aura des fonctions différentes.

7 **a.** **Lis** ce qu'il faut retenir dans le mémo sur la nature et la fonction des mots.

b. **Lis** la page listant les classes grammaticales en revers avant de ton manuel.

Je m'entraine

8 **a.** **Indique** la nature de tous les mots de ces phrases.

1. Dans ce vase, sur la table, les fleurs sont **roses**, blanches et jaunes.
2. Mes sœurs aiment les **roses** car leur doux parfum embaume la pièce.
3. **Vous leur** offrez toujours ces fleurs pour leur anniversaire.

b. **Indique** la fonction des mots en bleu.

Fiche 194 + et ++

Des suffixes

Je réfléchis

1 a. **Lis** ces mots.

1. garer, le garage, le garagiste
2. simple, simplement, la simplicité, simplifier
3. le marchand, la marchandise, le marchandage

b. **Explique** la formation de chaque mot en couleur en nommant le radical et le suffixe.

c. **Liste** les suffixes utilisés.

d. **Indique** la nature des mots en noir et celle des mots en orange dans chaque ligne. Que constates-tu ?

2 a. **Indique** les mots à partir desquels ces noms ont été formés, ainsi que leur nature.

1. un gardien, un brésilien – un jardinier, un équipier – un coiffeur, un skieur
2. le lavage, le grattage – la navigation, la décoration – le déménagement, l'enlèvement – la couture, l'écriture
3. la bonté, la fierté – l'agilité, l'acidité – la tendresse, la gentillesse – la hauteur, la blancheur
4. un moulinet, un jardinet, un garçonnet – une maisonnette, une fillette, une clochette

D'où viennent les mots

L'adjectif **agile** vient du latin *agilis*, signifiant *qui avance vite, rapide*.

b. **Classe** les suffixes dans un tableau à quatre colonnes selon ce qu'ils permettent de former : noms de personnes / noms indiquant une action / mots indiquant la qualité d'une personne ou d'une chose / mots indiquant quelque chose de plus petit.

3 a. **Trouve** le suffixe utilisé dans chaque liste de mots pour former un adjectif.

1. cultivable, réalisable, lessivable
2. génial, royal, ventral
3. volcanique, historique, monarchique
4. malheureux, peureux, boueux

b. **Indique** les mots à partir desquels ces adjectifs ont été formés. **Précise** leur nature.

c. **Trouve** le sens des suffixes.

Je m'entraine

4 **Écris** les adjectifs que l'on peut former à partir des noms ou verbes en orange.

1. en grand nombre
2. où il y a du silence
3. tous les ans
4. tous les trimestres
5. que l'on adore
6. que l'on peut supprimer
7. qui se caractérise par son luxe
8. qui a rapport avec le commerce

5 **Écris** les noms que l'on peut former à partir des verbes en orange.

1. l'action de réparer → celui qui répare
2. ce qui est gravé → celui qui grave
3. l'action de gonfler → ce qui permet de gonfler

Raconter un évènement vécu

Tu vas écrire un texte pour raconter un moment vécu : un jour de rentrée.

J'observe l'organisation d'un texte

1 a. **Lis** les parties du texte pages 224-225 de *Le 13 novembre 1960* (ligne 16) à la fin et page 226 de *Le lendemain* (ligne 66) à la fin du texte.

b. **Indique** les différentes étapes de la rentrée vécue par Ruby.

c. Puis **lis** le texte ci-dessous qui relate le début d'un jour de rentrée vers 1920.

C'était le jour de la rentrée ! Mon père venait de me conduire chez mon nouveau Maitre, M. Leroy. C'était un homme de quarante ans environ, grand, maigre, vif. Il portait les cheveux longs et plats, son front était comme rayé par eux d'une ligne d'ombre. Sa voix, qui était douce et prenante, était naturellement harmonieuse.

M. Leroy, me montrant mes condisciples qui, dans la cour, étaient groupés et nous regardaient curieusement, dit :

— Allez jouer, mon ami.

Je fis quelques pas timides de leur côté, éprouvant, malgré mon assurance de citadin, une certaine gêne. [...]

Dans la classe, chacun s'assit au petit bonheur. Des pupitres claquèrent, des livres tombèrent à terre, un encrier fut renversé et laissa couler son encre sur la culotte de velours d'un gros garçon joufflu qui ne se fâcha pas. Mais ce fut un rire général, lorsque tout à coup on entendit le bruit d'une chute qui fit redresser tout le monde. À la dernière table, un écolier, en enjambant le banc, avait perdu l'équilibre et se trouvait étendu sur le dos, les jambes en l'air, les bras tendus, implorant du secours.

D'après M. Fournier, *Journal d'un écolier*, 1923

d. **Distingue** les différentes parties du texte : l'arrivée à l'école, le portrait du maitre, dans la cour de récréation, l'entrée en classe.

J'organise mes idées

2 a. **Souviens-toi** d'un jour de rentrée. **Note** tes actions et ce que tu ressentais.

b. **Organise** tes notes chronologiquement : le matin à la maison, le trajet vers l'école, l'arrivée à l'école, dans la cour de récréation, le portrait de l'enseignant(e), l'entrée en classe, les premiers moments de classe.

Je rédige mon texte

3 a. **Écris** ton texte au passé (passé simple et imparfait) à la première personne.

b. **Utilise** les mémos : *Des mots pour un portrait, Des mots pour dire ce que l'on ressent, Les indicateurs de temps.*

Je révise et j'améliore

4 **Relis** ton texte et **vérifie** que :

- tu as mis les majuscules et la ponctuation ;
- tu as écrit plusieurs paragraphes ;
- tu as employé des temps du passé.

Fiche 196 + et ++

Ruby tête haute (3)

› Identifier actions et pensées des personnages
› Partager ses impressions de lecture

Elle, c'était madame Barbara Henry, ma nouvelle maîtresse, celle qui avait accepté de me faire la classe.

Tout de suite, j'ai aimé madame Henry.

Apprendre avec elle était un jeu. J'ai appris à bien lire et bien écrire. J'ai découvert les mathématiques, l'histoire, la géographie.

Elle me disait que j'étais une bonne élève, me félicitait d'affronter la foule, avec calme et courage.

Je sais que des parents blancs ont essayé d'amener leurs enfants à l'école. Mais c'était dangereux et il n'y avait pas de policiers pour les protéger.

Sous les cris et les menaces de la foule, quelques enfants entraient vite dans l'école et rejoignaient une classe très éloignée de la mienne.

Un jour, j'ai vu une petite fille blanche entrer dans l'école.

Elle m'a fait un signe de la main. Comme pour me dire que si aujourd'hui on ne pouvait pas jouer ensemble, demain sûrement ce serait possible.

Nous aurions pu devenir amies tout de suite.

J'aurais pu, avec elle, comme avec les petites amies de mon quartier, jouer aux osselets, à la corde.

Mais elle n'est pas venue dans ma classe. Je restais seule avec madame Henry.

J'étais heureuse avec madame Henry, mais j'avais tellement envie que tous les autres enfants reviennent à l'école.

La classe était si vide.

Pendant ces quelques semaines où les quatre autres filles qui avaient réussi l'examen de passage étaient entrées à l'école Mc Donogh comme moi à l'école William Frantz, la colère a grondé dans toute la ville.

Je me souviens et je raconte

1 **Raconte** les événements importants de la vie de Ruby.

Je comprends

2 **Relève** la phrase qui montre qu'une seule personne a accepté d'être la professeure de Ruby.

3 **Lis** les phrases lignes 8 et 9 et **explique** ce qu'elles signifient.

4 **Indique les lignes du texte où se trouve la réponse à chacune des questions suivantes.**

a. Qu'apprend Ruby à l'école ?

b. Ruby et sa famille sont-ils seuls à mener ce combat pour l'égalité des Noirs et des Blancs ?

5 **Indique** les conséquences de ces événements sur la famille de Ruby et sur Ruby elle-même.

6 a. **Trouve** le sens du mot psychiatre dans la rubrique « D'où viennent les mots ? » page 238.

b. **Explique** pourquoi Ruby refuse de manger.

7 **Recopie** les deux phrases qui montrent ce que souhaite tellement Ruby.

Des émeutes naissaient un peu partout, des incendies étaient allumés dans les quartiers noirs pour nous faire peur.

Mes grands-parents ont perdu les terres qu'on leur louait. Mon père a été renvoyé de son travail.

Et puis je ne voulais plus manger, alors un psychiatre est venu à la maison. Il me parlait beaucoup et me faisait dessiner l'école William Frantz, mes grands-parents, tout ce qui me passait par la tête…

Il disait que c'était parce qu'une femme avait menacé de m'empoisonner que je ne mangeais plus. Peut-être. Mais moi je savais que c'était surtout parce que j'en avais assez de manger toute seule dans la classe le repas préparé par maman.

J'aurais tellement voulu manger avec d'autres enfants.

J'aurais tellement voulu que tous les enfants reviennent.

Parfois la nuit de terribles cauchemars me réveillaient.

Alors je courais me réfugier près de ma mère.

Elle me consolait, me raccompagnait jusqu'à mon lit, me disait :

— Prie, Ruby, et les cauchemars s'en iront.

Alors je priais de toutes mes forces, et l'ange du sommeil m'emportait dans ses bras.

Tous nos voisins de la rue France, notre quartier, nous ont aidés. Sans cesse, ils venaient voir si tout allait bien, ils surveillaient notre maison pour qu'on ne nous fasse pas de mal.

L'un d'eux a même offert du travail à mon père dans son entreprise de peinture.

C'était un combat difficile mais nous n'étions pas seuls au monde. Nous recevions des messages de soutien de toute l'Amérique. On nous envoyait des cadeaux, de l'argent, des lettres.

8 **Relis** le dernier paragraphe du texte et **écris** un titre.

Oral **9** **Échange** avec tes camarades sur la suite de l'histoire : Ruby va-t-elle recommencer à manger, à dormir ? Les enfants blancs qui aimeraient jouer avec elle vont-ils pouvoir le faire ?

Pour aller + loin

10 **Écris** quelques lignes pour dire de ce que tu as ressenti en lisant le texte.

Oral **Je lis à voix haute**

- **Lis de de *J'étais heureuse* (ligne 19) jusqu'à la fin du texte.**
- **Lis très vite la phrase suivante.**
  Ruby racontait au psychiatre que de terribles cauchemars la réveillaient la nuit, qu'elle allait alors se réfugier près de sa mère qui la consolait et la raccompagnait jusqu'à son lit.

Fiche 197 + et ++

Et, dans ces lettres, il y en a une qui a fait pleurer maman de joie.

C'était une lettre de madame Eisenhower, la femme de l'ancien président des États-Unis.

Mon père disait que lui et moi nous avions reçu la récompense donnée aux combattants.

Pour lui, c'était la médaille militaire, un petit cœur violet, décernée aux soldats pendant la guerre de Corée.

Pour moi, c'était la lettre de madame Eisenhower.

Je sais aussi qu'un grand écrivain, John Steinbeck, se trouvait là un jour où la foule était déchainée. Il a écrit dans un livre que les femmes ressemblaient à de méchantes sorcières, que ces gens étaient mauvais et moi très courageuse.

La violence de la foule n'a jamais fait naitre en moi la colère et la rage. Je passais au milieu d'elle sans dire un mot.

Un jour pourtant, je me suis arrêtée face à tous ces gens qui hurlaient, grondaient, grimaçaient comme des démons.

Quand je suis arrivée dans la classe, madame Henry m'a demandé :

Ruby, qu'est-ce que tu disais aux gens tout à l'heure ?

– Rien, madame.

– Mais si, j'ai vu tes lèvres qui bougeaient.

– Je ne leur parlais pas. Je priais pour eux, pour que leur cœur devienne meilleur et qu'ils comprennent mieux ce qu'ils font.

Madame Henry m'a souri, et son sourire s'est glissé dans un coin de ma tête pour ne plus jamais en sortir.

Quand je suis devenue grande et que je ressentais parfois le découragement m'envahir, j'appelais ce sourire, et le courage revenait.

Je raconte

1 **Raconte** la vie de Ruby depuis son changement d'école et **explique** en quoi elle est courageuse.

Je comprends

2 **Liste** les personnes célèbres qui ont soutenu Ruby et sa famille.

3 **Lis** la phrase en vert et **trouve** le sens des mots en gras. **Explique** de quelles récompenses il s'agit.

Mon père disait que lui et moi nous avions reçu la **récompense** donnée aux **combattants.**

4 **Relève** trois verbes qui décrivent les actions des gens en colère et un adjectif qui qualifie la foule pour expliquer la violence qui entoure Ruby.

5 **Réponds** à la question par une phrase.

Pourquoi Mme Henry pense-t-elle que Ruby s'adresse aux gens ?

6 **Trouve** la phrase qui montre que Ruby n'a jamais oublié Mme Henry.

Oral 7 **Échange** avec tes camarades pour décrire physiquement Ruby et qualifier son caractère.

Je lis à voix haute

- **Lis** l'ensemble du texte.

Fiche 198 + et ++

Le graphème *ai*

Je mémorise

1 **Lis** les mots à mémoriser puis **copie** les noms et l'adjectif.

plaire / une araignée / un souhait / une falaise / solitaire

2 **Recopie** les mots à mémoriser puis **souligne** les verbes.

paisible / éclaircir / satisfaire / parfaitement / aider

Je fais le point

3 **Indique** le son transcrit par ai dans les mots de chaque liste.

1. un trait, faire, la laine, frais, une aile, une vingtaine, une chaine
2. aimer, aigu, une aiguille, une saison, une maison

4 a. **Indique** à quel temps sont conjugués les verbes de chaque série.

1. j'allais – on jouait 2. je prendrai – je voyagerai 3. je trouvai – j'étudiai

b. Quel temps marque ai dans la liste 1. ?

c Quelles terminaisons marque ai dans les listes 2 et 3 ?

5 **Observe** les paires de mots de la même famille. Que constates-tu ?

naitre / natal • secrétaire / secrétariat • solaire / solarium • scolaire/scolarité

6 **Complète** les phrases suivantes.

- Le groupe de lettres ai transcrit les sons ... et ....
- C'est la marque de l'... et c'est la terminaison des verbes conjugués au futur et au passé simple à la ... personne.
- Pour certains mots qui contiennent ai, on retrouve la lettre a dans les mots de la même ....

Je m'entraine

7 **Récris** les phrases suivantes à l'imparfait.

Bébé dort profondément. – Elle grandit vite ! – Ils applaudissent. – Je commencerai.

8 **Récris** les verbes ci-dessous au futur.

1. je choisis
2. je demande
3. je partais
4. je connaissais
5. j'hésite
6. j'emprunte
7. je vais
8. je fais

9 **Récris** les verbes au passé simple.

1. je fouillerai
2. j'insiste
3. je glisse
4. je gratterai
5. je terminais
6. je frissonne
7. je plante
8. je joue

10 **Écris** le mot contenant le graphème ai de la famille de chaque mot.

le volontariat – contrarier – une distraction – lacté – la clarté – grammatical

11 **Classe** les dix mots mémorisés selon leur nature.

Fiche 199 + et ++

Le passé simple des autres verbes

Je réfléchis

1 a. **Lis** la page 10 de ton cahier de grammaire.

b. **Trouve** le verbe et son sujet dans chaque phrase.

c. **Indique** le temps des verbes, leur infinitif, leur groupe et les deux personnes les plus utilisées.

d. **Souligne** le radical de chaque verbe. **Indique** la terminaison à la 3e personne du singulier et du pluriel.

2 a. **Observe** les verbes être, avoir, les verbes du 2e et 3e groupe conjugués au passé simple page 249. Le radical du verbe, au passé simple, change-t-il d'une personne à l'autre ?

b. **Indique** la terminaison à chaque personne. Que constates-tu pour tous les verbes ?

c. **Observe** le radical de chaque verbe lorsqu'il est conjugué au passé simple et indique son infinitif dans un tableau à trois colonnes :
radical finissant par -i / radical finissant par -u / radical finissant par -in.

d. **Compare** la conjugaison des verbes du 2e groupe et du verbe dire aux trois premières personnes du singulier à celle du présent. Que constates-tu ?

Je conclus

3 a. **Écris** le titre de la page 10 de ton cahier de grammaire : *passé simple des verbes être, avoir, les verbes du 2e et 3e groupe.*

Oral b. **Rappelle** à quelles personnes on emploie généralement le passé simple dans un récit.

c. **Indique** les terminaisons de ces verbes à ces personnes.

d. **Nomme** les verbes dont le radical se termine par -u, par -i, par -in.

Je m'entraine

4 **Récris** les phrases en conjuguant au passé simple les verbes entre crochets.

1. Elle [frémir] de peur, elle [vouloir] courir mais elle [rester] clouée sur place.
2. Ils [avoir] la grippe et ils [être] fort malades.
3. Je lui [faire] un signe et elle [pouvoir] me voir.
4. Les enfants [voir] des chevreuils et ils [prendre] des photos.
5. L'ogre [devenir] gentil et [dire] aux enfants de repartir.

5 **Recopie** le texte en conjuguant les verbes soulignés en bleu au passé simple et ceux soulignés en rouge au plus que parfait.

Le conducteur veut faire demi-tour mais la voiture ne bouge pas. Il regarde autour de lui. Personne pour l'aider à pousser ! Il réussit néanmoins à sortir de la voiture. Ses pieds s'enfoncent dans la boue. Que faire ? Il cherche son téléphone. Impossible de le trouver. Il l'a oublié chez lui. Il marche avec peine jusqu'à la route. Il a pris ce chemin de terre pour aller plus vite ! Quelle erreur !

Fiche 200 + et ++

Des phrases et des groupes nominaux (16)

Je repère

1 a. Dans chacune des phrases ci-dessous, **trouve** le verbe, le sujet, le ou les compléments et l'attribut du sujet s'il y en a un.

1. Quatre autres filles de la ville avaient réussi l'examen de passage.
2. Dans la classe, la maitresse et Ruby sont seules.
3. Un jour, j'ai vu une petite fille blanche dans l'école.
4. Le combat contre la ségrégation était difficile.
5. La colère gronda dans la ville, pendant quelques semaines.
6. La femme de l'ancien président a écrit une lettre à la mère de Ruby.
7. Devant l'école, passaient de grosses motos.

b. **Recopie** au bon endroit les compléments dans un tableau à quatre colonnes : compléments circonstanciels / compléments d'objet direct / compléments d'objet indirect / attributs du sujet.

c. **Explique** comment tu identifies le sujet, les compléments et les attributs.

d. **Indique** la nature des sujets, des CC, des COD, des COI et des attributs.

2 a. Dans les phrases de l'activité 1, **relève** les quatre groupes nominaux qui comportent un complément du nom.

b. **Indique** le genre et le nombre de chacun de ces groupes nominaux.

c. **Explique** l'accord du verbe dans les phrases contenant ces groupes nominaux.

d. **Relève** les adjectifs épithètes dans les phrases de l'activité 1.

Je m'entraine

3 a. **Recopie** les phrases suivantes. **Souligne** le verbe, **entoure** le sujet, les CC, les COD, les COI et les attributs de différentes couleurs.

1. Parfois, la nuit, de terribles cauchemars réveillaient Ruby.
2. Les voisins de leur rue ont aidé Ruby et sa famille.
3. Tous les jours, la classe était vide.
4. Ruby a gardé le sourire chaleureux de madame Henry dans un coin de sa tête.
5. Un voisin a offert du travail à mon père.

b. **Remplace** les sujets par des pronoms personnels.

4 a. **Recopie** les trois groupes nominaux de l'activité 3 qui ont un complément du nom.

b. **Souligne** le nom principal.

c. **Relève** les adjectifs épithètes dans les phrases de l'activité 3.

Fiche 201 + et ++

Attribuer du sens aux mots

Je réfléchis

1 a. **Émets** des hypothèses sur le sens des mots en orange en t'aidant des autres mots de la phrase.
b. **Explique** ta stratégie.

1. Elle nous régalait de pudding à la banane, de riz au poisson-chat et de tant de bonnes choses encore qui embaumaient toute la maison.
2. La colère a grondé dans toute la ville. Des émeutes naissaient un peu partout, des incendies étaient allumés dans les quartiers noirs pour nous faire peur.
3. Leurs cheveux étaient coiffés en belles boucles, mais sur leurs visages aucun sourire ne fleurissait.
4. Pour lui, c'était la médaille militaire, un petit cœur violet, décernée aux soldats pendant la guerre de Corée.

c. **Vérifie** tes hypothèses en cherchant les mots en orange dans le dictionnaire.

2 a. **Émets** des hypothèses sur le sens des mots en orange en t'aidant de leur formation.
b. **Explique** ta stratégie.

1. Des marais ont été asséchés.
2. Elle me félicitait d'affronter la foule, avec calme et courage.
3. La foule était déchainée.

c. **Vérifie** tes hypothèses en cherchant les mots en orange dans le dictionnaire et en relevant les mots de la même famille.

3 a. **Fais** des hypothèses sur le sens du mot en gras en t'aidant de sa formation et du contexte.

b. **Explique** ta stratégie.

J'aurais pu, avec elle, comme avec les petites amies de mon quartier, jouer aux **osselets**.

D'où viennent les mots

Le nom **psychiatre** provient du mot grec *psyche*, qui signifie âme ou esprit, et de *iatros*, qui signifie médecin. Littéralement, la psychiatrie est la médecine de l'âme, de l'esprit.

Je m'entraine

4 a. **Trouve** le sens du mot en orange parmi ceux proposés : un petit bruit — un grand bruit

Il y avait **du vacarme** comme un jour de carnaval, avec le bruit des sirènes, des motos, des cris.

b. **Vérifie** dans le dictionnaire et **recopie** des synonymes.

5 **Écris** la définition du mot en orange : une forêt **tropicale**. Pour cela, **trouve** le nom à partir duquel il est formé.

Fiche 202 + et ++

Écrire des définitions (2)

J'observe des définitions

1 a. **Recopie** les définitions des verbes suivants.

1. Natter : faire des nattes.
2. Renoncer : décider de ne pas faire quelque chose.
3. Gravir : grimper.
4. Sonner : produire une sonnerie.

b. **Entoure** le mot qui introduit chaque définition. **Indique** sa nature.

c. **Relève** les mots qui, dans certaines définitions, sont de la famille du mot à définir.

2 a. **Recopie** les définitions des adjectifs suivants.

1. Délicieux : très bon, très agréable.
2. Géant : gigantesque.
3. Vide : contraire de plein.

b. **Explique** comment sont définis ces adjectifs.

J'écris des définitions

3 a. **Observe** la grille de mots croisés ci-contre.

b. **Cherche** la nature des mots inscrits dans la grille.

c. **Retrouve**, page 61 de ton manuel, comment on définit un nom.

d. **Écris** ensuite les définitions des mots de la grille.

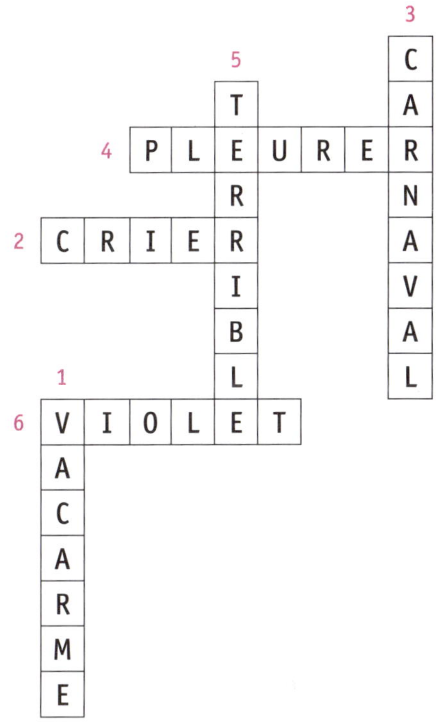

Je réalise une grille de mots croisés

4 a. **Choisis** des verbes, des noms et des adjectifs tirés de *Ruby tête haute*.

b. **Écris** les définitions de ces mots en te référant à la manière de définir un nom, un adjectif, un verbe.

c. Avec un générateur de mots croisés, **réalise** la grille.

d. **Propose** ta grille à un camarade.

Je révise et j'améliore

5 **Relis** tes définitions et **vérifie** que :

– tu as mis les majuscules et les points ;

– Tu as correctement orthographié tous les mots ;

– tu as écrit une définition en respectant la nature du mot à définir.

Ruby tête haute (4)

› Identifier actions pensées des personnages
› Partager ses impressions de lecture

Peu à peu, il y a eu moins de monde devant l'école. La foule devenait plus petite.

À la fin de l'année, beaucoup d'autres enfants sont revenus à l'école. Mais l'école était très grande et leurs classes étaient loin de la mienne.

Et je restais seule avec madame Henry.

Parfois j'entendais leurs rires, leurs cris et cela me faisait un peu de peine.

Un jour enfin, j'ai eu l'autorisation d'aller les rejoindre dans la cour, pendant la récréation.

Ils étaient tous assis en rond. Je me suis approchée d'un petit garçon et lui ai demandé si je pouvais jouer avec lui.

Il m'a répondu :

– Non, ma mère m'a interdit de jouer avec toi parce que tu es noire.

Alors, tout d'un coup, il y a eu dans ma tête comme un bruit de tonnerre.

J'ai réalisé que tous les événements de l'année écoulée n'avaient qu'une raison : j'étais noire. Le problème, c'était moi. Jusque-là, je n'avais pas vraiment compris pourquoi ces gens étaient en colère quand j'allais à l'école. Je ramassais auprès des adultes quelques petits morceaux d'explication, mais rien n'était vraiment clair pour la petite fille de six ans que j'étais.

L'année suivante, quand je suis allée en classe élémentaire, aucun officier de police ne m'accompagnait.

Devant l'école, aucune foule n'était rassemblée.

Quand je suis entrée dans le hall, il y avait beaucoup d'enfants, beaucoup de Blancs et même, je n'en croyais pas mes yeux, des enfants noirs.

Un autre professeur nous attendait dans la classe.

Je raconte

1 **Raconte** les événements liés à la fin de la ségrégation et **explique** comment Ruby les a vécus.

Je comprends

2 **Indique** les lignes du texte où se trouve la réponse à chaque question.

a. La foule est-elle toujours aussi nombreuse au fil de l'année ?

b. Les enfants blancs retournent-ils à l'école ? Dans la classe de Ruby ?

c. À quel moment Ruby peut-elle les côtoyer ?

3 **Lis** la phrase en vert et **indique** qui parle. **Explique** ce que comprend et ressent Ruby.

— Non, ma mère m'a interdit de jouer avec toi parce que tu es noire.

4 **Indique** ce qui change à la rentrée scolaire suivante.

5 **a.** **Trouve** la phrase qui exprime la détresse de Ruby lorsqu'elle comprend qu'elle ne verra plus Mme Henry.

b. **Reformule**-la avec tes propres mots et **explique** ce que Mme Henry représentait pour Ruby.

J'ai demandé :

– Où est madame Henry ?

J'avais envie de m'enfuir et de crier à chaque étage, dans chaque couloir, devant chaque porte : « Où est madame Henry ? »

Mais personne ne m'a répondu. Personne ne m'a expliqué pourquoi elle n'était plus là, pourquoi elle n'était plus ma maitresse.

Et mon cœur était brisé.

J'avais perdu mon professeur et mon amie.

Dans ma nouvelle classe, personne ne parlait de ce qui s'était passé l'année précédente.

On aurait dit que rien n'avait eu lieu.

À la maison, plus personne ne venait ni n'envoyait de cadeaux. Ma nouvelle maitresse ne m'aimait pas beaucoup, je crois.

Elle se moquait de mon accent.

C'est vrai, personne ne prononçait les mots comme moi. Ni les enfants blancs ni les enfants noirs.

J'avais un accent bizarre : l'accent de Boston.

L'accent de madame Henry qui venait de Boston, une autre grande ville des États-Unis.

L'accent que j'avais attrapé auprès d'elle.

Alors, cette année-là encore, j'étais différente des autres. Pendant des mois, j'ai essayé de prononcer les mots comme eux. Mais je n'y suis pas arrivée.

Je restais différente.

Je fréquentais l'école William Frantz, mais la longue et incroyable aventure qui m'avait permis d'y entrer m'avait transformée pour toujours.

Irène Cohen-Janca et Marc Daniau, *Ruby tête haute*,
Éditions des Éléphants, collection « Mémoires d'éléphant », 2017.

6 **Réponds aux questions par une phrase.**

a. Pourquoi Ruby se sent-elle différente dans sa nouvelle classe ?

b. Apprécie-t-elle sa nouvelle maitresse ?

7 **Recopie la phrase qui montre que la première année à l'école William Frantz a profondément marqué Ruby.**

Oral **8** **Échange avec tes camarades à propos du titre de l'album.**

Pour aller + loin

9 **Écris quelques lignes pour donner ton avis sur l'album.**

Oral **Je lis à voix haute**

- **Lis de *Alors, tout d'un coup* (ligne 12) jusqu'à la fin du texte.**
- **Lis très vite la phrase suivante.**

La petite fille de six ans qu'était Ruby n'avait eu que des petits morceaux d'explication sur les émeutes et les manifestations contre la ségrégation et elle n'en avait pas compris la raison.

Fiche 204 + et ++

Autour de cette histoire

La ségrégation aux États-Unis

En 1876, entrent en vigueur aux États-Unis les lois ségrégationnistes, qui imposent aux Noirs de vivre à l'écart des Blancs. Dans tous les lieux publics, les bus, les trains, les restaurants, les hôtels, les hôpitaux ou les écoles, les Noirs ont des sections réservées. Le mélange entre les deux populations, blanche et noire, est inimaginable.

Dans les années 1950, les choses évoluent. Grâce au Mouvement des droits civiques, porté notamment par le pasteur Martin Luther King, des marches, des boycotts, des *sit-in* s'organisent pour obtenir, par la non-violence, l'abolition de la ségrégation et une véritable égalité de droits.

En novembre 1960, la Cour suprême des États-Unis impose la fin de la ségrégation dans les écoles. Le 28 août 1963, Martin Luther King prononce à Washington son célèbre discours : *I have a dream [Je fais un rêve].* Il y appelle ses compatriotes à oublier le temps de la haine et à vivre sans racisme. Il y prône un monde libre et juste, où les Noirs et les Blancs pourront coexister, où chaque individu sera respecté.

En 1964 enfin, le *Civil Rights Act* déclare illégale toute discrimination reposant sur la race, la couleur, la religion, le sexe ou l'origine nationale. Mais le changement des mentalités est long et, aujourd'hui encore, des traces de la ségrégation et des inégalités subsistent.

Et maintenant ?

L'histoire de Ruby Bridges est commémorée le 14 novembre aux États-Unis.

La Ruby Bridges Foundation est créée en 1999 pour promouvoir les « valeurs de tolérance, de respect et d'appréciation des différences ».

Dernière page de l'album *Ruby tête haute*, Irène Cohen-Janca et Marc Daniau, Éditions des Éléphants, collection « Mémoires d'éléphant », 2017.

Je comprends

1. **Nomme** et **explique** les lois votées en 1876.
2. **Indique** le nom de la personne célèbre qui a permis une évolution des droits des Noirs dans les années 1950.
3. **Trouve** deux mots d'origine anglaise dans le deuxième paragraphe, **émets** des hypothèses sur leur sens et **vérifie** dans le lexique.
4. **Émets** des hypothèses sur le sens des mots abolition, discrimination, mentalités, commémorée en t'aidant de la formation des mots et **vérifie** dans le lexique.
5. **Réponds** aux questions en indiquant la phrase qui permet de répondre.
   a. Quel est le rêve de Martin Luther King ?
   b. Pourquoi Ruby Bridges a-t-elle créé une fondation ?
6. **Indique** si la loi de 1964 a permis de supprimer toute discrimination.
7. **Trouve** la phrase qui indique que l'histoire de Ruby a réellement existé et qu'elle n'est pas oubliée.
8. Oral **Mets** en parallèle l'histoire de Ruby et les événements historiques décrits dans le texte.

Oral Je lis à voix haute

- **Lis** la partie du texte : *La ségrégation aux États-Unis.*

Fiche 205 + et ++

Orthographe des mots et familles de mots

Je mémorise

1 **Lis** les mots à mémoriser puis **écris** les noms et l'adjectif au pluriel.

la conscience / écorcher / célèbre / une acrobatie / repérer

2 **Recopie** les mots à mémoriser puis **souligne** les verbes et l'adjectif.

un instant / accéder / une astuce / inerte / permettre

Je fais le point

3 **Observe** ces paires de mots de la même famille. **Explique** comment le premier mot de chaque paire peut aider à trouver l'orthographe du second mot.

1. une fl**am**me → fl**am**ber
2. jard**in**er → le jard**in**
3. la haut**eur** → hau**t**
4. un br**a**sier → la br**a**ise
5. parf**um**er → un parf**um**
6. un chât**e**lain → un chât**eau**

4 **Trouve** le radical des mots de chaque famille. Comment s'écrit-il dans chaque mot ?

1. grand, la grandeur, grandement
2. délice, délicieux
3. un genou, une genouillère

5 **Observe** ces séries de mots. Que constates-tu à propos des accents ?

1. myst**è**re, myst**é**rieux 2. r**è**gle, r**é**glage 3. ch**è**que, ch**é**quier 4. sinc**è**re, sinc**é**rité

6 **Complète** les phrases suivantes.

▷ Pour trouver l'orthographe d'un mot, on peut s'aider d'un mot de la ....

▷ Le plus souvent, le ... des mots d'une même famille s'écrit de la même façon.

▷ L'accent n'est pas toujours le même dans les différents mots d'une même famille. On écrit en général ... devant une syllabe terminée par un ... muet.

Je m'entraine

7 **Complète** les mots en t'aidant du mot de la famille indiqué.

l'amabilité, •mable – un diplomate, la diploma•ie – la clarté, cl•r – une partie, par•iel – le volontariat, volont•re – un prophète, une prophé•ie – l'humanité, un hum•n

8 **Récris** les mots de cette liste en les regroupant par familles.

la marée – un terrier – spatial – du terreau – maritime – l'espace – la terre – un marin

9 **Complète** les mots avec **é** ou **è**.

la fid•lité – rep•rer – le coll•ge – cr•meux – une po•sie – l'oxyg•ne – le minist•re

10 **Écris** le mot de la famille de chaque mot, terminé par **-cieux**.

l'audace – un vice – la malice – un caprice – un délice – un office

11 **Classe** les dix mots mémorisés selon leur nature.

Fiche 206 + et ++

Les relations dans un texte (22)

Je lis et je transpose

À la fin de l'année

Peu à peu, il y a moins de monde devant l'école, la foule devient plus petite. Beaucoup d'élèves reviennent à l'école. Ruby ne leur parle pas. Toute l'année, elle reste seule avec madame Henry.

Un jour, elle a l'autorisation d'aller rejoindre les enfants dans la cour, pendant la récréation. Ils sont tous assis en rond. Elle s'approche d'un petit garçon.

– Je peux jouer avec toi ?

– Non, ma mère m'a interdit de jouer avec toi parce que tu es noire.

Alors, tout d'un coup, Ruby réalise la cause des évènements de l'année. C'est parce qu'elle est différente, elle est noire !

1 a. **Lis** le texte. Puis **dis**-le en le mettant au passé. **Utilise** le passé simple et l'imparfait. **Écris** les verbes qui changent avec leur sujet.

b. **Indique** les verbes conjugués à l'imparfait, ceux au passé simple et ceux qui restent au passé composé ou au présent.

2 a. **Dis** le texte transposé au passé en parlant de deux fillettes, Ruby et Rosa.

b. **Écris** les changements.

c. **Explique** l'accord des adjectifs seules, différentes et noires.

3 **Donne** l'infinitif de tous les verbes conjugués. **Trouve** les verbes qui sont à l'infinitif dans le texte.

4 **Relève** une phrase simple et une phrase complexe dans le premier paragraphe du texte.

Je m'entraine

5 a. **Recopie** le texte en parlant de deux hommes.

L'homme se retourna, il était suivi. Il marcha plus rapidement. Il finit par courir. Il manqua de tomber puis, brusquement, traversa la rue. Il s'engouffra dans une ruelle sombre, ses poursuivants étaient toujours là ! Il trébucha, reprit sa respiration et accéléra le pas.

b. **Écris** une ou deux phrases pour compléter le texte.

6 **Recopie** le texte en le mettant au passé. Utilise le passé simple et l'imparfait.

Le chien arrive en aboyant. Les grenouilles plongent aussitôt dans l'étang. L'eau éclabousse les plantes. Une libellule posée avec élégance sur la tige fine d'une herbe s'envole. Plusieurs poissons, effrayés, sautent et retombent bruyamment. Le chien vient alors près de l'eau pour boire.

Fiche 207 + et ++

Des phrases et des groupes nominaux (17)

Je repère

1 a. **Relis** le texte *À la fin de l'année*. **Indique** le type et la forme de chaque phrase.

b. Quel type de phrase n'est pas présent dans le texte ?
Précise ce que l'exclamation exprime.

2 a. Dans les phrases suivantes, **trouve** le verbe, le sujet, le ou les CC, le COD, le COI ou l'attribut.

1. Ruby s'approche d'un petit garçon dans la cour de récréation.
2. Dans ma tête, retentit un bruit de tonnerre.
3. L'année suivante, les officiers de police ne m'accompagnaient pas.
4. Le jour de la rentrée, un autre professeur nous attendait dans la classe.
5. Madame Henry n'était plus ma maitresse, cette année-là.

b. **Indique** la nature des sujets, des compléments et de l'attribut.

3 a. **Dans** les phrases suivantes, **relève** les adjectifs.

1. Le mélange entre la population blanche et la population noire est inimaginable.
2. Malheureusement, le changement des mentalités est long.
3. La petite fille de dix ans ne comprenait pas les manifestations.

b. **Recopie** les groupes nominaux comportant un complément du nom.
Souligne ce complément du nom.

c. **Explique** l'accord du verbe dans chaque phrase.

4 Dans les phrases suivantes, **indique** la nature de chaque mot.

1. Cette nuit, les élèves de notre classe ont rêvé de Ruby.
2. Nous recevions souvent des cadeaux, de l'argent et des lettres.

Je m'entraine

5 a. **Indique** la nature de tous les mots de ces phrases.

1. Aujourd'hui, les élèves de la classe font un exercice difficile.
2. Mon pied heurte la corbeille à papiers. Elle tombe.
3. Le soir, le conducteur du car est fatigué.
4. Pendant le mois de mai, ces arbres se couvrent de fleurs roses dans les vergers de la région.

b. **Recopie** la phrase qui contient un adjectif attribut du sujet, celle qui contient deux compléments circonstanciels et celle qui contient deux groupes nominaux avec complément du nom.

Fiche 208 + et ++

Des mots de l'album

Je réfléchis

1 **Associe** chaque mot à sa définition.

1. la ségrégation	**a.** la suppression
2. l'abolition	**b.** le fait de séparer un groupe des autres en le traitant plus mal
3. la discrimination	**c.** le fait de trouver sa place dans un groupe
4. l'intégration	**d.** une séparation complète entre les Blancs et les Noirs dans un pays

2 **Remplace** chaque mot ou groupe de mots en gras par un des verbes en orange.

promouvoir - bénéficier - imposé - prône - commémorée - a fréquenté

1. Les lois ont **ordonné** aux Noirs de vivre à l'écart des Blancs.

2. L'histoire de Ruby est **rappelée par une cérémonie** le 14 novembre aux États-Unis.

3. La fondation veut **encourager** les valeurs de tolérance et de respect des différences.

4. Martin Luther King **recommande avec insistance** un monde libre et juste.

5. Tous les enfants doivent pouvoir **profiter** de la même éducation.

6. Ruby **est allée** à l'école William Frantz.

3 **Cherche** dans le dictionnaire les mots coexister et compatriote.
Lis leur définition et **indique** la signification des préfixes co- et com-.

4 a. **Trouve** les adjectifs à partir desquels sont formés les noms et l'adjectif suivants.

une inégalité – une mentalité – illégal

b. **Trouve** les verbes à partir desquels sont formés les noms et l'adjectif suivants.

l'abolition – l'intégration – inimaginable

c. **Trouve** les noms à partir desquels sont formés les adjectifs suivants.

ségrégationniste – nationale

d. **Entoure** les préfixes et suffixes utilisés.

Je m'entraine

5 **Recopie** le texte en remplaçant les mots entre crochets par le mot de la même famille qui convient. **Accorde-les** correctement.

En 1876, les lois [ségrégation] imposent aux Noirs de vivre à l'écart des Blancs. Le mélange entre les deux populations est [imaginer]. Dans les années 1950, les choses évoluent vers l'[abolir] de la ségrégation et une véritable [égal] des droits. En 1964, toute discrimination est déclarée [légal]. Mais les [mental] évoluent lentement et aujourd'hui encore des [égal] subsistent.

D'où viennent les mots

L'adjectif **légal** vient du latin *legalis* lui-même formé à partir du nom *lex, legis,* qui signifie *la loi*. Ce qui est légal, c'est ce qui est conforme la loi.

Raconter les événements vécus par Ruby

Je cherche les informations importantes

1 a. **Relis** tous les extraits de *Ruby tête haute*. **Repère** les informations importantes à l'aide des questions ci-dessous. **Note**-les.

1. Où se situe l'histoire ? Comment s'appelle l'héroïne et quel âge a-t-elle ?
2. Où habitait-elle et que faisaient ses parents ?
3. Que se passa-t-il un jour de l'été 1960 ?
4. Comment Ruby alla-t-elle à l'école ? Comment se passa sa rentrée ?
5. Qui manifestait et pourquoi ?
6. Qu'apprit Ruby à l'école ? Avec qui et dans quelles conditions ?
7. Qui soutint Ruby et ses parents face aux hostilités ?
8. Que se passa-t-il au fil de l'année ?
9. Quand et comment Ruby comprit-elle pourquoi les gens étaient en colère ?
10. La situation était-elle la même à la rentrée suivante ?

b. **Note** les dates essentielles.

c. **Relève** les mots et expressions qui indiquent ce que ressent Ruby à différents moments de l'histoire.

J'organise les informations

2 **Organise** tes réponses en quatre paragraphes :

1. **Présentation :** réponses aux questions 1, 2, 3
2. **La rentrée et les manifestations :** réponses aux questions 4, 5
3. **Pendant l'année :** réponses aux questions 6, 7, 8, 9
4. **Conclusion :** réponse à la question 10

Je rédige mon texte

3 a. **Rédige** les phrases avec les verbes conjugués au passé simple où à l'imparfait à la troisième personne.

b. **Relie** tes phrases en nommant Ruby de manières différentes et en ajoutant des indicateurs de temps.

c. **Indique** ce que ressent Ruby, en utilisant ce que tu as relevé dans l'activité 1.

Je révise et j'améliore

4 Relis ton texte et **vérifie** que :
- tu as mis les majuscules et la ponctuation ;
- tu as écrit plusieurs paragraphes ;
- tu as employé des temps du passé.

Fiche 210 + et ++

Temps simples

PRÉSENT		FUTUR	
jouer *(1er groupe)* je joue tu joues elle, il, on joue nous jouons vous jouez elles, ils jouent	**manger** *(1er groupe)* je mange tu manges elle, il, on mange nous mangeons vous mangez elles, ils mangent	**jouer** *(1er groupe)* je jouerai tu joueras elle, il, on jouera nous jouerons vous jouerez elles, ils joueront	**manger** *(1er groupe)* je mangerai tu mangeras elle, il, on mangera nous mangerons vous mangerez elles, ils mangeront
avancer *(1er groupe)* j'avance tu avances elle, il, on avance nous avançons vous avancez elles, ils avancent	**finir** *(2e groupe)* je finis tu finis elle, il, on finit nous finissons vous finissez elles, ils finissent	**avancer** *(1er groupe)* j'avancerai tu avanceras elle, il, on avancera nous avancerons vous avancerez elles, ils avanceront	**finir** *(2e groupe)* je finirai tu finiras elle, il, on finira nous finirons vous finirez elles, ils finiront
aller *(3e groupe)* je vais tu vas elle, il, on va nous allons vous allez elles, ils vont	**faire** *(3e groupe)* je fais tu fais elle, il, on fait nous faisons vous faites elles, ils font	**aller** *(3e groupe)* j'irai tu iras elle, il, on ira nous irons vous irez elles, ils iront	**faire** *(3e groupe)* je ferai tu feras elle, il, on fera nous ferons vous ferez elles, ils feront
dire *(3e groupe)* je dis tu dis elle, il, on dit nous disons vous dites elles, ils disent	**vouloir** *(3e groupe)* je veux tu veux elle, il, on veut nous voulons vous voulez elles, ils veulent	**dire** *(3e groupe)* je dirai tu diras elle, il, on dira nous dirons vous direz elles, ils diront	**vouloir** *(3e groupe)* je voudrai tu voudras elle, il, on voudra nous voudrons vous voudrez elles, ils voudront
pouvoir *(3e groupe)* je peux tu peux elle, il, on peut nous pouvons vous pouvez elles, ils peuvent	**prendre** *(3e groupe)* je prends tu prends elle, il, on prend nous prenons vous prenez elles, ils prennent	**pouvoir** *(3e groupe)* je pourrai tu pourras elle, il, on pourra nous pourrons vous pourrez elles, ils pourront	**prendre** *(3e groupe)* je prendrai tu prendras elle, il, on prendra nous prendrons vous prendrez elles, ils prendront
voir *(3e groupe)* je vois tu vois elle, il, on voit nous voyons vous voyez elles, ils voient	**venir** *(3e groupe)* je viens tu viens elle, il, on vient nous venons vous venez elles, ils viennent	**voir** *(3e groupe)* je verrai tu verras elle, il, on verra nous verrons vous verrez elles, ils verront	**venir** *(3e groupe)* je viendrai tu viendras elle, il, on viendra nous viendrons vous viendrez elles, ils viendront
être *(auxiliaire)* je suis tu es elle, il, on est nous sommes vous êtes elles, ils sont	**avoir** *(auxiliaire)* j'ai tu as elle, il, on a nous avons vous avez elles, ils ont	**être** *(auxiliaire)* je serai tu seras elle, il, on sera nous serons vous serez elles, ils seront	**avoir** *(auxiliaire)* j'aurai tu auras elle, il, on aura nous aurons vous aurez elles, ils auront

IMPARFAIT		PASSÉ SIMPLE	
jouer *(1er groupe)* je jouais tu jouais elle, il, on jouait nous jouions vous jouiez elles, ils jouaient	**manger** *(1er groupe)* je mangeais tu mangeais elle, il, on mangeait nous mangions vous mangiez elles, ils mangeaient	**jouer** *(1er groupe)* je jouai tu jouas elle, il, on joua nous jouâmes vous jouâtes elles, ils jouèrent	**manger** *(1er groupe)* je mangeai tu mangeas elle, il, on mangea nous mangeâmes vous mangeâtes elles, ils mangèrent
avancer *(1er groupe)* j'avançais tu avançais elle, il, on avançait nous avancions vous avanciez elles, ils avançaient	**finir** *(2e groupe)* je finissais tu finissais elle, il, on finissait nous finissions vous finissiez elles, ils finissaient	**avancer** *(1er groupe)* j'avançai tu avanças elle, il, on avança nous avançâmes vous avançâtes elles, ils avancèrent	**finir** *(2e groupe)* je finis tu finis elle, il, on finit nous finîmes vous finîtes elles, ils finirent
aller *(3e groupe)* j'allais tu allais elle, il, on allait nous allions vous alliez elles, ils allaient	**faire** *(3e groupe)* je faisais tu faisais elle, il, on faisait nous faisions vous faisiez elles, ils faisaient	**aller** *(3e groupe)* j'allai tu allas elle, il, on alla nous allâmes vous allâtes elles, ils allèrent	**faire** *(3e groupe)* je fis tu fis elle, il, on fit nous fîmes vous fîtes elles, ils firent
dire *(3e groupe)* je disais tu disais elle, il, on disait nous disions vous disiez elles, ils disaient	**vouloir** *(3e groupe)* je voulais tu voulais elle, il, on voulait nous voulions vous vouliez elles, ils voulaient	**dire** *(3e groupe)* je dis tu dis elle, il, on dit nous dîmes vous dîtes elles, ils dirent	**vouloir** *(3e groupe)* je voulus tu voulus elle, il, on voulut nous voulûmes vous voulûtes elles, ils voulurent
pouvoir *(3e groupe)* je pouvais tu pouvais elle, il, on pouvait nous pouvions vous pouviez elles, ils pouvaient	**prendre** *(3e groupe)* je prenais tu prenais elle, il, on prenait nous prenions vous preniez elles, ils prenaient	**pouvoir** *(3e groupe)* je pus tu pus elle, il, on put nous pûmes vous pûtes elles, ils purent	**prendre** *(3e groupe)* je pris tu pris elle, il, on prit nous prîmes vous prîtes elles, ils prirent
voir *(3e groupe)* je voyais tu voyais elle, il, on voyait nous voyions vous voyiez elles, ils voyaient	**venir** *(3e groupe)* je venais tu venais elle, il, on venait nous venions vous veniez elles, ils venaient	**voir** *(3e groupe)* je vis tu vit elle, il, on vit nous vîmes vous vîtes elles, ils virent	**venir** *(3e groupe)* je vins tu vins elle, il, on vint nous vînmes vous vîntes elles, ils vinrent
être *(auxiliaire)* j'étais tu étais elle, il, on était nous étions vous étiez elles, ils étaient	**avoir** *(auxiliaire)* j'avais tu avais elle, il, on avait nous avions vous aviez elles, ils avaient	**être** *(auxiliaire)* je fus tu fus elle, il, on fut nous fûmes vous fûtes elles, ils furent	**avoir** *(auxiliaire)* j'eus tu eus elle, il, on eut nous eûmes vous eûtes elles, ils eurent

Temps composés

PASSÉ COMPOSÉ

Avec l'auxiliaire *avoir*

jouer *(1er groupe)* j'ai joué tu as joué elle, il, on a joué nous avons joué vous avez joué elles, ils ont joué	**manger** *(1er groupe)* j'ai mangé tu as mangé elle, il, on a mangé nous avons mangé vous avez mangé elles, ils ont mangé	**avancer** *(1er groupe)* j'ai avancé tu as avancé elle, il, on a avancé nous avons avancé vous avez avancé elles, ils ont avancé
finir *(2e groupe)* j'ai fini tu as fini elle, il, on a fini nous avons fini vous avez fini elles, ils ont fini	**faire** *(3e groupe)* j'ai fait tu as fait elle, il, on a fait nous avons fait vous avez fait elles, ils ont fait	**dire** *(3e groupe)* j'ai dit tu as dit elle, il, on a dit nous avons dit vous avez dit elles, ils ont dit
vouloir *(3e groupe)* j'ai voulu tu as voulu elle, il, on a voulu nous avons voulu vous avez voulu elles, ils ont voulu	**pouvoir** *(3e groupe)* j'ai pu tu as pu elle, il, on a pu nous avons pu vous avez pu elles, ils ont pu	**prendre** *(3e groupe)* j'ai pris tu as pris elle, il, on a pris nous avons pris vous avez pris elles, ils ont pris
voir *(3e groupe)* j'ai vu tu as vu elle, il, on a vu nous avons vu vous avez vu elles, ils ont vu	**être** *(auxiliaire)* j'ai été tu as été elle, il, on a été nous avons été vous avez été elles, ils ont été	**avoir** *(auxiliaire)* j'ai eu tu as eu elle, il, on a eu nous avons eu vous avez eu elles, ils ont eu

Avec l'auxiliaire *être*

tomber *(1er groupe)* je suis tombé(e) tu es tombé(e) elle est tombée / il, on est tombé nous sommes tombé(e)s vous êtes tombé(e)s elles sont tombées / ils sont tombés	**aller** *(3e groupe)* je suis allé(e) tu es allé(e) elle est allée / il, on est allé nous sommes allé(e)s vous êtes allé(e)s elles sont allées / ils sont allés	**venir** *(3e groupe)* je suis venu(e) tu es venu(e) elle est venue / il, on est venu nous sommes venu(e)s vous êtes venu(e)s elles sont venues / ils sont venus

PLUS-QUE-PARFAIT		
Avec l'auxiliaire *avoir*		
jouer *(1er groupe)* j'avais joué tu avais joué elle, il, on avait joué nous avions joué vous aviez joué elles, ils avaient joué	**manger** *(1er groupe)* j'avais mangé tu avais mangé elle, il, on avait mangé nous avions mangé vous aviez mangé elles, ils avaient mangé	**avancer** *(1er groupe)* j'avais avancé tu avais avancé elle, il, on avait avancé nous avions avancé vous aviez avancé elles, ils avaient avancé
finir *(2e groupe)* j'avais fini tu avais fini elle, il, on avait fini nous avions fini vous aviez fini elles, ils avaient fini	**faire** *(3e groupe)* j'avais fait tu avais fait elle, il, on avait fait nous avions fait vous aviez fait elles, ils avaient fait	**dire** *(3e groupe)* j'avais dit tu avais dit elle, il, on avait dit nous avions dit vous aviez dit elles, ils avaient dit
vouloir *(3e groupe)* j'avais voulu tu avais voulu elle, il, on avait voulu nous avions voulu vous aviez voulu elles, ils avaient voulu	**pouvoir** *(3e groupe)* j'avais pu tu avais pu elle, il, on avait pu nous avions pu vous aviez pu elles, ils avaient pu	**prendre** *(3e groupe)* j'avais pris tu avais pris elle, il, on avait pris nous avions pris vous aviez pris elles, ils avaient pris
voir *(3e groupe)* j'avais vu tu avais vu elle, il, on avait vu nous avions vu vous aviez vu elles, ils avaient vu	**être** *(auxiliaire)* j'avais été tu avais été elle, il, on avait été nous avions été vous aviez été elles, ils avaient été	**avoir** *(auxiliaire)* j'avais eu tu avais eu elle, il, on avait eu nous avions eu vous aviez eu elles, ils avaient eu
Avec l'auxiliaire *être*		
tomber *(1er groupe)* j'étais tombé(e) tu étais tombé(e) elle était tombée / il, on était tombé nous étions tombé(e)s vous étiez tombé(e)s elles étaient tombées / ils étaient tombés	**aller** *(3e groupe)* j'étais allé(e) tu étais allé(e) elle était allée / il, on était allé nous étions allé(e)s vous étiez allé(e)s elles étaient allées / ils étaient allés	**venir** *(3e groupe)* j'étais venu(e) tu étais venu(e) elle était venue / il, on était venu nous étions venu(e)s vous étiez venu(e)s elles étaient venues / ils étaient venus

Les mots du lexique

Période 1

acanthe (l') : plante ornementale des régions méditerranéennes, à feuilles longues et vertes

Acanthe

atmosphère (l') : couche de gaz qui entoure la Terre et certains astres

aride : très sec

asphalte (l') : préparation noirâtre qui recouvre les routes et les trottoirs

désarroi (le) : grand trouble qui empêche de savoir ce qu'il faut faire

échouer : ne pas réussir

épilogue (un) : fin d'un récit, d'une histoire, d'un discours

exode (l') : fuite, départ en masse de personnes

frénétique : rapide, agité, impatient

hostile : malveillant, méchant, haineux

lamenter (se) : se plaindre, gémir

nocturne : qui vit la nuit

réalisateur (le) : personne qui prépare, dirige et met en scène un film, une émission

remords (le) : sentiment de regret mêlé de honte que l'on éprouve quand on a mal agi

sphinx (le) : monstre antique imaginaire, représenté en Grèce avec un corps de lion, des ailes et une tête de femme, et en Égypte avec un corps de lion et une tête d'homme, de bélier ou d'épervier

Sphinx

succomber : mourir

torpeur (la) : état d'une personne à moitié endormie

Période 2

âcre : qui pique, irrite la gorge

Impala

esgourdomètre (une) : nom familier donné par les soldats à un appareil pour entendre de loin

impala (un) : petite antilope d'Afrique qui vit en troupeau dans la savane

kopje (le) : petite colline dans la campagne d'Afrique du Sud

molletière : bande d'étoffe qui est enroulée autour de la jambe depuis la cheville jusqu'en haut du mollet

nauséabond : dont l'odeur donne envie de vomir

pension (la) : école où l'on habite, où l'on prend ses repas

périscope (le) : appareil formé d'un tube et de miroirs permettant de voir par-dessus un obstacle

râtelier (un) : sorte d'échelle installée contre un mur, derrière laquelle on met le fourrage pour le bétail

sofa (un) : lit de repos à trois dossiers qui sert aussi de siège

veld : large espace de campagne en Afrique du Sud

Victoria Cross : la plus haute distinction militaire britannique, instituée en 1856 par la reine Victoria

Période 3

anthologie (une) : livre qui contient les plus beaux textes ou poèmes dans une langue

bas-flanc (un) : cloison de bois qui sépare les chevaux dans une écurie

chroniqueuse littéraire (une) : personne qui écrit dans un journal, une revue, pour parler des livres et/ou de sujets littéraires

ciré (un) : un imperméable en toile cirée ou en plastique

contemporain : qui est de la même époque

cossu : riche, qui montre que l'on est riche

coup de grisou (un) : explosion due au gaz naturel très inflammable qui se dégage de la roche dans les mines de charbon

croquant (un) : mot ancien désignant un paysan

ébranler : faire trembler

éboulis (un) : tas de pierres, de matériaux tombés à terre

égaré : perdu

enrôler : amener quelqu'un à entrer dans un groupe.

enseveli : complètement recouvert

fardeau (un) : chose lourde qu'il faut porter

fascinant : qui charme et retient

galerie transversale (une) : tunnel creusé dans une mine qui en coupe un autre à angle droit

houille (la) : charbon, une mine de houille

heurter (se) : rencontrer, se cogner contre

indéfectible : qui dure toujours

Insalubre : mauvais pour la santé

jaquette (une) : veste d'homme qui descend derrière les genoux et que l'on porte pour les cérémonies

milieu socialiste (le) : ensemble de personnes qui veulent améliorer le travail et la vie des gens les plus modestes

nouvelliste (un) : auteur qui écrit des nouvelles, récits brefs comportant généralement peu de personnages, un seul événement et une chute surprenante

obole (une) : très petite somme d'argent

palefrenier (un) : personne dont le métier est de s'occuper des chevaux

satiété (à) : jusqu'à ce que l'on n'ait plus envie de rien

schiste (le) : roche composée de feuilles superposées qui se détache facilement

Schiste

stalle (une) : compartiment réservé à un cheval dans une écurie

subjugué : complètement séduit

treuil (un) : appareil composé d'un cylindre autour duquel s'enroule un câble, et qui permet de tirer des poids très lourds

vétusté (la) : état d'une chose abimée par le temps

vilain (un) : paysan libre au Moyen Âge

Période 4

bredouiller : parler d'une façon incompréhensible en articulant mal

Harlequin

cantonade (à la) : au théâtre, lorsqu'un acteur s'adresse à un personnage en coulisse

châtelain (le) : personne qui possède un château

clandestin : qui se fait en cachette

cloison (une) : mur qui sépare des pièces dans une maison

***Commedia dell'arte* (la) :** forme de théâtre italien qui utilise des demi-masques pour les personnages de la comédie

compagnie (une) : troupe de comédiens

consommer : boire, manger

Cytise

cytise (le) : arbuste à fleurs jaunes

décrocher : obtenir

déporter : envoyer dans un camp de concentration.

détachement (un) : petit groupe de soldats envoyés en mission

dramaturge (un) : auteur qui écrit des pièces de théâtre

écorcher : déformer un mot en le prononçant mal

égrener : faire entendre une à une

extasié : qui est plein d'admiration

farouche : acharné, sauvage

gazo (un) : véhicule fonctionnant avec un gazogène, appareil qui transforme le bois ou le charbon en gaz pour alimenter le moteur

illusion (une) : idée fausse que l'on veut faire croire parce qu'elle fait plaisir

interrompre : arrêter un moment ou définitivement

investir : envahir, occuper

lauréat (un) : personne qui a remporté un prix dans un concours

maquisard (le) : Résistant d'un maquis

mémorial (un) : monument élevé pour conserver la mémoire d'un événement ou d'une personne

métayer (un) : paysan qui exploite un domaine agricole qui ne lui appartient pas et partage sa récolte avec le propriétaire

métisser : mélanger des éléments de cultures différentes

opportunité (une) : occasion favorable

orphelin (un) : enfant dont les parents sont morts

parachutage (le) : action de lâcher en parachute

pataud : maladroit et lourd dans ses mouvements

persécuter : faire subir des traitements injustes et cruels

rafle (une) : arrestation de toutes les personnes présentes dans un endroit

râle (un) : bruit anormal fait en respirant

ravitaillement (un) : provisions, réserves pour vivre

rengorger (se) : montrer que l'on est content de soi en prenant un air vaniteux

représentation (une) : spectacle joué sur une scène de théâtre

rumeur (une) : information non vérifiée et qui se répand

scénario (un) : texte qui décrit scène par scène ce qui se passe dans un film ou une pièce de théâtre

scruter : observer avec attention

sobre : simple, discret

taillis (un) : partie d'un bois où il n'y a que des petits arbres

vain (en) : sans obtenir de résultat

variante (une) : forme un peu différente

vaudeville (un) : comédie légère construite sur des malentendus

vs : abréviation du mot latin *versus* qui signifie *opposé à*.

Période 5

abolition (l') : action d'annuler, de supprimer

boycott (le) : refus d'acheter un produit ou de prendre part à une réunion pour manifester son désaccord

commémorer : rappeler le souvenir d'un événement par une cérémonie

consigner : faire payer un emballage que le client s'engage à rapporter pour être remboursé

discrimination (la) : le fait de séparer un groupe des autres en le traitant plus mal

labyrinthe (le) : ensemble compliqué de chemins dans lesquels on risque de se perdre et d'où l'on a du mal à sortir, dédale

mentalité : état d'esprit et façon de penser d'une personne

naufragé (le) : personne s'étant trouvée à bord d'un bateau qui a fait naufrage

naufrageuse : qui provoque des naufrages en attirant le bateau sur des rochers avec de faux signaux

péripétie (la) : évènement imprévu, aventure

sit-in (le) : manifestation qui consiste à s'asseoir sur la voie publique sans acte de violence

solitude (la) : situation d'une personne qui vit seule

Les mots à retenir

A
absent
absolument
accéder
accident
accomplir
accrocher
accueillir
accusé
acrobatie
adversaire
affamé
affiche
affreux
agiter
aider
aiguille
apparaitre
appareil
araignée
arbitre
ardeur
armée
arroser
art
ascenseur
assoir (s')
assurer
astuce
atelier
athlète
atteindre
attirer
attitude
auteur
avertir
aveu

B
bâtir
beurre
boueux
bougie
bourgeon
briller
brouillard
bruit
bruler (se)
brutal
buisson

C
caisse
casque
ceci
célèbre
celle-ci
chaine
changer
chauffage
chiffre
chœur
choix
chou
climatique
clou
combat
comédien
commun
compagnie
composer
condamner
condition
confiance
confondre (se)
connaitre
conscience
conte
conversation
copier
corrigé
courageux
créer
croix
curieux

D
danger
délicat
demeure
dépenser
désagréable
désigner
deuxième
devenir
diminuer
discours
disparaitre
distinguer
domicile
douleur
drapeau
dresser (se)

E
échelle
éclaircir
écorcher
éduquer
égoïstement
élargir
élégant
empire
enfermer
enfuir (s')
enjamber
enrhumé
entier
entrainer
environnement
envoyer
épaule
épreuve
équateur
escargot
espace
espoir
état
étendre
éternel
étouffer
étrange
éventail
exact
excuser (s')
expliquer (s')
exploser

F
falaise
falloir
favorable
féroce
fidèle
fillette
flamme
fossé
fourrure

G
galerie
gardien
gaz
gibier
gorge
gracieux
gratuit

H
héroïne
hésiter
hibou
horreur
hôtel
hygiène

I
illuminer
immobile
impôt
imprudent
industrie
inerte
infiniment
instant
instrument
intéresser (s')
interroger
isoler

J
jeter
juger
jusque

L
laïcité
lecteur
léger
librairie
ligne
lourd
lueur
lutte

M
mêler (se)
mendiant
mentir
métier
meuble
miroir
moindre
monarchie
morceau
mourir
moyen
muet
musée
mystère

N
national
naviguer
nerveux
nommer
nourriture

O
obliger
observer
obtenir
occasion
offrir
orchestre
ordinaire
outil
ouvrier

P
paisible
pâle
parfaitement
parfum
patient
paupière
payer
pencher
perdre (se)
permettre
pharmacien
piscine
plaire
planche
poignée
portrait

posséder
poteau
pourtant
prairie
préau
précieux
précis
président
prévoir
prince
proche
production
proie
promesse
prononcer
pyramide

Q

quartier
quelquefois

R

ravissant
rayon
réaliser
rechercher
réclamer
réfléchir
refuge
regretter
remplir
repérer
repos
réserver
résoudre
respirer
retentir
réveiller
risque
riz
rocher
rôle
roux
rythme

S

saisir
sang
satisfaire
seconde
secours
secrétaire
sentier
sérieux
short
siège
signal
silence
sincère
solitaire
sommet
sonore
souffrir
souhait
souvenir
spécialement
spectacle
statue
stupéfait
sueur
supérieur
symbole
sympathique
synthèse

T

tas
température
tempête
ticket
tiède
tranquille
tromper (se)
trompette

U-V

unique
vapeur
veille
vérité
vif

Y-Z

yaourt
zapper

Les stratégies de lecture

Pour comprendre un texte littéraire

— **J'identifie le genre du texte (récit, pièce de théâtre, poème).**
— J'**imagine** ce qui va se passer dans l'histoire.
— Je **cherche** le sens des mots inconnus :
- à l'aide du contexte ;
- en observant la formation des mots ;
- dans le lexique.

— Je **fais** des liens entre les personnages :
- je **trouve** comment ils sont désignés ;
- je **repère** les paroles qu'ils prononcent.

— Je **fais** des liens entre ce que ressentent les personnages et leurs actions.
— Je **trouve** ce qui n'est pas dit dans l'histoire.
— Je **construis** dans ma tête les images de l'histoire.
— Je **raconte** l'histoire.
— Je **donne** mon avis sur l'histoire.

Pour comprendre un texte documentaire

— **Je cherche ce que je sais déjà.**
— Je **dis** ce que je veux savoir.
— Je **cherche** le sens des mots inconnus :
- à l'aide du contexte ;
- en observant la formation des mots ;
- dans le lexique.

— Je **repère** les informations et leur organisation.
— Je **fais** des liens entre les informations, entre ce que je sais et ce que j'apprends.
— Je **fais** le point sur ce que j'ai appris.

Illustrations

Maud Riemann : illustration de couverture
Nathalie Eyraud : pages 10, 12, 13, 21, 26, 34, 43, 44, 52, 58, 61, 66, 68, 75, 76, 84, 90, 98, 100, 106, 108, 115, 116, 123, 124, 132, 140 (reprise p. 5), 156, 170, 179, 187, 195, 196, 205, 221, 237, 238, 245,
Joëlle Jolivet, *Histoire d'un escargot qui découvrit l'importance de la lenteur* : pages 30-31, 41
Pef, *Zappe la guerre* : pages 63, 64,
Consuelo de Mont Marin, *Sur ma table* : page 144
Charles Dutertre, *L'Imparfait* : page 188
Fred, *Philémon - Le naufragé du A* : pages 199-202, 207 (reprise), 209-210
Marc Daniau, *Ruby tête haute* : pages 217, 225, 233, 241

Crédits photographiques

15 ht d : © KMBO KIDS / Collection Christophel
53 ht d : © Guy Rieffel
55 ht g : Xavier Trochu - Université de Lille
60 ht d : © Mara Zemgaliete - stock.adobe.com
96 : Zoo Parc de Beauval - https://actus.zoobeauval.com/articles/categorie/animaux/bebes/
109 ht d : © Archives Nathan
134 ht g : Ph. J. Arland © Archives Larbor
135 : Ph. Etienne Carjat © Coll. Archives Larbor
136 ht : © Archives Larbor
136 m g : © Archives Nathan
136 m d : Ph. P. Pascal © Archives Larbor
142 : DR
143 ht d : Affiche Printemps des Poètes, illustratrice Joëlle Jolivet, graphiste Florence Jacob © Printemps des Poètes
166 : © Maison d'Izieu / Peter Mahr
167 : © Maison d'Izieu / Bibliothéque nationale de France / collection Sabine Zlatin
168 : © Maison d'Izieu / Collection succession Sabine Zlatin
168 : © Maison d'Izieu
192 ht g : © Patricia Dietzi
192 ht d : © Christophe Raynaud de Lage
223 ht d © imageBROKER / Sonja Jordan / Biosphoto
252 m : Ph. Laerke Morell © Archives Nathan
252 ht d : © nicolas lecoz - stock.adobe.com
252 ht g : © John Pavel - stock.adobe.com
253 © Nicholas Piccillo - stock.adobe.com
253 b d : © Irina Borsuchenko - stock.adobe.com
253 m d : © John Pavel - stock.adobe.com

Responsable artistique : Julie Lannes
Conception maquette intérieure : Langage graphique / Élise Le Quément
Conception couverture : Jean-Marc Denglos
Mise en page : Anne-Danielle Naname
Iconographie : Sylvie Leneveu
Fabrication : Camille Friquet
Édition : Aude Alric-Zweifel

N° d'éditeur : 10269108 - Février 2021
Imprimé en France par Pollina - 13142

LES FONCTIONS DANS LE GROUPE NOMINAL

un superbe lionceau d'Afrique

épithète du nom *lionceau*

complément du nom *lionceau*

LA PHRASE SIMPLE, LA PHRASE COMPLEXE

Phrase simple

Le lion regarde Bertie avec de grands yeux jaunes.

verbe conjugué

Phrase complexe

Bertie ouvre la barrière, il sort et court vers la liberté.

verbe conjugué

verbe conjugué

verbe conjugué